党校文库
SERIES OF BOOKS OF PARTY SCHOOL
中共浙江省委党校

中共浙江省委党校
学 人 书 系

王河文集

中国社会科学出版社

图书在版编目（CIP）数据

王河文集／王河著 . —北京：中国社会科学出版社，2019.7
ISBN 978－7－5203－4766－2

Ⅰ.①王… Ⅱ.①王… Ⅲ.①中国共产党—党的建设—文集
Ⅳ.①D26－53

中国版本图书馆 CIP 数据核字（2019）第 149634 号

出 版 人	赵剑英
责任编辑	冯春凤
责任校对	张爱华
责任印制	张雪娇

出　　　版	中国社会科学出版社
社　　　址	北京鼓楼西大街甲 158 号
邮　　　编	100720
网　　　址	http：//www.csspw.cn
发 行 部	010－84083685
门 市 部	010－84029450
经　　　销	新华书店及其他书店

印刷装订	北京君升印刷有限公司
版　　　次	2019 年 7 月第 1 版
印　　　次	2019 年 7 月第 1 次印刷

开　　　本	710×1000　1/16
印　　　张	17
插　　　页	2
字　　　数	277 千字
定　　　价	98.00 元

凡购买中国社会科学出版社图书，如有质量问题请与本社营销中心联系调换
电话：010－84083683

目　录

第一部分　党史研究：新民主主义革命时期

第二部分　党史研究：社会主义建设时期

第三部分　党的建设理论研究

序　言

陆发桃

　　东南形胜、潮涌钱塘，诗画浙江、自古繁华。伴随着新中国一起诞生，在改革开放中跨步前进的红色学府——中共浙江省委党校已有近七十年的历史。七十年来，作为省委的重要部门、培训轮训党员领导干部的主渠道、党的哲学社会科学研究机构，浙江省委党校始终高扬党的旗帜，紧紧围绕党的路线方针和中心大局开展干部培训和理论研究宣传，为党的干部队伍建设、理论创新和浙江经济社会发展作出了重要贡献。特别是1983年到1989年党校教育正规化时期，浙江省委党校各项事业快速发展。这一时期，省委党校科研工作空前活跃，领导科学、干部语言逻辑等学科建设成果显著。鲍世平撰写的《领导科学纲要》于1985年10月由中央党校求实出版社出版，1989年修订本出版时，中央党校常务副校长薛驹对此表示祝贺，并亲自为该书题写书名。陈宗明编写的《现代汉语逻辑》获1985年度省社会科学优秀成果一等奖……这一时期，党校教师形成了以老教师带头、以80年代初引进的一批中年教师为主体的"党校学人"群体，为党校教育正规化事业作出了不可磨灭的重大贡献。1986年9月10日，李基固被评为省教育系统优秀教师和全国教育系统优秀教师；1987年8月24日，陆立军被省委宣传部、省教委、中国教育工会浙江省委员会批准为省级优秀教师；1989年9月10日，陈宗明被国家教委、人事部、全国教育总工会评为1989年度全国优秀教师……时光荏苒，岁月如梭。老一辈"党校学人"陆续离开了他们热爱的党校教师岗位。但他们的精神始终激励着我们。为全面回顾"党校学人"的光辉历程，传承和发扬"党校学人"的光荣传统，激励党校学人继续开拓进取、勇往直前，在历史新时期谱写党校事业新篇章，学校决定对党校学人积累下来的珍贵的学术财富进行系统梳理，设立《党校学人书系》。《书系》的编写出版，对于深入研究"党校学人"成长规律，进一步探索新时期"党校学人"培养新思路新方法，努力开创新时代党校发展新局面，具有重要借鉴意义。"干在实处永无止境，走在前列要谋新篇。"新时代党校工作责任重大，使命光荣。希望新时代"党校学人"站在前人的肩膀上，不忘初心、牢记使命，永远奋斗，努力为建设红色学府示范党校，推进"两个高水平"建设、实现中华民族伟大复兴的中国梦而努力奋斗！

自　序

自粉碎"四人帮"恢复党校工作，我到党校理论班进修留校当教员，至 2008 年退休，从事党校理论工作 30 余年。期间，发表学术论文和理论文章百余篇，主编或副主编及参与撰稿的著作教材 13 部，曾主持完成国家社科基金研究项目、中央党校重大调研项目、浙江省社科规划重大招标项目。

《试析抗日战争后期毛泽东关于和美国进行经济合作的设想》（1986）一文，在学界曾产生过一定影响。1986 年 7 月在南京大学中美文化中心举办的中美关系学术讨论会上，中国社会科学院美国研究所专家们对此文反应强烈，他们认同文章观点，认为过去的研究忽视了对中共同美国关系史起点的研究，该文找到了"毛泽东打开中美关系的历史渊源，为后来中国对外开放、发展和美国经济往来找到了历史依据"。随后发表的《抗战后期毛泽东周恩来访美设想》一文，进一步披露了鲜为人知的历史事实，夯实了中国共产党与美国关系史起点的研究成果。

在中国社会科学院《未定稿》发表的《论大生产运动中灵活的经济政策》（1986）一文，全面探析了抗日战争时期延安大生产运动的经济政策，突出强调了毛泽东"必须给人民群众以看得见的物质利益"思想，指出了追求物质利益与大生产运动的不可分割的联系。这为当时纠正"左"的错误思想实行改革开放，提供了理论和历史依据。《抗战胜利后党争取中国社会"和平改革"的一次大胆尝试》一文，在 1987 年江苏省现代史学会举办的"解放战争史学术讨论会"上被确定为"领军文章"（后来发表于《苏州大学学报》）。该文也为当时清除"无产阶级专政下继续革命"的"左"的思想影响，提供了党史参考。此外，《马克思"共产主义两个发展阶段"理论与"大跃进"运动》（获全国党校系统优秀论文一等奖）、《关于"七千人大会"的历史思考》（《南京师大学报》1993 年第四期）、《毛泽东邓小平：开创了有中国特色的社会主义道路》（《南京大学学报》1994 年第四期）等，也都提出了新观点、新思想，深化了对党史领域相关问题的认识与研究。

中共党史界元老、中央党史研究室副主任郑惠主编、本人副主编的《中国共产党历史（1919—1949）导读》（1991 年版）一书，荣获中国图书二等奖；由全国道德模范、原东北师大副校长、党史博导郑德荣教授主编的《毛泽东思想发展史》（上下卷）一书，本人为副主编之一。这两部专著在党史学界都有较高的学术地位。

主持完成的《浙江省非公有制企业党建工作研究》（2002）是国家规划课题中第一个民营企业党建课题，该课题同时也是浙江省哲学社会科学重大招标课题、中央党校 2000 年重大调研课题，被认为具有开创性质。2000 年在中央党校有关调研会上，本人的调研发言引起极大反响，得到时任中央党校常务副校长郑必坚和副校长刘海藩的充分肯定（书面材料被一抢而空）。以上成果经补充修改后被上海人民出版社以《中国非公有制企业党建工作》书名出版，并被中宣部、国家新闻出版总署确定为"迎接党的十六大重点图书"。

与时任浙江省委党校常务副校长龚昌成共同主持完成的《完善选拔任用领导干部：择优和退出机制研究》，是为 2003 年国家社科规划基金特别委托项目。本人在围绕该课题研究撰写发表的论文中，有四篇被人大报刊复印资料全文转载。该研究为探索、完善区别于西方政党制度、坚持中国特色社会主义政治制度和政党制度充实了理论依据。

在教学方面，曾多次荣获江苏省委党校教学一、二、三等奖；调到浙江省委党校后，几乎年年荣获教学优秀奖。

王河
2019 年 6 月

第一部分 党史研究：
新民主主义革命时期

陇海铁路工人大罢工与第一次
工人运动高潮

长期以来，史学界都是以 1922 年 1 月爆发的香港海员大罢工，作为党成立后领导工人运动第一次高潮的起点。然而笔者认为，在香港海员大罢工之前两个月（即 1921 年 11 月）爆发的震惊全国的陇海铁路工人大罢工，无论从时间、斗争的性质、党的领导、运动的规模及影响，还是与第一次工人运动高潮之间的内部联系来分析、研究，它都应该是第一次工人运动高潮的起点。因此，笔者认为有必要把这个问题提出来，以恢复陇海铁路工人大罢工应有的历史地位。

为什么说陇海铁路工人大罢工应为中国共产党领导的第一次工人运动高潮的起点呢？我们可以拿陇海铁路工人大罢工与香港海员大罢工，作若干方面之比较：

第一，陇海铁路大罢工是一场完整意义上的反帝反封建性质的罢工运动。

众所周知，香港海员大罢工斗争矛头指向英帝国主义。而陇海铁路大罢工，斗争矛头不但指向帝国主义（法国和比利时），同时也给北洋军阀以及梁士诒、叶恭绰为首的交通系官僚政治集团以沉重打击，具有完整的反帝反封建性质。

陇海铁路，是光绪三十一年（1905）清朝政府与法国、比利时签订条约借款修筑的。帝国主义、北洋军阀和交通系官僚政治集团相互勾结，形成了对陇海铁路工人政治经济上的三重压迫。工人们每天劳动在 12 小时以上，有的竟长达十六七个小时，还经常遭受打骂、虐待和无端的处罚。工人所得薪资每月仅 4 元—12 元。当时的米价是每石 16 元，工人的工资收入根本无法维持生计。1921 年 3 月，法国资本家若里任陇海铁路洛阳机务厂总管，他处处克扣工人。不给机车发足够的油，使车头大灯无法使用。司机害怕出事故，只好自己拿钱买油。机车用煤也发不够数，因此机车蒸汽不足，常常误点，司机被罚。1921年11月8日，徐州站下午放工时间，厂方有意延长工时，将站上8号栅门锁闭。工人气愤不过，将门挤破，厂方借此开除2名"带头闹事"的工人。同月17日，洛阳机务厂副厂长狄猛（法国人）殴打前来上工的工人，工人不服，与其评理，反被开除20名工人。于是，洛阳机务厂工人首先起来罢工。至20日，陇海铁路全线工人举行大罢工。停靠在洛阳、开封、徐州各站的火车头，汽笛齐鸣，冲天怒啸。千里陇海铁路，像一条断了脊骨的长蛇，僵死在中州大地。这是北方地区一场空前规模的铁路工人大罢工，给法、比帝国主义以沉重的打击。

陇海铁路全线陷入瘫痪，京汉、津浦两大铁路干线也严重受阻。这不仅使北洋军阀在政治上遭受沉重打击，而且还直接造成了帝国主义和军阀、官僚在经济上的严重损失。

交通系官僚曾在北方铁路各线建立工人组织、业余工人学校，以便拉拢、控制工人。陇海铁路工人大罢工，反映了北方铁路工人的觉醒，开始摆脱官僚的控制，走上反帝反封建的革命道路。这对于交通系来说，不能不是一个沉重的打击。

第一次工人运动高潮的性质是反帝反封建。陇海铁路工人大罢工，不仅像香港海员大罢工那样具有反帝的性质，而且还具有反封建的性质。因此，从这一点上来说，陇海铁路工人大罢工作为第一次工人运动高潮的起点，似乎更具有典型意义。

第二，陇海铁路工人大罢工，是在中国共产党的直接领导下取得胜利的，它比香港海员大罢工更能体现出党的领导。

众所周知，香港海员大罢工并没有中国共产党组织的直接领导。罢工的领导人苏兆征、林伟民，当时还是国民党党员。因此，罢工开始以后，"国民党曾予以帮助，特别是陈炯明帮助十万元上下"[1]。当然，陈炯明是"企图利用海员帮助他打倒孙中山"[2]。然而，香港海员在苏兆征、林伟民

---

[1] 《邓中夏文选》，第396页。

[2] 同上。

的领导下，没有上陈炯明的圈套。香港海员大罢工，得到中央广东支部和中国劳动组合书记部的大力支持。中国劳动组合书记部主持工作的秘书李启汉（当时书记部主任张国焘赴莫斯科参加远东共产党及革命团体代表大会），在上海领导工人起来阻止香港当局在上海招募海员、破坏香港海员罢工的企图，并成立了"香港海员罢工上海后援会"。京奉、京汉、陇海、正太、京绥等北方铁路工人，在中国劳动组合书记部的领导下，也成立了"香港海员罢工北方后援会"。铁路工人将声援香港海员大罢工的标语、红旗，悬挂在火车上，四处宣传，扩大影响。在中国共产党的领导下，各地的工人宣传、募捐、有力地支援了香港海员罢工。如果没有党领导各地工人运动的支援，香港海员大罢工不会影响如此广泛、深远。但是，我们也应该实事求是地看到，香港海员罢工开始时，我党"以为这是国民党所领导的"，苏兆征几次找党，"均遭拒绝，因此他说党看不起工人，不愿入党"。① 中共广东支部谭平山、陈公博等人和陈独秀在领导上的贻误，确实在一定程度上影响了党在香港工人群众中的威信，使得建党工作在香港推迟了两年多。直至 1925 年春天，苏兆征才加入中国共产党。

陇海铁路工人大罢工，则是在中国共产党的直接领导下取得胜利。罢工之前，党已在陇海铁路工人群众中有了一定的影响。当时陇海铁路上的郑州、洛阳、开封、徐州（铜山）四个大站，分别设立了《劳动周刊》（中国劳动组合书记部机关刊物）和《工人周刊》（中国劳动组合书记部北方分部机关刊物）的分销处。陇海铁路管理局司员游天洋，是唐山交通大学毕业生，为李大钊创建的北京大学马克思学说研究会会员，与劳动组合书记部北方分部有密切联系。游天洋利用自己工作之便，深入调查工人们的劳动、生活情况，了解工人们的要求，宣传革命思想，启发工人们的阶级觉悟，并在工人中建立"老君会"，把工人们组织起来。1921 年11 月 20 日，游天洋利用"老君会"组织，领导发动了陇海铁路工人大罢工，并派人到北京向劳动组合书记部北方分部汇报情况，请求支援。但是，因为罢工造成京汉铁路客运混乱，所派人员途中受阻，未能及时赶

① 李立三：《党史报告》（1930 年 2 月 1 日），中央档案馆编：《中共党史报告》，第 214—215 页。

到。陇海铁路工人罢工的消息传到北京，李大钊立即主持召开党的北方区委会议，讨论决定派遣北方区委委员、劳动组合书记部北方分部主任罗章龙赶赴洛阳，领导这场罢工斗争。罗章龙风尘仆仆，克服重重困难，在洛阳找到了游天洋。当时罢工正值关键时刻。开封军警扬言要出兵镇压罢工，加上罢工的组织工作不够完备，没有妥善做好罢工工人生活救济工作，工人的情绪不稳定。在劳动组合书记部北方分部的直接指导下，成立了由 7 人组成的行动委员会，统一并加强了对罢工的领导，又积极做好宣传工作，组织安排了工人生活救济工作，使得工人们的情绪逐步安定下来，有了胜利的信心。当时洛阳、开封、徐州的老君会各不相属。罢工行动委员会分析，只要稳定开封，罢工就能坚持到胜利。于是，罗章龙在罢工行动委员会委员王符圣陪同下，赶到开封，与当地老君会首领、工人领袖魏荣珊，共商罢工大计，统一思想。魏荣珊表示接受劳动组合书记部北方分部的领导。

北洋政府害怕陇海铁路工人大罢工会蔓延各路，影响财政收入，派交通部陇海铁路督办施肇曾到洛阳调解。罢工行动委员会向施肇曾提出了 15 项条款。施肇曾表示，除了开除洛阳机务厂总管若里一条，因涉及外交不能马上答应外，其他条款全部接受（至 1922 年 1 月，若里也被革职开除），罢工取得了完全的胜利。11 月 27 日，陇海铁路罢工工人全线复工。在庆祝罢工胜利大会上，游天洋宣布：陇海铁路总工会成立。总工会接受劳动组合书记部北方分部的领导，要求书记部北方分部派人长驻洛阳、开封、郑州、徐州工会，指导工作。陇海铁路工人在斗争中认识到，没有中国共产党的领导是不行的。

第一次工人运动高潮，确切含义是党成立后领导发起的第一次工人运动高潮。香港海员大罢工并不是中国共产党领导的。但由于它得到党领导的工人运动大力支援，因此仍可以划入第一次工人运动高潮。可是，用这次不是党领导的工人运动，来作为党领导的第一次工人运动高潮的起点，显然是不妥当的，容易引起非议。而陇海铁路工人大罢工，则是在党的直接影响、领导下举行的。因此，两相比较，我以为以陇海铁路工人大罢工作为第一次工人运动高潮的起点，无疑更妥当、更确切一些。

第三，陇海铁路工人大罢工和香港海员大罢工所产生的影响之比较。

香港海员大罢工，开始只有 1 500 多海员参加，后发展成 30 000 运输工人的同盟罢工。"沙田惨案"之后参加罢工的人数就更多了，并在全国工人中兴起了声援香港海员罢工的浪潮。毋庸置疑，香港海员大罢工的规模，超过了陇海铁路工人大罢工。但是，因为香港海员罢工时"的确得到国民党政治上和物质上的切实帮助"，因而"阶级意识模糊"，"信仰"国民党。① 1922年"五一"劳动节，正值全国第一次劳动大会召开。香港海员工会"扎了一座雄伟奇丽的牌楼，左右一副对联，就是'拥护三民主义''实行五权宪法'"。并且"这次欢迎会是用西式大餐，满屋悬挂青天白日旗。这些事实，都可以看出那时海员工会对国民党信仰到了如何程度"。②

陇海铁路工人大罢工，虽然在规模上不如香港海员大罢工，时间上也没有香港海员大罢工那么长。但陇海铁路由东至西，横亘中州，又与京汉、津浦铁路相交，地理位置极为重要。陇海全线5 000余铁路工人大罢工，不仅使陇海铁路东起连云港、西至观音堂陷入瘫痪，也使京汉、津浦两大铁路干线受阻。其产生的影响，如陈独秀所指出的那样，"震动畿辅，远及南方"。③ 可称得上是一场声势浩大的产业工人大罢工。党中央和共产国际代表，都先后派专人到北方，考察这次罢工运动的详细经过。

由于李大钊主持的北方区委的正确领导，陇海铁路工人罢工之后，不仅迅速建立了工会组织，而且很快建立起党、团组织。根据罗章龙回忆，当时加入党组织的，"洛阳为王符圣、游天洋、白眉珊以及后来的王忠秀等；郑州：魏士珍、李泊之、郭启先；开封：魏荣珊、马景山、范易；徐州：程胜贤、黄钰成、姚佐唐；商丘：王连陞、姚鼎三；连云港：萧学文、韩森青；观音堂：傅敬宗、水湛寅。同时并成立共青团的组织，各站支部同志合计年内达千人以上。"④ 毫无疑义，在巩固和扩大党的阶级基础，确立党在工人运动中的领导地位方面，香港海员大罢工确实不如陇海铁路大罢工。可以说香港海员大罢工是轰轰烈烈，陇海铁路工人大罢工既轰轰烈烈，又踏踏实实。两次大罢工所产生的社会影响，都是不可低估。陇海铁路工人大罢工和香港海员大罢工相比较，无论从规模还是产生的影响来看，都可以作为第一次工人运动高潮的起点。绝不能简单地认为，陇

---

① 《邓中夏文集》，第482页。
② 同上。
③ 罗章龙：《椿园载记》，第168页。
④ 中国革命博物馆编：《北方地区工人运动资料选编》，第51页。

海铁路工人大罢工参加人数不及香港海员大罢工，就否定了陇海铁路工人大罢工作为第一次工人运动高潮起点的资格。

第四，从历史的内在联系分析，陇海铁路工人大罢工作为第一次工人运动高潮的起点，更符合历史逻辑。

1921年7月，党的一大通过第一个决议规定："本党的基本任务是成立产业工会"①。这表明，党从成立之日起，就把开展工人运动作为自己的中心工作。事实上，党也只有大力从事工人运动，才能巩固和扩大自己的阶级基础，在中国工人阶级中树立起领导者的权威。为了开展工人运动，同年8月成立了中国劳动组合书记部，随后又在北京、武汉、长沙、广州、济南设立分部。9月，党中央召开第一次扩大会议，讨论如何进一步开展工人运动。10月，中央局根据扩大会议精神发出《通告》，"决议以全力组织全国铁道工会"，要求"上海、北京、武汉、长沙、广州、济南、唐山、南京、天津、郑州、杭州、长辛店诸同志，都要尽力于此计划"。②从此，着手建立铁路工人工会，成为全党的紧迫任务。《通告》还要求，在建立铁路工人工会的过程中，大力发展党、团组织；规定1922年7月以前，上海、北京、广州、武汉、长沙五区，党员都要达到30人，全国团员要超过2 000人。③11月，北方区委积极领导陇海铁路工人大罢工。随即建立起陇海铁路工人工会组织，并发展了近20名党员、上千名团员。因此，从时间线索上我们可以清晰地看到：陇海铁路工人大罢工的胜利，是在党的一大决议和9月扩大会议《通告》指导下取得的。陇海铁路工人大罢工，是自党诞生之日起，大力开展工人运动，发起第一次工人运动高潮的起点。

邓中夏认为，在第一次工人运动高潮中，"北方铁路做了骨干"④。从1921年11月陇海铁路工人大罢工，至1923年2月京汉铁路工人大罢工，北方铁路工人运动确实成为第一次工人运动高潮的"骨干"。北方铁路工人运动之所以迅猛崛起，是中央局大力开展铁路工人运动的成果，是李大钊主持北方区委努力工作的成果。因此，陇海铁路工人大罢工，与党的指

①　中央档案馆编：《中共中央文件选集》（1921—1925年），第7页。

②　同上书，第10页。

③　同上。

④　邓中夏：《中国职工运动简史》，第38页。

导方针、第一次工人运动高潮，有着密不可分、历史的内在逻辑联系。以往把陇海铁路工人大罢工划出第一次工人运动高潮之外，是欠妥当的。

香港海员大罢工与中国共产党之间的联系，远远不及陇海铁路工人大罢工。更何况陇海铁路工人大罢工比香港海员大罢工还早两个月。所以，以陇海铁路工人大罢工作为第一次工人运动高潮的起点，更合乎历史逻辑。

当年身为中央书记的陈独秀，称陇海铁路工人大罢工为"我党初显身手的重大事件"。然而，多少年来一直没有引起史学界的重视，没有给陇海铁路工人大罢工以应有的历史地位。如果说陇海铁路工人大罢工确实是我党"初显身手"，那么，就应该承认其第一次工人运动高潮起点的历史地位。

中共福建省委党校《党史研究与教学》1989 年第 2 期

香港海员大罢工与第一次国共合作

1922 年 1 月爆发的香港海员大罢工，长期以来只是被党史学界认为是第一次工人运动高潮的起点。然而，如此评价香港海员大罢工的历史作用和历史地位，尚不够全面。以笔者管见，香港海员大罢工不仅是第一次工人运动高潮的起点，更重要的，这次大罢工是国共两党初次合作的成果，它促进了第一次国共合作。

一 香港海员大罢工的胜利是国共两党初次合作的成果

众所周知，香港海员大罢工并没有中国共产党组织的直接领导。罢工的领导人苏兆征、林伟民，当时还是国民党员。领导罢工的工会组织——中华海员工业联合总会，是在孙中山的支持和领导下成立的。以至"中华海员工业联合总会"的招牌，也是孙中山亲自拟名和题写的。因此，罢工开始以后，"广东政府每日借出数千元，前后共计约十万元，罢工经费赖有此源源接济得以支持"。① 当时中共广东区委的陈公博，认为香港海员"那一次的罢工本来是国民党的联谊（义）社主持"的。② 先后主持过中国劳动组合书记部工作的张国焘、邓中夏，也都认为香港海员大罢工是国民党领导的。

李立三回忆，当时中国共产党一开始"对于这一罢工意义是不了解，以为这是国民党所领导的还不去理它。当时罢工领袖苏兆征几次找党，均

---

① 邓中夏：《中国职工运动简史》，第 59 页。
② 陈公博：《我与共产党》，《寒风集》，第 216 页。

遭拒绝"。① 但以后，香港海员大罢工得到了中国共产党的大力支持。香港罢工工人回到广州后，劳动组合书记部热情接待他们，并给予经济上的援助。香港当局派人到上海等地招募新海员，妄图破坏罢工，中共上海党组织在工人中进行宣传，揭露港英当局的阴谋。共产党员李启汉因阻止招募新海员而被捕入狱。京奉、京汉、陇海、正太、京绥等北方铁路工人，在劳动组合书记部的领导下成立了"香港海员罢工北方后援会"。他们将声援香港海员大罢工的标语、红旗，悬挂在火车上，四处宣传，扩大影响。在中国共产党领导下，全国各地的工人开展宣传募捐，大力支援香港海员罢工，使这次大罢工影响到全国。很显然，如果没有中国共产党领导全国工人的大力支援，香港海员大罢工的影响不会如此广泛、深远，中国共产党领导的全国工人的大力支援，也是迫使香港当局不得不答应"中华海员工业联合总会"所提出复工条件的重要因素。由于中国共产党领导了全国声援香港海员大罢工的运动，并对罢工的胜利起了重要的作用，所以，可以说中国共产党参与了这次香港海员大罢工的领导，香港海员大罢工的胜利是国共两党初次合作的成果。

香港海员大罢工爆发之初，中国共产党诞生才几个月。刚刚出世的中国共产党，虽然树立了在中国建立社会主义、实现共产主义的伟大目标，但对于中国社会的性质、革命的性质认识尚较模糊，误以为中国是资本主义社会，把推翻资产阶级统治作为自己的革命任务，因此，也就不可能提出同资产阶级民主派建立统一战线的策略。中国共产党一大决议中明文规定："我党应坚守无产阶级的立场，并不准与其他党派建立任何关系"。一大到会代表虽然多数人认为孙中山的政府比北洋政府"进步"，但对孙中山领导的国民党基本上仍持否定态度。1921 年中共广东支部在一份报告中说："我们与国民党人的斗争困难得多。因为工人与国民党人的联系已有很长的历史，早在十年以前，他们就设法向工人和士兵群众传播他们的思想和影响"。② 中国共产党人对国民党的态度，也影响到中国共产党对于香港海员大罢工是否给予支持的问题。

1922 年 1 月 15 日，中国社会主义青年团机关刊物《先驱》创刊号上

---

① 李立三：《党史报告》，《中共党史报告选编》（中央档案馆编），第 214 页。
② 《"一大"前后》（三），第 13 页。

刊载了列宁《民族和殖民地问题提纲初稿》的译文。遵照列宁的民族和殖民地问题的革命学说,殖民地和落后国家的共产党人,应该首先和本国的资产阶级民主派结成统一战线,共同完成反帝反封建的资产阶级民主革命的任务,然后再进行无产阶级的社会主义革命。由于列宁民族和殖民地革命学说及时传到了中国,也由于中国共产党人工人阶级意识的作用,在香港海员大罢工爆发未久,中国共产党人改变了原来排斥国民党的态度,大力支援了这次大罢工。

香港海员大罢工,也促使孙中山领导的国民党抛弃原来排斥共产党的态度,开始转而采取联共的政策。国民党的《规约》历来规定:国民党员不得加入他党,否则予以除名。1920年经孙中山亲自修订的《规约》,仍保留了这一条。戴季陶也是以"孙先生在世一日",他不能加入别的党为由,于同年退出了中国共产党的筹建工作。中国共产党成立之后,国民党在工人和士兵中间努力扩大宣传和影响,同中国共产党争取群众。在香港海员大罢工中,共产党人的大力援助以及罢工能取得胜利与共产党人的努力分不开等事实,促使国民党抛弃原来排斥共产党的态度,开始转向联合共产党的政策。1922年5月前后,出席中国社会主义青年团第一次全国代表大会的少共国际代表达林,以苏俄政府代表的身份与孙中山会谈。孙中山因中国共产党支援了香港海员大罢工,认为共产党还是有本领的,可以和国民党合作,希望能把共产党员吸收到国民党里来,变成自己的力量。

综上所述,香港海员大罢工是国共两党初次合作的成果,也是国共两党由相互排斥到相互合作的一次转机。

二　香港海员大罢工对于共产国际确立国共合作的策略起了重要作用

众所周知,共产国际代表马林是第一次国共合作的最初倡导者。马林是荷兰人,1913年曾被荷兰共产党派往荷属东印度群岛(即印度尼西亚)从事革命活动。他在爪哇组织了社会主义政党,并指导该党同当地颇有影响的政党——回教联盟合作,并参加到回教联盟中去从事革命活动。因此,马林具有在东方落后国家和地区建立革命统一战线的实际经验。1920

年初，马林参加了共产国际第二次代表大会，他作为民族殖民地委员会秘书，曾协助列宁起草著名的《民族和殖民地问题提纲初稿》。1921 年上半年，马林赴华参加中国共产党第一次全国代表大会。会后约一个多月，马林即向中国共产党提出了"建立民主运动的国共联合战线的问题"。①

1921 年下半年，伊尔库茨克局（即远东局）指示，中国各革命团体应选派代表出席莫斯科远东各国共产党及民族革命团体第一次代表大会。为此，马林在上海会见了孙中山的代表张继，建议国民党选派代表参加大会。同年 12 月下旬，马林在张继和张太雷的陪同下，抵达桂林，拜访了孙中山，并与孙中山举行多次会谈，磋商了苏俄与国民党合作的可能性。尔后，马林转赴广州。时值香港海员大罢工兴起，给他留下了极其深刻的印象。之后，马林经汕头回到上海。可以说此次南方之行，对于马林形成国共合作的策略方针起了决定性作用。马林后来曾向共产国际执委会汇报说："这次南方之行，是我留居中国的最重要的部分。在上海，我对中国的运动及其发展的可能性获得一种十分悲观的观点。我在南方才发现工作大有可为，而且能够成功。"② 这次南方之行，使马林对于中国革命客观形势有了更深入的了解，对国民党亦有了基本的认识，坚定了建立国共合作统一战线的思想，并促使他不遗余力地推动中国共产党确立国共合作的策略。

马林认为，国民党是由四部分人组成的：1. 起领导作用的知识分子，他们大多数参加过辛亥革命，其中一部分人在日本或法国接触过社会主义。他们自称是社会主义者，孙中山还自称"是一个布尔什维克"。他们有些人对苏联革命红军的组织表示出极大的兴趣；2. 侨民，这是国民党内的资本主义因素。"这些人常常资助这个工人党"（指国民党——笔者），具有反对军阀、争取民族独立的革命意识；3. 南方军队中的士兵，这些人生活在逆境之中，社会地位低下，不少人参加了国民党；4. 工人，孙中山长期和工人有接触，特别是在广东省和华侨之中。国民党的领导者们在广州支持工会，在罢工中常常站在工人一边。所以，马林认为，国民

---

① 包惠僧：《共产党与国民党联合战的提出》，《包惠僧回忆录》，第 130 页。

② 《马林给共产国际执委会的报告》（1922 年 7 月 11 日），《马林在中国的有关资料》，第 15 页、第 15—17 页、第 16—17 页、第 21 页。

党既不同于北洋军阀各政治派别，也不是一个单纯的资产阶级政党，"国民党的党纲使得这些各种不同的团体都能加入进去：它主要的性质是民族主义的。它有三项原则：反对外国统治，争取民主，争取公民的人的生活"。① 因此，马林认为国民党完全具备和共产党合作的政治、组织基础。

对于国民党革命性质的认识，马林不仅是通过和孙中山等国民党领导者的交谈，很大程度上来源于香港海员大罢工。马林后来在对共产国际执委会的报告中说："在今年正月海员罢工期间，国民党与工人之间的联系是多么紧密，这一点对我来说是十分清楚的。整个罢工都由这个政治组织的领袖们所领导。罢工工人参加了党的民族主义的示威游行，全部财政资助都来自国民党。……国民党与罢工工人之间的联系如此紧密，以致在广州、香港、汕头三地竟有一万二千名海员加入国民党"。② 不言而喻，国民党支持和领导香港海员大罢工，给马林留下了十分深刻的印象。

马林后来曾经对《中国论坛》主编伊罗生说过："……香港海员大罢工证明国民党与工人阶级组织有真正的联系，国民党也愿意与工人阶级组织保持友好联系。……因此，作出这个决定（即确定国共合作的策略——笔者）基于三个因素：爪哇的经验，第二次代表大会的提纲（即列宁《民族和殖民地问题提纲初稿》——笔者），以及南方无产阶级组织在民族主义运动中所处的有利地位。"③ 由此可见，马林之所以主张国共合作，固然和他具有在爪哇从事统一战线工作的实际经验以及与列宁关于民族和殖民地问题理论指导有很大关系，但最直接的原因是国民党支持了香港海员大罢工。他认为，既然国民党内部有大量的工人和士兵，共产党员就应该"到国民党中去进行政治活动，通过这一切，会获得通向南方工人和士兵的更方便的门径"。④ 主张以共产党员加入国民党的方式实现国共合作，这也是孙中山唯一可以接受的合作方式。

马林南方之行后，写了两份报告：一份给共产国际执行委员会，建议

① 《马林给共产国际执委会的报告》（1922年7月11日），《马林在中国的有关资料》，第15页、15—17页、16—17页、21页。

② 同上。

③ 伊罗生：《与斯内夫利特谈话记录》，《马林在中国的有关资料》，第28页。

④ 《马林给共产国际执委会的报告》（1922年7月11日），《马林在中国的有关资料》，第15页、15—17页、16—17页、21页。

国共两党合作；一份给苏联外交部，建议苏俄政府派使团到南方，和孙中山政府建立联系。1922 年 7 月初，马林回到莫斯科，11 日向共产国际执委会作了在华工作报告。第二天，国际执委会充分肯定了马林的报告，完全接受马林关于国共合作的建议。随后，马林带着共产国际的指示立即回到中国，参加 8 月底中共中央召开的西湖会议。在会上，马林传达了共产国际执委会关于国共合作的指示。1923 年 1 月 12 日，共产国际执委会正式通过了《关于中国共产党与国民党的关系问题的决议》。

1922 年 1 月 21 日—2 月 2 日，远东各国共产党及民族革命团体第一次代表大会在莫斯科举行。在会议期间，列宁亲切会见了出席会议的国、共两党代表。在会见时，列宁表示自己对于中国的情况知道得很少，询问国、共两党是否可以合作。而此时的马林依据香港海员大罢工活生生的实践和同国民党领导人的接触与会谈，实际酝酿了国共合作的策略方针。香港海员大罢工对于马林形成国共合作的策略和党内合作的形式以及通过马林促使共产国际确立国共合作的方针，都起了至关重要的作用。诚然，根据列宁民族和殖民地革命学说，共产国际一定会帮助中国共产党建立革命统一战线。但是，倘若没有香港海员大罢工，共产国际是不会如此迅速、果断地确定下国共合作的方针。

三　香港海员大罢工推动中国共产党确立了第一次国共合作的方针

如前所述，自香港海员大罢工始，国共两党抛弃了相互排斥的态度，逐步向相互合作的方向发展。1922 年 7 月，中国共产党召开了第二次全国代表大会，通过了《关于"民主联合战线"的决议案》，抛弃了关门主义。但是，由于国民党组织涣散，混进了一批官僚、买办、地主、军阀等腐朽势力，使得中国共产党人仍对于同国民党建立革命统一战线不抱多少希望。1922 年 6 月 30 日，陈独秀在给维经斯基的信中写道："我们很希望孙文派之国民党能觉悟改造，能和我们携手，但希望也很少"。

1922 年 8 月，在杭州西湖会议上马林传达了共产国际的指示，要求中国共产党人以参加国民党的方式实行国共合作。与此同时，孙中山因陈炯明叛变进一步看到了国民党的腐败，一方面下决心改组国民党，清除党内腐朽势力；另一方面真诚希望年轻的充满朝气的中国共产党人能加入国民党，像"新鲜血液"一样的国民党获得新生。孙中山改组国民党的决定和热情欢迎共产党合作的态度，也进一步打消了中国共产党人因国民党腐败而不愿合作的念头。

香港海员大罢工之后，其影响仍继续对中国共产党产生作用。1922年底，陈独秀出席了共产国际第四次代表大会。共产国际此时完全赞同马林的意见，从香港海员大罢工中得出结论：中国共产党人应该通过参加国民党到工人运动中去。因此，共产国际主要领导人之一拉获克，在会上对陈独秀提出尖锐的批评。他说中国共产党的同志"很不懂得同工人群众相结合。我们同他们进行了整整一年的斗争"，要陈独秀"走出孔夫子式的共产主义学者书斋，到群众中去！"① 共产国际通过马林从香港海员大罢工中得出的结论：到国民党中去，到工人运动中去。无疑给陈独秀的思想以极大的震动。随即，中国共产党人独自领导的京汉铁路工人"二七"大罢工遭到失败，更促使中国共产党人下决心和国民党合作，共同进行反帝反封建的国民革命。1923年6月，中国共产党召开第三次全国代表大会，决定全体党员以个人名义加入国民党，以建立各民主阶级的统一战线。中国共产党正式确立了第一次国共合作的策略方针。

综上所述，如果说列宁的民族和殖民地问题革命学说从理论上指导中国共产党确立第一次国共合作的方针，那么，香港海员大罢工和"二七"惨案则从实践上说明中国共产党应当和国民党实行合作，如果"二七"惨案从反面告诉了年青的中国共产党人，在半殖民地半封建社会的中国，反动派的势力异常强大，单凭工人阶级孤军奋战是不可能取得胜利的，必须和孙中山领导的国民党建立革命统一战线，那么，香港海员大罢工则从正面告诉了中国共产党人，孙中山领导的国民党具有和共产党合作的可能性，并通过共产党员加入国民党的方式，找到了一条通往南方工人运动中去的途径，找到了一条在南方及其他地区可以合法或半合法地从事群众运

---

① 《马林给共产国际执委会的报告》（1922年7月11日），《马林在中国的有关资料》，第15页、15—17页、16—17页、21页。

动的途径。

　　载《党史研究与教学》1990 年第 4 期，主要观点被收入中央党校研究室科研局图书情报处《中共党史文摘年刊》1990 年

试论抗日民族战争领导权

1937—1945 年的抗日民族解放战争，是中华民族重振雄风，奋力摆脱任人欺辱困境的一次殊死拼搏，是中华民族由近百年来的衰落走上兴盛的转折点。然而，对于这场伟大的民族解放战争领导权问题，至今学术界仍众说纷纭，莫衷一是。抗日战争结束距今已有半个世纪了，党史工作者有责任就它的领导权问题作出科学的结论。

一 鉴明抗日民族战争的性质，是正确认识 抗日民族战争领导权问题的关键

当一个国家遭受外敌入侵之际，它的政府和军队没有投降，而是带领全国人民起来抵抗，直至取得最后胜利。毫无疑义，这场反侵略民族战争的领导权应当归于政府。按照这一逻辑推论，抗日战争是一场抵御外敌入侵的民族解放战争。而国民党当时是全国唯一的执政党，并拥有 200 万军队，且坚持抗战到最后胜利。因此，似乎没有必要争论，这场反侵略战争的领导权应当归于国民党。但是，抗日战争不同于近代中国一切反侵略战争，如 1840 年的鸦片战争、1884 年的中法战争、1894 年的中日战争等。因为它不仅仅是一场反侵略的民族解放战争，更重要的它还是中国共产党领导的新民主主义革命的一个重要历史阶段。抗日战争具有民族解放和民主革命两重性质。

为了进一步弄清楚抗日战争为什么会具有民族解放和民主革命两重性质，我们从以下三个方面来阐明问题。

首先，抗日战争的性质是由中日双方的经济、政治、文化的客观状况所决定的。日本法西斯军队对中国的大举侵略，使得抗日战争具有民族解

放战争的性质；半殖民地半封建社会中国正在进行的新民主主义革命，又使得抗日战争具有了民主革命的性质。

毛泽东曾经指出："中日战争不是任何别的战争，乃是半殖民地半封建的中国和帝国主义的日本之间在二十世纪三十年代进行的一个决死的战争。全部问题的根据就在这里"。① 20 世纪 30 年代日本的经济，政治、文化使其走了法西斯军国主义道路，对中国发动野蛮的侵略战争，因此中国人民的抗战具有民族解放战争性质，这是没有人提出异议的。然而，当我们认真分析 20 世纪 30 年代半殖民地半封建中国的经济、政治、文化的客观状况，明白了共产党领导的新民主主义革命代表了中国社会发展的方向，就不难理解抗日战争还具有新民主主义革命的性质。

近百年来，从鸦片战争、太平天国、戊戌变法、辛亥革命，到北伐战争，一切为了摆脱半殖民地半封建状况的革命或改良，都遭到了严重的挫折而失败。1927 年建立的国民党南京政府，依然是对外依附帝国主义、对内依靠封建主义。帝国主义与封建主义继续束缚着中国经济和社会的发展。历史一次次地反复证明：中国不可能走旧式资产阶级民主革命的道路，而只有经过无产阶级领导的新式民主主义革命，才能完成国家独立、社会工业化和农村土地改革等民主革命基本任务。以马克思主义为指南的新民主主义革命，代表了中国社会进步发展的总趋势。

抗日战争是近百年来中国人民反帝反封建革命斗争的一个重要历史阶段，而新民主主义革命使抗日战争有了比近代中国任何一个历史时期"更为进步的因素""中国共产党及其领导下的军队，就是这种进步因素的代表"。② 所以，抗日战争就具有了新民主主义革命的性质。

其次，抗日战争时期民族斗争与阶级斗争并存的客观事实，是抗日战争具有两重性质的基本依据。

其次，抗日战争全面爆发之后，国民党最高领导人承认第二次国共合作，实行抗战，是对国家民族立了一大功。客观上对于抗日战争的全面展开，有着重要意义。然而，国民党代表大地主大资产阶级的本性并不因为

---

① 《毛泽东选集》，人民出版社 1991 年 6 月第 2 版，第 364、387、447、449、1037、1047、391 页。

② 同上。

抗战而发生根本性的变化。这主要表现在以下三个方面：1. 实行片面抗战的路线，压制民众起来抗战，把抗战胜利的希望，寄托在幻想美英苏等国的干预上；2. 顽固坚持一党专政，对人民实行残酷的压迫和剥削，不给人民起码的民主和民生的权利，不愿意有丝毫改变；3. 对抗战抱妥协、动摇态度，随时准备"议和"，没有抗战到底、收复东北失地的决心。由于国民党仍顽固坚持大地主大资产阶级的立场，同广大人民群众不能不处于对立的状况。因此，在抗日战争时期国内阶级矛盾与斗争并没有消失。民族斗争与阶级斗争并存的客观状况，决定了抗日战争具有民族解放与民主革命两重性质。

最后，新民主主义革命与抗日民族战争具有一致性，是抗日战争具有两重性质的又一重要依据。

中国共产党领导的新民主主义革命，即无产阶级领导的人民大众的反帝反封建的革命，其目的是要建立一个统一的（包括东北三省在内）、无产阶级领导的、各革命阶级联合的新民主主义的新中国。只是由于日本帝国主义入侵，新民主主义革命的主要对象由国民党反动政权变为日本帝国主义。以马克思主义为行动指南的中国共产党，不得不走一条迂回曲折的道路，通过抗日民族战争，进行新民主主义革命，把打败日本侵略者与建立新民主主义中国有机地结合起来，完成民族解放和民主革命的神圣使命。换言之，如果中国共产党停止新民主主义革命，追随于国民党大地主资产阶级，进行一场片面的压制民众的反侵略战争，这不仅违背了无产阶级和广大劳动人民的阶级利益，而且还违背了中华民族的最高利益，因为国民党压迫与剥削劳动人民、压制民众起来抗战和对抗战的动摇妥协，有利于日本法西斯占领中国，有可能把抗日战争引向失败。因此，中国共产党在抗日战争中坚持新民主主义革命，不仅符合无产阶级和劳动人民的阶级利益，而且符合中华民族的最高利益，将会把抗日战争最终引向人民胜利的结局。

总而言之，由于日本法西斯入侵并不能改变中国新民主主义革命发展的趋势；由于客观上抗日战争时期民族斗争与阶级斗争同时并存；由于抗日战争与新民主主义革命具有一致性，所以，抗日战争具有民族解放与民主革命两重性质。

抗日战争的两重性质，给这场民族解放战争的领导权问题带来了复杂性。这也是抗日战争领导权问题争论至今仍悬而未决的原因所在。我们认为，处于执政与统治地位的国民党，又拥有 200 万军队，且表示要抗战到底，所以，它的执政统治权在一定程度上不能不表现为抗日领导权。这一点不仅在国际上得到一致公认，而且在国内也得到包括共产党在内的各党派团体的承认。抗战开始，工农红军进行改编，接受国民党政府八路军、新四军番号与薪饷，同意把陕甘宁革命根据地改称为陕甘宁边区，毛泽东在一些公开场所的讲话，都表明中国共产党承认国民党拥有这种领导抗日的最高权力；但另一方面，抗日战争的新民主主义革命的性质，又决定了它只能由无产阶级的先锋队——中国共产党领导。这是为什么党坚持对八路军、新四军和敌后抗日根据地绝对领导的根本原因，决定了共产党不是追随国民党的抗战路线与方针，而是把马克思主义同中国实际相结合，制定出自己的一套路线、方针、政策，以实现其对抗日战争的领导。因此，我们认为：抗日战争是国共两党两种领导权同时并存，而共产党的领导权起了主导作用。

抗日战争国共两党两种领导权并存，而共产党的领导权起主导作用的论断，与人们普遍以为领导权只能有一个的思维方式相悖。大千世界，万事万物，本来就是错综复杂的，人们不可能只有一种思维模式去思考、研究问题。对于抗日战争领导权的思考与研究也是如此。如果跳出了原有的思维模式，就会发现这原来就是一个并不算十分复杂的问题。如果有人说土地革命战争时期共产党有民主革命领导权、国民党拥有统治权，这是谁也不会提出异议的常识性问题。其实，抗日战争领导权问题与此比较相似，共产党仍然拥有民主革命领导权，国民党继续拥有统治权，只是在反侵略战争中国民党的国家统治权在一定程度上转化为抗日领导权。又由于抗日战争从本质上说是新民主主义革命的一个重要历史阶段，所以，共产党的抗日领导权不能不起主导作用。掌握马克思辩证唯物论的党史工作者，应该有理论勇气承认这一科学结论，并研究两种抗日领导权并存而出现的复杂历史状况，研究共产党抗日领导权起主导作用的实际情况。

二　中国共产党抗日战争领导权的具体形式

中国共产党以民族利益为重，承认国民党的执政统治地位。毛泽东和党的其他领导人多在一些公开谈话中表示拥护国民党、蒋介石领导抗日，但这绝不意味着共产党放弃了新民主主义革命，放弃了抗日战争的领导权。

早在卢沟桥事变前夕，毛泽东在《中国共产党在抗日时期的任务》一文中，就专门论述了党在抗日战争中的领导责任。抗日战争初期，毛泽东在扩大的六届六中全会报告中又指出，要"使全党同志明确地知道并认真地负起中国共产党领导抗日战争的重大历史责任"，还详细地阐明了"中国共产党在民族战争中的地位"。那么处于非执政地位的中国共产党，究竟是如何担负起抗日战争的领导责任的呢？这主要表现在以下几个方面：

第一，把马克思主义同中国实际情况相结合，依据民族斗争与阶级斗争一致性的原则，制订出全面抗战的路线，以实现其对抗日战争的领导。

1937年8月，毛泽东在洛川政治局扩大会议上提出了《中国共产党抗日救国十大纲领》，这就是中国共产党实行全面抗战路线的纲领。它把实行抗战和争取民主紧密地结合起来；争取抗日战争朝着有利于人民胜利的方向发展。

1940年前后毛泽东发表了《新民主主义论》等著作，完整系统地阐述了新民主主义革命的理论。毛泽东关于新民主主义科学概念和新民主主义革命总路线的概括与阐述，揭示出抗日战争的新民主主义革命实质，使人们清晰地辨明抗日战争确实不同于近代历史上的一切反侵略民族战争。毛泽东明确指出：无产阶级领导权是新民主主义革命与旧民主主义革命相区别的主要标志。毛泽东提出了新民主主义政治纲领、经济纲领、文化纲领，保证了无产阶级在政治、经济、文化等方面对农民、小资产阶级、民族资产阶级和其他一切民主进步分子的正确领导。新民主主义革命的理论，是党的全面抗战路线的继续和发展，是民主革命历史经验的结晶，为中国共产党在抗日战争中的领导权奠定了不可动摇的理论基石。

第二，倡导建立抗日民族统一战线，坚持独立自主原则，制订并执行正确处理统一战线阶级关系的方针、政策，通过抗日民族统一战线实现其对抗日民族战争的领导权。

众所周知，抗日民族统一战线是在中国共产党的积极倡导、推动下，在全国抗日高潮已经形成的形势下，国民党蒋介石才被迫接受、建立起来的。中国共产党以国家民族利益为重，积极倡导建立抗日民族统一战线，有史可鉴，功不可没。抗日民族统一战线的建立，"在中国革命史上开辟了一个新纪元""历史的车轮将经过这个统一战线，把中国革命带到一个崭新的阶段上去"。①

欧洲的马克思主义者季米特洛夫等人，并不了解中国共产主义运动的特殊性，不懂得新民主主义革命与抗日民族战争一致性的原理。在他们看来中国共产党要投身于反法西斯侵略战争，就要停止无产阶级革命斗争，似乎是二者不可兼得。王明于1937年11月从苏联回到延安，照搬共产国际的理论和外国党的经验，提出"一切服从统一战线""一切经过统一战线"，否定党的独立自主的原则，拱手把抗日民族统一战线领导权让给国民党蒋介石，重犯1927年大革命后期陈独秀右倾错误。中国共产党在毛泽东的领导下，克服了王明的右倾错误，保证了马克思主义对全党的正确领导。中国共产党坚持独立自主的原则，就是坚持党在抗日民族统一战线中的领导权。

坚持了独立自主的原则，毛泽东在正确的阶级分析的基础上，又进一步提出了党处理统一战线各阶级相互关系的基本政策：发展进步势力与争取中间势力，孤立顽固势力。发展进步势力，就是要放手发动工人、农民和城市小资产阶级参加抗日战争和民主运动，积极扩大八路军、新四军及其他人民武装力量，广泛发展共产党组织。发展进步势力是一切革命工作的基础，是争取中间势力和孤立顽固势力的基本条件，是党正确处理阶级关系基本政策中三个环节的中心一环。争取中间势力，就是争取中等资产阶级、开明绅士和地方实力派这三部分。孤立顽固势力，主要是孤立亲英美派大地主大资产阶级，其代表即国民党蒋介石集团。国民党蒋介石集团在抗日战争中的两面性，决定了中国共产党对其又联合又斗争、以斗争求团结的策略方针。中国共产党关于抗日民族统一战线的基本政策，为确定党对统一战线各阶级、阶层的领导地位奠定了政策基础。这一基本政策的贯彻执行，使中国共产党处于抗日民族统一战线领导核心地位。

照顾同盟者的物质利益，是马克思关于建立革命统一战线的一条基本

---

① 《毛泽东选集》，人民出版社1991年6月第2版，第447、449、364、387、1037、1047、391页。

原则。在抗日战争时期，中国共产党实行了减租减息和民生主义政策，既要求地主减租减息又规定农民部分地交租交息的两重性政策；既适当照顾工人、城市小资产阶级劳动利益又不妨碍资本主义经济正当发展的两重性政策。工人、农民、城市小资产阶级和民族资产阶级的经济利益因此都得到保护，地主阶级的经济利益虽然受到限制，但在一定程度上又得以维持。这种照顾全国绝大多数人的物质利益的灵活经济政策，在抗日战争时期起了不可估量的重要作用，切实加强和巩固了中国共产党在抗日民族统一战线中的领导地位。

另外，中国共产党还制订了正确的文化政策，即民族的科学的大众的新民主主义文化政策，扩大并巩固了抗日民族统一战线文化阵地，共同反对汉奸文化，共同反对帝国主义封建主义文化。

总之，中国共产党制订并贯彻一系列正确的政策，保证了自己在抗日民族统一战线中的领导地位，保证了自己在抗日战争中的领导地位。

第三，制订正确的军事方针，开展敌后游击战争，发展人民革命武装力量，建立广泛的敌后抗日根据地，是中国共产党领导抗日战争无可辩驳的事实。

在抗日战争刚刚爆发之际，中国共产党就明确提出：通过反侵略的军事斗争争取党对抗日战争的领导权。毛泽东在洛川会议上曾指出：红军的基本任务是创造根据地，牵制消灭敌人，配合友军作战（主要是战略配合），保存和扩大红军，争取共产党对民族革命战争的领导权，针对日本侵略军兵力不足，只能占领城市和铁路、公路交通要道的弱点，确定红军作战的方针是独立自主的山地游击战，包括在有利条件下集中兵力消灭敌人兵团，以及向平原发展游击战争。1938年5月，毛泽东发表了《论持久战》一文，系统阐明了持久抗战的军事战略思想，驳斥了"速胜论""亡国论"等谬论，给抗日战争的胜利，指明了方向，在全国产生了巨大的影响。在持久战和游击战的军事方针指引下，八路军、新四军挺进敌后，建立起1亿人口的根据地，120万人的人民军队，220万人的民兵武装，牵制了侵华日军总兵力的60%、伪军的95%以上。在八年抗战中，党领导的八路军、新四军及人民武装力量，共对敌作战2.5万余次，消灭了日伪军171.4万余人。这表明，中国共产党及其领导的人民武装力量，是抗日民族战争的中流砥柱，是最终取得抗战胜利的决定性力量；中国共产党通过反侵略军事斗争所取得的领导权，对于抗日战争的胜利起了决定性作用。

第四，发挥全体党员在抗日民族战争中的模范带头作用，以实现党对抗日民族战争的领导权，是党的一条基本原则。

中国共产党处于非执政地位，因此不可能像国民党那样利用国家机器来实现对抗日战争的领导，而是依靠广大党员在民族解放战争中的模范作用，依靠全党的团结，影响、带动人民群众和友党友军，贯彻执行党的全面抗战路线和在抗日民族统一战线中的方针、政策，以实现党对抗日战争的领导权。毛泽东曾在《中国共产党在民族战争中的地位》一文中指出："只有共产党员协同友党友军和人民大众中一切先进分子，高度地发挥其先锋的模范的作用，才能动员全民族一切生动力量，为克服困难、战胜敌人、建设新中国而奋斗。"

中国共产党人建立起广泛的抗日根据地，发展壮大了抗日力量。而中国共产党人深入敌后创建抗日武装力量和解放区的模范带头作用，又在全国人民中产生了巨大的影响，给全国人民以抗战必胜的信念。这种模范带头作用所产生的推动作用，远非国民党所能做到。相反，抗战后期国民党政府和军队的腐败，正面战场上的败退，使人民群众不能不更加敬重共产党。在解放区共产党人清正廉洁、密切联系群众的优良作风，不怕流血牺牲，身先士卒带领群众奋勇杀敌的英雄气概，吃苦耐劳、带领群众重建家园、创造新生活的顽强意志，都给全国人民及友党友军以巨大的影响，形成了至今令人怀念、学习的延安精神。中国共产党在全国人民中间产生的重大影响，使党在抗日战争中处于政治领导地位。

总而言之，中国共产党对抗日战争的领导权实际而具体，绝非只是一句空洞的口号。

三　国共两党两种领导权的统一与斗争

在抗日民族统一战线正式形成之时，国共两党因为受制于国内外客观条件的约束，不得不承认或容忍两种领导权并存的局面。早在西安事变后，中国共产党在致电国民党五届三中全会时曾提出五项要求和四项保证。四项保证即停止武力推翻国民党政府的方针；工农政府改称为中华民国特区政府、红军改编为国民革命军；特区实行彻底的民主制度；停止没收地主土地的政策。这实际上是承认国民党政府执政党的统治地位，承认国民党政府在即将爆发的抗日战争中具有合法的领导地位。中国共产党这一重大让步，使自己获得了合法地位，获得了抗日的民主权利，是"为了更好的一跃而后退"，绝非放弃新民主主义革命。自西安事变后，国民党同共产党先后在西安、杭州、庐山进行了四次谈判，国民党的目的是要取消共产党的组织、军队和革命根据地，取消中国的共产主义运动，把共产党"溶化"掉。后来由于"八·一三"淞沪抗战爆发，共产党领导的军队积极要求开赴抗日前线，国民党蒋介石才被迫承认共产党的合法地位，在一定程度上被迫默认了共产党的自主行动权利，容忍共产党在八路军、新四军和陕甘宁边区及敌后战场的领导权的存在与出现。抗战初期，国共两党相互对另一方的容忍、默认、承认，对于全国抗战局面的迅速形成，起了不可估量的积极作用。从这一历史视角分析研究问题，无论是共产党还是国民党，都给国家和民族立下了大功劳。

毛泽东曾经说过："我们赞助一切反对日本帝国主义进攻的抗战，即使是片面的抗战。因为它比不抵抗主义进一步。因为它是带着革命性的，因为它也是在为着保卫祖国而战"。[①] 在八年抗战中，尽管国民党蒋介石集团曾经动摇、妥协，与日本帝国主义数次进行"议和"谈判，但总还是留在抗日阵营之中，从根本上有别于公开投敌充当汉奸的国民党汪精卫集团。尽管国民党蒋介石的片面抗战只代表亲英美派大地主大资产阶级的利益，但他掌握着政权，代表国家"为着保卫祖国而战"，不能不"带着革命性的"。这与中国共产党的全面抗战路线具有了统一性，也使得国共两党两种领导权具有了统一性。

国共两党的两种领导权，具体而简明地表现为两条不同的抗战路线。它反映出两个截然对立的阶级——无产阶级和大地主大资产阶级，对抗日战争截然不同的立场、态度和发展趋势的导向。全面抗战的路线，表明共产党是要充分发动广大群众，打败日本侵略者，争取民族解放和民主革命胜利的前途。而片面抗战的路线，是压制民众不许民众起来抗战的错误的

---

① 《毛泽东选集》，人民出版社 1991 年 6 月第 2 版，第 447、449、364、387、1037、1047、391 页。

路线，不利于争取反侵略战争的彻底胜利。这反映了国民党蒋介石把少数人的利益放在国家和民族之上，坚持大地主大资产阶级的统治，仍将中国社会滞留在半殖民地半封建社会，使国家的独立、社会工业化和农民土地等问题仍然得不到真正切实的解决，使中国经济和社会仍然处于停滞或缓慢发展的状况。因此，两条不同的抗战路线、两种不同的抗日领导权，相互之间又必然会产生矛盾和斗争。

在抗日战争时期两种领导权的统一与斗争，错综而复杂，大体上可以分为三个阶段：从1937年卢沟桥事变至1938年10月武汉失守为第一阶段。在这一阶段里，国民党政府和军队对日作战是比较努力的。因此，出现了国民党正面战场和共产党敌后战场相互配合作战的情景，如华北的忻口战役。在全国比较顺利地形成了军民抗战的高潮，"一时出现了生气蓬勃的新气象"。① 在这个阶段，一方面国民党政府有比较积极的抗战；但另一方面，国民党当局仍旧限制人民自动团结起来进行抗日和民主的活动。一方面国民党政府对待共产党及其他抗日党派、团体的态度比较过去有了一些改变；但另一方面仍旧不给各党派以平等地位，多方限制他们的活动，许多爱国政治犯并没有释放。在这一阶段，由于国民党采取了消极防御的军事方针，使国民党军队正面战场出现了大溃败的局面。共产党采取了敌后游击战的方针，使人民军队得到迅速发展，并创建了敌后抗日根据地。从1939年1月国民党五届五中全会至1943年为第二阶段。由于日本诱降和英美对日本侵华采取绥靖主义政策，由于国民党畏惧共产党领导的人民革命力量发展壮大，国民党蒋介石反共与对日妥协的倾向明显增长。1939年1月国民党召开五届五中全会，确定了消极抗战、积极反共的政策，通过了"溶共""防共""限共""反共"的反动方针。会后又设立了"防共委员会"、炮制出一系列反共的具体办法。从此，各地反共摩擦活动日趋严重。在这五年里，国民党顽固派不断向八路军、新四军和敌后抗日根据地频繁发起军事进攻和挑衅，其间形成了三次大规模反共高潮。在国统区的共产党组织也遭到严重摧残，党的南方工作委员会及其下属组织和湖南省委、川康特委等均遭破坏。国民党各集中营关押了大批共产党人、爱国青年及

---

① 参见《毛泽东选集》，人民出版社1991年版。

其他民主战士。由于中国共产党采取了以斗争求团结的策略方针，挫败了国民党顽固派的反共逆流，维持了国共团结抗战的局面，维持了两种领导权并存的局面。在这一阶段，共产党领导的人民军队和抗日根据地抵御、牵制了侵华日军和伪军的大部分兵力，成为抗日民族战争的中流砥柱。国民党军队对于日军的进攻基本上处于守势，并发起过一些防御性进攻，先后与日军进行了南昌战役、随枣（湖北随县、枣阳）战役、三次长沙战役、桂南战役、枣宜（湖北枣阳，宜昌）战役、上高战役、中条山战役，以及派出远征军入缅作战等等，抵御了日军侵华总兵力的40%左右、伪军约5%，对于抗击日本侵略军仍发挥了重要作用。从1944年日本军队发起豫湘桂战役至抗战结束为第三阶段。由于国民党政府和军队的腐败，由于国统区经济的凋敝，以国民党军队豫湘桂战役大溃败为契机，兴起了民主宪政运动。中国共产党提出了建立民主联合政府的主张，反对国民党一党专政和蒋介石个人独裁，得到民族资产阶级、上层小资产阶级和广大人民群众的响应。国共两党斗争的焦点，逐步开始转向抗战胜利后在中国建立一个什么样的政府、什么样的国家的问题上来。这实质上是两种领导权、两条抗战路线把抗战胜利引向两种不同前途的斗争。美国政府扶蒋反共的政策，给这场斗争带来了曲折。在这一阶段，中国共产党领导的军队在华北、华中、华南发起局部进攻，扩大原有的根据地，并向湘粤边、苏浙皖边敌后挺进、开辟新的抗日根据地。1945年夏季又发起新的攻势，逐步实现由游击战向运动战转变，在苏军出兵东北之际转入全面反攻。与此同时，国民党军队虽然在豫湘桂战役中进行了抵抗，但日军仍占领了河南、湖南、广西、广东、福建等省的大部分和贵州省的一部分。1945年5月8日德国法西斯无条件投降，国民党估计苏美将以主要兵力对日作战，日本会突然宣布投降，于是在滇、桂、湘、粤等地展开攻势，但仍局于西南及华南一隅。

纵观整个抗战时期，国共两党基本上仍统一在抗日民主统一战线的旗帜之下。两党领导下的抗日武装力量，在第一阶段曾经是直接配合作战，在第二、第三阶段，客观上仍是战略上的相互配合。国共两党两种抗日领导权的统一，对于抗日战争的胜利，起了巨大的推动作用。国共两党抗日武装力量的统一，共牵制日军240万人，共歼灭日军260余万人（包括受降日军128万人），有力地支援了美英军队在太平洋战场的作战，牵制日军不敢贸然对苏联发动侵略战争，为世界反法西斯战争作出了重大贡献。可以设想，如果没有共产党领导的人民军队牵制了日军大量兵力，国民党政府的抗战将是一幅怎样的情景呢？很难说国民党政府不被日军所摧毁。反之，如果没有国民党上百万军队在华南、西南战略上的策应，中国共产党领导的人民革命力量的抗战则必将更加艰难。因此，国共两党两种抗日领导权客观上有一种相互配合的依赖关系。

纵观整个抗战时期，国共两党两种领导权之间的矛盾与斗争，频繁而复杂，有时是十分激烈的。但是，由于中国共产党已经走上成熟，对于国民党顽固派的反共摩擦采取了以斗争求团结的方针，采取了有理、有利、有节的斗争策略，不仅粉碎了国民党企图利用抗战以至消灭共产党的阴谋，维持了团结抗战的大局，而且推动了国民党的抗战。中国共产党领导的人民抗日力量对于国民党顽固派的反击与斗争，还保证了人民革命力量的发展壮大，为中国抗日战争和民主革命的胜利奠定了基础。

在这里须要说明的是：一、如毛泽东所说，整个国民党并不就等于顽固派，其中还有中间派和进步派。国民党是一个复杂的政党。它虽被代表大地主、大银行家，大买办阶级的反动集团所统治和领导，但却并不整个儿等于反动集团。它有一部分领袖人物不属于这个集团。而且被这个集团所打击、排斥或轻视。它有不少干部、党员和三青团员并不满意这个集团，而且有些甚至是反对它的领导。在国民党军队、机关里，"包藏着不少的民主分子"。① 二、要把国民党上层统治集团和广大中下层官兵区分开来。国民党军事方针的失误和上层集团的腐败是导致国民党正面战场失败的根本原因，而广大中下层官兵在抗战中是奋勇杀敌的。上述两点可以说明，为什么国民党上层统治集团实行错误的抗战路线和军事方针，导致正面战场上的失败，而国民党及其军队中仍会出现许多爱国志士、民族英雄。

---

① 参见《毛泽东选集》，人民出版社1991年版。

四　中国共产党抗日战争领导权的伟大历史作用

毛泽东十分尖锐地指出："在统一战线中，是无产阶级领导资产阶级呢，还是资产阶级领导无产阶级？是国民党吸引共产党呢，还是共产党吸引国民党？"① 在国共两党之间、在两种抗日领导权之间，确实存在着一个"争夺"的问题，即对抗日战争领导权的争夺。在这场争夺抗日领导权的斗争中，已经发展成熟的中国共产党，既避免了陈独秀把革命领导权拱手让给资产阶级的右倾投降主义，又避免了把社会中间势力排斥在统一战线之外而失去了对他们领导权的"左"倾关门主义，把工人、农民与城市小资产阶级、民族资产阶级以及亲英美派大地主大资产阶级，都集聚在抗日民族统一战线的旗帜之下，使抗日战争成为全民族的抗战。全民族抗战局面的形成，是中国共产党全面抗战路线贯彻执行的结果，是中国共产党实现了对抗日战争政治领导的基本标志。

经过八年全面抗战，中国共产党所领导的革命力量发展壮大，开辟了敌后大小 16 块根据地（不包括陕甘宁边区），形成了"三分天下有其一"的局面，并在全国人民中间享有很高的声誉，给人民以廉洁奉公、艰苦朴素、蓬勃向上的良好印象。而国民党却是政府和军队的腐败，经济的萧条，许多农民和城市贫民死于饥寒交迫，正面战场的溃败，以及顽固坚持一党专政、个人独裁而被民主宪政运动的浪潮所包围，等等。两相比较，使研究这个时期历史的人不能不得出"共产党一天天兴盛、国民党一天天腐败"的结论。国民党实行片面抗战的路线，实际上是自动放弃了对人民抗战的领导，国民党对工人、城市小资产阶级的压迫、剥削，对民族资产阶级的鲸吞，对农民的苛捐杂税，使国统区人民生活在水深火热之中，实际上使自己置身于人民大众的对立面。这是共产党力量一天天壮大，而国民党力量却一天天衰败下去的一个根本原因。国共两党力量的消长，反映出抗战八年的历史走向，揭示出抗日战争新民主主义革命实质，反映出中国共产党抗日领导权的巨大威力，反映出马克思主义改造中国的

① 《毛泽东选集》，人民出版社 1991 年 6 月第 2 版，第 447、449、364、387、1037、1047、391 页。

历史作用。

正是由于有了中国共产党领导的人民革命力量的发展壮大，才使得抗日战争不同于近代中国一切反侵略战争，使反侵略战争不再为半殖民地半封建腐败政府所包办、操纵（这种包办、操纵只能导致反侵略战争的失败），使抗日战争成为全民族的反侵略战争。如果没有中国共产党的领导，没有马克思主义指引下的亿万劳动人民参加，抗日战争还会像近代中国一切反侵略战争那样归于失败。即便是因为有了有利的国际形势，法西斯主义被全世界民主力量所打败（腐败的国民党是没有能力依靠中国自己的力量打败日本侵略军的），中国的抗日战争得到胜利，一天天腐败下去的国民党也不可能使中华民族走上新生。国民党政府和军队的腐败，连蒋介石自己也供认不讳。他在《苏俄在中国》一书中，不得不承认国民党在大陆的失败是从抗战后期的腐败开始的。中国共产党所领导的人民革命力量在抗日战争中的作用，甚至被当时美国在华人员中大多数人所公认，如史迪威、谢伟思等人。他们认为，中国真正抗日的是共产党所领导的八路军、新四军和游击队，而国民党蒋介石不仅不抗日，还用装备精良的 50 万军队包围共产党。

总而言之，虽然抗日战争时期出现了国共两党两种领导权并存、争夺的局面，但因为中国共产党所领导的人民革命力量是取得抗日战争胜利的决定性因素，是中华民族近百年来由衰败走向兴盛的基本原因，代表了中国新民主主义革命，推动了中国社会的历史发展，所以，中国共产党在抗日战争中的领导权不能不起主导作用。

在无产阶级革命的历史进程中，不乏有两种领导权并存的局面。俄国1917 年"二月革命"之后，曾经出现过两种政权并存的局面：一个是资产阶级临时政府，另一个是实行工农专政的工农兵代表苏维埃。这实际上是两种领导权的并存、是以政权形式出现的两种领导权的并存。列宁领导的布尔什维克党，不失时机地发展壮大革命力量，争夺以至夺取了领导、管理俄国的最高国家权力。第二次国共合作，是国共两党有政权、有军队的合作，这也是抗日战争中出现两种领导权并存局面的历史原由之一。中国共产党在两种领导权并存的情况下，不失时机地领导发展壮大人民革命力量，为抗日战争和民主革命的胜利，奠定了基础。中国共产党人为民族解放、人民幸福和国家富强英勇奋斗的精神，把马克思主义同中国实际相结合、解决民族矛盾与阶级矛盾相交织复杂问题的非凡才能和胆略，是值得我们后辈人学习和敬仰的。

载《党史研究与教学》（中共福建省委党校）1993 年第 3 期，篇名收入中国人民大学书报资料中心《中国现代史》索引目录

抗日战争初期的青年救国团

青年救国团（简称"青救团"），是抗战初期党领导下的青年抗日民族统一战线组织。它创建于武汉，而后在湖北、河南、安徽、江苏、江西、四川、湖南等省相继发展，人数曾达五万之众，在武汉和全国都是当时最大、最有影响的青年抗日救亡组织之一。因而有"北有民先（民族解放先锋队），南有青救"之说。

半个世纪过去了，当年参加青救团英姿飒爽的青年人，如今已是鬓发斑白的七旬老人。然而，青救团在我国青年运动史上所留下的战斗足迹，当年青救团员们赤诚的爱国热忱，是不应该被人们遗忘的。

一　"青救团"的创立

抗日战争爆发之后，平津、华北、淞沪、南京相继沦陷，国民党政府不得不于 1937 年 11 月从南京迁都武汉。与此同时，华北、华东和平津、沪宁等地的大批青年学生也流亡到了武汉。

为了巩固和扩大抗日民族统一战线，推动国民党统治区的抗日救亡运动，1927 年 9 月中共中央派董必武同志赴武汉筹建"八路军办事处"，恢复和发展湖北、武汉地区的党组织。不久，周恩来、叶剑英、秦邦宪、邓颖超等同志也先后来到了武汉。10 月，中共湖北省工作委员会成立。随后，在省工委的领导下，建立了湖北省青年工作委员会，由省工委委员杨学诚任青委书记。12 月，中共长江局成立，下设青年工作委员会，委员会由蒋南翔、于光远、杨学诚、谢邦治、张维民、姜纪常等组成（1938年 2 月，由宋一平任长江局青委书记）。湖北省青委、长江局青委的先后成立，都是为了加强党对国民党统治区青年运动的领导。

　　当时武汉地区党领导的青年爱国组织的大概情况是：1937年8月，由全国救国会常委何伟（霍恒德）在原武汉"秘密学联"的基础上，组织起"武汉各界救国联合会"。同年9月初，"平津流亡同学会"负责人杨学诚，根据上级指示，由南京来到武汉。在"平津流亡同学会"（后改为"华北流亡同学会"）中，建立党的组织。9月中旬，于光远从太原来到武汉，在武昌育婴堂街7号成立了民先总部驻武汉办事处。此外，汇聚在武汉的各地流亡青年和武汉当地青年也自动组织起来，各种青年救亡团体如雨后春笋般地涌现出来，如武汉职业青年抗敌工作团、战时青年生活互助会、中国青年难民战时工作团、中国回教青年抗敌协会，等等。约有20多个群众组织、团体。人民音乐家冼星海所在的上海演剧二队到了武汉后，与"武汉业余歌咏团"一起，举办了多期音乐训练班。在他们的指导下，青年们自动组织了"星海""怒涛""群声""群蜂""三八"等20多个歌咏队。他们走上街头，深入工厂，高唱抗日救亡歌曲，用歌声来表达坚持抗战到底的决心。当时国民党政府也组织了"战地服务团""战干团"等组织，并发给津贴，想以此招徕青年。

　　为了加强党对于各地流亡青年的统一领导，进一步推动国民党统治区的抗日救亡运动，中共湖北省工委决定，在"华北流亡同学会"、武汉"秘密学联"、武汉"民先队"的基础上，建立一个公开的、具有广泛群众基础的青年抗日民族统一战线组织，并决定派省青委书记杨学诚具体负责筹建工作。虽然"民先"的名称在流亡青年学生中有一定影响，但是考虑到"民先"的旗帜红、名声大，已被国民党视为眼中钉，继续沿用"民先"的名称对于开展工作不利。于是，最后确定组织的名称为青年"救国团"。此时，由何功伟带领上海青年抗日救国内地服务团的第一批骨干也来到武汉，根据省工委的指示，这批同志全部转入青救团。

　　1937年12月9日，长江局、湖北省青委在武昌昙华林华中大学操场，召开了纪念"一二·九"运动两周年大会。会上宣布，在近期内建立一个广泛的青年救亡组织。12月28日，"青救团"在武昌三道街39号召开成立大会，董必武同志到会并讲话，热烈祝贺"青救团"的诞生。

　　"青救团"是在抗战初期救亡运动高涨之际及时成立的，在党的领导下，发展非常迅速。据统计，"青救团"在成立时，仅有团员200多人。直至1938年5月，团员发展到8000多人，其中武汉市区1100多人，湖北省 36 个县共合计 2000 多人，河南有 1000 多人，重庆一带有 100 多人，第五战区有 5000 多人，其他散布在江西及安庆各地的团员尚未统计在内。6 月中旬，在保卫大武汉的战斗气氛中，抗日救亡运动日益高涨，"青救团"的发展更是迅速。截至 7 月底，仅武汉就有团员 1 万多人，加上其他各地的团员，共计达 5 万多人。

二　"青救团"的主要抗日救亡活动

当时"青救团"内部建立了党的组织，党团书记杨学诚，副书记姜纪常（主持青救团的党团日常工作）。在中国共产党的领导下，"青救团"努力团结广大青年，开展了声势浩大的广泛的抗日救亡运动。它的活动，主要有以下几个方面：

（一）动员群众、组织群众，实现党的全面抗战的路线

"七·七"事变后，蒋介石虽然发表谈话说："地无分南北，年无分老幼，无论何人，皆有守土抗战之责任"，但是，国民党蒋介石站在大地主大资产阶级的立场上，实行的是一条压制人民、不准人民群众起来抗战的片面的路线。蒋介石曾多次声称，"抗战自有政府作主，与民不相干！"国民党政府不去动员民众、组织民众，国统区多少热血青年在国破家亡之际，真可谓是走投无路、报国无门。"青救团"执行党的全民族的全面抗战路线，深入民众、唤起民众、组织民众，实现中国共产党对国统区抗日救亡群众运动的领导。

"青救团"发挥了青年学生的特点，采取了活泼、新颖的多种宣传形式，组织了歌咏团、话剧队、漫画组在街头、工厂、码头、车站，甚至到鄂中、鄂东、鄂南、鄂西及武汉附近的谌家矶、汉阳、黄陂县一带乡村，宣传抗日，教工人、农民、市民学唱抗日歌曲，如《义勇军进行曲》《大刀进行曲》等，演出《放下你的鞭子》《最后一幕》《血洒晴空》等活报剧，激发群众的抗日热情。武昌区"青救团"区团部，派团员到一纱、裕华、大成纱厂，徐家栅火车站和造船修理厂，办工人夜校。汉口区青救团区团部，派团员帮助和记蛋厂、汉阳兵工厂和人力车工人办训练班。武汉大学青救团分团，组织了"抗战教育团"到汉冶萍矿区办工人识字班。当时青救团采用通俗易懂的《战时读本》《战时常识》和一些自编教材，

一边帮助工人学习文化，一边宣传抗日救亡。申新纱厂有 1200 多名女工参加学习，在没有经费来源的情况下，青救团团员省吃俭用，积蓄下来钱给她们买纸买笔。青救团还设立了许多图书室、抗敌室和书报供应处，里面存放着各种抗日救亡的图书、报刊，如《八百壮士死守闸北》《张老儿投军》《气死东洋鬼》，及《新青年》《救中国》等杂志。国民党政府曾专门派特务到青救团办的图书室调查，并颁布了《查禁书刊总目》，将《毛泽东论文选》等 92 种书，列为查封的禁书。另外，青救团在鄂东创办了一所容纳五六十人的民众短期学校，在鄂西创办了 7 个民众夜校，在鄂中、鄂南也办了类似的学校。

组织难民参加抗日救亡运动。自上海、南京沦陷后，各地流亡到武汉的难民日益增多。他们衣衫褴褛、流浪街头，沿街都是哀哀求食的妇女和儿童，惨不忍睹。青救团主动将难民组织成各种战时服务队，对难民进行战场伤员急救护理等训练，另外还组织一部分青壮年难民，赴内地开荒生产。青救团在难民中发展团员，成立了青救团分团，尽可能地把难民也组织到抗日队伍中来。

青救团还把妇女和儿童也动员起来，参加抗日救亡民众运动。一些女青救团员，夜以继日地赶制慰劳袋。许多女工和贫穷妇女中的女青救团员，虽然拿不出钱来慰劳前线，但她们不畏劳苦地日夜缝制慰劳袋，为抗日尽自己的一分力量。一些儿童也组织起来，充当义务服务员、宣传员，主动去宣传、募捐，给伤病员演出文艺节目等。

（二）利用统一战线的形式，发展进步势力，壮大人民力量，推动国民党政府抗战。"青救团"成立后，尽管一直没有得到国民党政府的正式承认，但青救团成立后的第三天，却主动参加国民党军事委员会第六部举办的尊敬伤兵和慰问难民的活动，通过积极参加国民党政府出面组织的活动，来推动抗日救亡运动，争取合法的地位。

1938 年 4 月，台儿庄大捷的消息给武汉市群众很大的鼓舞。为了庆祝台儿庄会战的胜利，青救团出面在武汉三镇组织了一次大的义卖，得到了各界人士的热情支持。5 月，徐州战况危急，青救团全体动员，四处奔走，为徐州会战募捐，几天内就征募了慰劳袋 5000 多只。女青救团员和街道妇女一起，日夜缝制慰劳袋，将云南白药、八卦丹、草鞋、毛巾、肥皂、铅笔、慰问信等装进慰劳袋，以激励前线将士英勇杀敌。

青救团还定期组织团员到医院慰问伤兵，替伤兵洗衣服，喂水喂饭，代写家信。青救团总部还在武汉办起了两个伤兵俱乐部，经常为伤兵表演抗日救亡的节目。使不少伤兵思想上发生了变化，有些伤兵撑着拐杖，来参加青救团组织的各种活动。青救团员们炽热的爱国热情，忘我的工作精神，得到了社会各界人士的同情和支持。第五战区长官李宗仁将军，不顾国民党政府拒不承认青救团的顽固态度，公开承认青救团的合法地位，因而第五战区青救团的工作开展得轰轰烈烈，团员曾发展到5万多人，为全国之冠①。

1938年7月，国民党军事委员会政治部三厅的党组织在周恩来同志领导下，决定大规模地进行"七·七"周年纪念活动，通过这一活动，更深入广泛地发动群众，唤起每一个老百姓的抗战意识。"七·七"抗战一周年纪念活动开展得很顺利，特别是"七·七"献金运动，在青救团的协助下，在武汉三镇设立了六个献金台，并组织了几百个劝募小组，走家串户向市民募捐。后来郭沫若同志在《洪波曲》中写道："像青年救国团……和三厅的工作是能够将鼓相应的，三厅的几次扩大宣传，被称为在武汉轰轰烈烈过来的，事实上一多半就靠这些团体和青年们的热烈响应与支持。"

青救团还经常邀请社会知名人士沈钧儒、邹韬奋、杜重远、沙千里、钱俊瑞参加报告会或指导工作。据沙千里回忆，救国会从上海撤退到武汉以后，钱俊瑞的主要精力是用来指导青救团的工作②。青救团还创办了团报《新青年》，特别邀请了冯玉祥将军题写了报名。上述这些做法，不仅扩大了青救团在社会各阶层中的影响，而且还有利于谋取"合法地位"。

青救团利用统一战线的有利条件，积极参加国民党政府领导下的各种组织，以便于公开活动。当时在湖北，青救团员担任过合作社的委员、乡村工作促进会的委员；在安徽，青救团员担任过动员委员会的委员；在河南，青救团员担任过联保主任、联防队的政治指导员等。青救团积极从事一切合法的、半合法的和非法的活动，参加国民党政府组织的抗日救亡运动，实际上是扩大和加强了中国共产党对国民党统治区抗日救亡运动的领

---

① 徐永昭、陶茂盛：《抗战时期的青救团》。
② 沙千里：《漫话救国会》，第85页。

导，发展了抗日民族统一战线中由工人、农民、城市小资产阶级组成的进步势力，壮大人民抗日的力量，推动代表大地主大资产阶级利益的国民党政府实行抗战。

（三）组织青年参加抗日武装斗争

1937 年 12 月，周恩来同志在武汉大学讲演中指出，"今日青年运动的任务"："第一，到军队去"，到"直接杀敌的战场上去"①。青救团认真贯彻周恩来同志的指示，在工人联欢会、工人友谊会和时事讨论会上，动员青年工人、知识分子到部队去，到湖北各游击区去，拿起武器，打击敌人。当时，青救团曾派了一部分团员、青年参加陶铸同志在应城汤池和方毅同志在黄安七里坪举办的训练班，学习军事，学习政治，为鄂中游击区和新四军培养骨干。另外，青救团在武汉清华街五码头开办的工人训练班、在四码头的人力车夫工会，都邀请罗炳辉等同志作关于游击战问题的报告。由于青救团的努力工作，在武汉每天都有一二十名青年来青救团社会服务部，要求去参加战地工作。青救团当时成立了 3 个军队服务部，曾介绍了 200 多青年到部队去。还组织了 600 多人的"八路军学兵队"，由武昌区团部的负责人胡宝寿（胡克实）等率领，奔赴延安。汉口区团部受湖北省工委委托，由庄果等介绍了一批黄包车夫去河南竹沟新四军留守处。当时有人说："青救团简直成了军队工作的介绍所"。1938 年 6—10月在武汉会战期间，青救团员在前线参战的有七八千人。武汉沦陷之后，青救团的一部分骨干在杨学诚、姜纪常等同志率领下，到鄂中建立武装，开辟抗日根据地，一部分青救团团员奔赴延安，一部分青救团团员转移到各种抗敌演出队；还有一部分青救团团员，到鄂西一带开展建党工作。他们决心为抗日战争的最后胜利而斗争到底。

三　"青救团"的结局及历史评价

"青救团"成立之初，曾向国民党军事委员会第六部登记，未予批准。以后又曾先后多次向国民党湖北省党部、汉口市党部呈请备案，但均未获准。相反，国民党政府对青救团的抗日救亡活动，严加监视，还曾由

---

① 《周恩来选集》上卷，第 90—91 页。

房主要青救团付清房租等卑鄙手段，企图挤垮青救团。1937 年 7—8 月间，国民党武汉卫戍总司令部政治部副主任胡越出面，召见青救团的负责人，命令他们解散青救团。所有青救团干部，经考核后参加三青团及战干团，青救团团员并入其他国民党组织的各团体及工作队。胡越的无理要求，当即遭到青救团负责人的严词拒绝。国民党还曾指示《武汉日报》社长王亚明，来和青救团负责人就青救团并入三青团等国民党组织的问题，举行谈判。青救团坚持抗日民族统一战线中独立自主的原则，拒绝了国民党的无理要求。1938 年 8 月 17 日，国民党政府正式下令解散青救团，并查封了青救团总部。同时被国民党政府查封的，还有我党领导的抗日群众团体——民族解放先锋队和蚁社。为此，《新华日报》发表社论，强烈抗议国民党政府无理解散三团体。青救团也发表了《青年救国团遭受解散宣言》和《青年救国团紧要启事》，强烈要求国民党政府"收回解散成命"，社会上各界抗日人士也纷纷发出呼吁、抗议，指责国民党政府的倒行逆施。但是，国民党当局仍不顾大局，青救团被迫解散。

青救团虽然从成立到被迫解散前后不到一年的时间，但它为推动国民党统治区人民群众起来实行全面抗战，作出了一定贡献。然而，长期以来，由于种种原因，由于怕涉嫌于王明右倾投降主义，人们对青救团的历史评价有欠公允，没有在青年运功史上给青救团以应有的历史地位。

青救团是"一二·九"革命精神的继续和发扬。以杨学诚、蒋南翔、姜纪常、扬述、刘玉柱等同志为代表的北平"一二·九"运动中涌现出来的青年学生领袖，在抗战爆发流亡武汉后，继续为祖国的存亡而奔走呼号。青救团是在"华北流亡同学会"、武汉"秘密学联"和"民先"三个组织的基础上成立的，其骨干大多数是"一二·九"运动中涌现出来的抗日救亡积极分子。由于刘少奇同志在华北地区贯彻了党的正确的白区工作路线，克服了"一二·九"运动后期的一些"左"的倾向，肃清了白区工作中王明"左"倾冒险主义和关门主义，所以"一二·九"运动中成长起来的这批学生运动积极分子，在斗争中更加成熟了。青救团能在国民党政府不承认的困难条件下活动了 10 个月，这固然和当时高涨的抗日运动形势有关，迫使国民党政府不敢贸然取缔青救团；但另一方面，也是由于青救团讲究斗争的策略。青救团利用一切合法、半合法和非法的方式积极开展活动，主动去参加国民党政府出面组织的抗日救亡活动，以争取自身的合法地位。青救团在没有"合法"地位的情况下，能公开地积极广泛地开展抗日救亡运动，成为在武汉、在全国都是"一个最活动最活跃的青年团体"①，这不能不说是青救团的一大成绩。

1935 年 12 月 20 日，中国共产主义青年团中央委员会发出了《为抗日救国告全国各校学生和各界青年同胞宣言》，指出："以前加入我们青年团的人，一定要相信共产主义的，现在，我们共产主义青年团转为抗日救国青年团以后，一切爱国青年，相信共产主义的也好，不相信共产主义的也好，只要愿意抗日救国的，就可以加入我们的抗日救国青年团"。从此，共青团组织的性质发生了变化，转变成青年抗日民族统一战线组织。青救团根据团中央的这一精神，把自己建设成为党领导下的青年抗日民族统一战线组织。其中党团组织是它的领导核心，"一二·九"运动中涌现出来的学生运动积极分子是它的骨干力量，包括工人、农民、学生、市民、难民、妇女、甚至于儿童，把各界爱国青年都组织起来，在党的领导下，展开抗日救亡运动，为实现党对国统区抗日救亡运动的领导，提供了可靠保障。

国民党政府在抗日战争中实行的是一条压制民众、不准民众起来抗战的片面抗战的路线，而中国共产党利用国共合作之后已处于合法、半合法的地位，在国民党统治区广泛开展抗日救亡运动，动员群众参加抗战，"帮助国民党军队抵抗敌人的进攻"以"推动国共合作与统一战线进一步的发展和巩固"②；在国统区贯彻党的全面抗战的路线，广泛动员各阶层群众起来抗战，对于国民党政府继续坚持抗战，起了重大的推动作用。如果仅仅是因为青救团广泛动员民众，帮助了国民党军队抗战，就武断地说青救团是王明右倾投降主义的产物，这是非常片面的，不正确的。试想一下，如果中国共产党在抗战初期，不在国民党统治区积极开展抗日救亡运动，听任国民党推行压制民众的片面抗战的路线，其后果将会是怎样的呢？开展国统区抗日救亡运动，帮助国民党军队抵抗敌人进攻，以进一步推动国共合作；在国统区实行党的全面抗战的路线，以推动国民党政府继续坚持抗战，是中国共产党责无旁贷的历史任务，反之，将会犯抗日民族

---

① 《新华日报》1938 年 8 月 21 日。
② 《刘少奇选集》上卷，第 267 页。

统一战线中的"左"倾错误。在后来延安整风学习期间，刘少奇同志在批评王明右倾投降主义错误时，曾经肯定了抗战初期在国民党统治的武汉地区，动员群众抗战，帮助国民党抵抗敌人的做法是正确的，是华中地区党的工作方针与任务的一个重要方面①。

虽然青救团动员民众，帮助国民党政府作了大量的抗日救亡工作，但由于它执行的是党的全面抗战的路线，因而始终不能为国民党政府所见容。然而，青救团坚持了党在抗日民族统一战中独立自主的原则，利用一切合法、半合法和非法的方式，全面发动国统区民众起来抗战，以实际行动冲破了国民党政府抗战的路线……

王明在长江局右倾投降主义错误，主要"没有把主要的注意力、工作中心放在组织和发展敌后广大乡村中的抗日游击战争上"②。这一错误，当时对青救团不能不有所影响。虽然，青救团也组织动员了一批批的团员去参加八路军、新四军，开辟游击区，但由于王明右倾投降主义的影响，没有把这些工作放在更重要的地位上。徐州失守后，中共中央曾给长江局发出了《关于徐州失守后华中工作的指示》，指出今后华中地区的中心任务是："武装民众、准备与发展游击战争、有计划地建立几个基本游击队与游击区。"但由于王明右倾投降主义的干扰，第五战区的青救团并不知道中央的这一指示精神，因而却动员了300多名青年参加国民党机械化部队。在"保卫大武汉"的口号下，有七八千青救团员参加了战斗，而在武汉失陷后，撤出来开辟游击区的人数与之相比，显得太少了。当然，长江局没有把主要精力放在开辟华中游击区的责任，主要在王明。青救团在上级没有指示、不派军事干部、不了解中央指示精神的情况下，自己独立去开辟游击区会遇到许多困难，甚至是不太可能、不切实际的。况且，青救团组织、发动国统区民众抗日救亡运动，也是党在华中地区工作任务中不可缺少的一个重要方面。

历史是人民写的，青年运动的革命史，是历史上广大热血青年用自己的斗争业绩写成的。青救团的历史功绩是主要的，青救团团员们当年炽热的爱国热情，应该载入中国青年运动史的光辉史册。

---

① 《刘少奇选集》上卷，第267页。
② 同上书，第269页。

延安精神与物质利益原则相统一

——论开展延安大生产运动的动力

回顾抗日战争时期的延安大生产运动，人们不禁会想起当年的延安精神。在长期的革命战争中，特别是抗日战争最艰难的岁月里，无论条件多么艰苦，环境多么险恶，延安人民在中国共产党的领导下，总是战胜了任何强敌，克服了一切困难，取得一个又一个胜利。在极端艰难的斗争环境中，中国共产党和延安人民水乳交融，形成了一种巨大的精神力量，这就是人们常说的，在今天仍然应该继承和发扬的延安精神。

那么，什么是延安精神呢？

第一，勇于为中国人民的解放事业而献身，为崇高的共产主义理想而奋斗，是延安精神的灵魂。在抗日战争最困难的 1941 年和 1942 年，由于日本侵略军把中国共产党视为主要敌人，连续不断地对中国共产党领导的抗日根据地进行"扫荡"，实行惨绝人寰的"三光"政策（即烧光、杀光、抢光）。而蒋介石又认为，太平洋战争爆发后，抗战可以依靠英、美，便集中力量对付共产党。国民党政府不仅停发了八路军的薪饷、弹药、被服等物资，还用 50 万军队对我抗日根据地实行军事包围和经济封锁，扬言"不让一粒粮、一尺布进入边区"。此外，国民党还有 50 万军队投降了日本侵略军和汪伪政权，参加对抗日根据地的包围、进攻。再加上华北各地连续几年发生水、旱、虫等严重自然灾害，抗日根据地出现了极为严重的困难。八路军、新四军由 50 万减少到约 40 万人；华北平原的产粮区相继沦陷，变成了游击区；一些抗日民主政权被摧毁，抗日根据地面积缩小，总人口由 1 亿减少到 5 千万以下。因生产遭到破坏，财政经济状况极端困难，有些地方军民几乎没有衣穿，没有油吃，战士没有鞋袜，工作人员冬天没有被盖。然而，在如此艰难困苦的条件下，延安广大抗日军民依然情绪饱满，斗志激昂，表现出革命的乐观主义精神。

　　共产党人和革命战士勇于为中国人民的解放事业献身、为崇高的共产主义理想而奋斗的钢铁意志，是这种朝气蓬勃的革命乐观主义的灵魂。

　　第二，实事求是是延安精神的理论基础。提起革命圣地延安，人们不免会联想到抗日战争时期党的整风运动。那是一次普遍的马克思列宁主义教育运动，也是破除党内以王明为代表的把马克思主义教条化、把共产国际指示绝对化、把苏联经验神圣化的思想解放运动。经过整风，全党确立了一切从实际出发，理论联系实际，实事求是的辩证唯物主义思想路线。这是延安人民革命精神的理论基础。

　　第三，艰苦奋斗、独立自主是延安精神的基本特色。在抗日战争最艰苦的时期，由毛泽东倡导，延安人民开展了轰轰烈烈的大生产运动。大生产运动为克服困难，坚持长期抗战和争取最后胜利奠定了物质基础。在大生产运动中，毛泽东、朱德、周恩来等带头参加生产劳动，他们开荒、种菜、纺棉花……利用休息时间参加各项生产劳动。①

　　周恩来、任弼时还曾经被评为生产模范。在大生产运动中，王震率领三五九旅开垦南泥湾，把昔日杳无人烟的荒原，变成了陕北的"好江南"。那时，边区党、政、军、民、学数十万、上百万人投入了生产运动，他们提出了"自己动手、丰衣足食"的口号。在轰轰烈烈的大生产运动中，延安广大抗日军民形成了一种艰苦奋斗、独立自主、自力更生的革命精神。这是延安精神的基本特色。

　　第四，密切联系群众，全心全意为人民服务，是延安精神的核心。毛泽东在《为人民服务》一文中曾经指出："我们这个队伍完全是为着解放人民的，是彻底地为人民的利益工作的。"这就成为中国共产党及其领导的八路军、新四军的宗旨。毛泽东认为，从这一点出发，中国共产党人就应该自觉接受人民群众的监督；从这一点出发，一切革命队伍的人都要互相关心，互相爱护，互相帮助；从这一点出发，我们的同志在困难的时候，要看到成绩，要看到光明，要提高我们的勇气。刘少奇在七大修改党章的报告中也曾明确指出："党的群众路线，是我们党的根本政治路线，也是我们党的根本的组织路线。这就是说，我们党的一切组织与一切工作

---

① 毛泽东：《论合作社》（1943 年 10 月在边区高干会议讲话）。

必须密切地与群众相结合。"密切联系群众，全心全意为人民服务，是延安时期党领导的革命事业蒸蒸日上的根本原因，是党的一切工作的出发点和归宿，也是延安精神的核心。[①]

第五，民主、团结、批评与自我批评，是延安精神的风貌之一。在全党整风运动中，毛泽东提出了"惩前毖后""治病救人"的方针，即从团结的愿望出发，通过批评与自我批评，达到新的团结。这使全党形成了民主、团结、批评与自我批评的新气象。通过整风运动，干群之间，上下级之间的关系十分融洽、和谐，全党在马克思列宁主义、毛泽东思想的旗帜下达到了空前的团结。这种民主、团结、批评与自我批评的好风气，使革命队伍增添了巨大的凝聚力，是延安人精神面貌中十分珍贵的一部分。

毫无疑义，没有这种宝贵的延安精神，就不可能有当年轰轰烈烈的大生产运动。但是，那时党中央采取适当照顾劳动者个人物质利益的灵活经济政策，也是大生产运动的一个重要推动力，和大生产运动持续而广泛开展下去的不可缺少的重要原因。以下，我们从部队机关学校的大生产运动，边区公营工业的生产，边区群众的农业生产等三个方面，来看劳动者物质利益原则的重要作用。

第一，适当照顾个人物质利益的经济政策推动了部队、机关、学校大生产运动蓬勃开展，因此到了大生产运动后期，一般部队、机关、学校都做到了自给或半自给，大大减轻了人民的负担。例如在部队机关学校推广按股分红的合作社政策就起到了这一作用。当时三五九旅有个规定：战士纺毛线，用柳榆树条编成各种用具，凡动用公家工具的手工劳动，以其劳动成果五分之四归公，五分之一归私；凡不动用公家工具的，则以三分之二归公，三分之一归私。毛泽东很赞赏这种方针。当时杨家岭运输队，原来每月只能运输 19 万斤，而实际运输能力每月可达 27 万斤，在改为按股分红的合作社之前，不仅每月完不成运输任务，而且公家还要贴补 6 万多元，后来改为合作社，20 名运输员用公家的大车、驮骡与公家二八分红：公家占八股，运输员占二股。结果运输能力上升到每月 38.9 万斤，超过原来一倍多，公家不仅每月不再补贴，反而获利数万元。毛泽东在 1943

---

① 毛泽东：《两三年内完全学会经济工作》（1944 年 1 月 7 日在边区劳动英雄模范工作者大会上的讲演）。

年 10 月边区高干会议上，大力提倡杨家岭运动队改为合作社的经验。他说："我们的部队、机关、学校的生产也带有合作社的性质。比如一个连，就是一个小合作社，一个旅就是一个大合作社"，并且认为采用合作社的方式，是生产上"又来了一个革命""提高了劳动效率，大大发展了生产"。此后，毛泽东强调一切部队、机关，都要"规定按质分等的个人分红制度，借以刺激生产的发展"。显然，部队、机关、学校的大生产运动在后期之所以能够更加热火朝天地开展下去，很重要的原因在于新政策调动了边区军民的生产积极性。再例如，机关、学校在粮食生产上普遍推广"伙种"的办法。"伙种"，也叫作"安伙子"，即当地方言雇佣伙计、长工的意思。就是机关、学校与老百姓合伙种地，由公家提供土地、种籽、耕牛、农具，伙种的老百姓出劳动力，收获后老百姓要向公家缴一定量的租金。毛泽东也认为这确实带有剥削性质，可是因为"租率又不算重"，群众还是"十分愿意"。[①] 当时陕甘宁边区政府的秘书处、民政厅、财政厅、教育厅，以及各县机关、中央党校等都采用过这种方法。一般的情况是，新开垦的荒地当年无利，但第二年就可以和老百姓伙种。特别是 1942 年实行精兵简政，机关学校的劳动力减少了，因此，从 1943 年起，毛泽东特别强调机关、学校要注意自己经营和与老百姓伙种两种办法，不要只采取自己经营一种办法。[②] 大生产运动到了后期，一般机关、学校的粮食生产都能够半自给，这不能不说是带有一些剥削性质的"伙种"办法起了相当重要的作用。

　　第二，陕甘宁边区地瘠民贫，原来几乎没有什么工业，然而，在当时经济封锁、外援断绝的条件下，通过开展自力更生的大生产运动，克服了重重困难，终于创建起了纺织、冶铁、造纸、印刷、化学（包括制药、肥皂、皮革、陶瓷、火柴、石油、玻璃）、工具、石炭等各项工业，工人也从原来的 700 人发展到 1.2 万人。到了大生产运动后期，布匹已经自给三分之一，纸张自给一半，石油、肥皂全部自给。边区工业的迅速发展，与边区政府对工业的大力投资、不断提高生产管理水平等分不开。但是采取合理的劳动报酬制度，也是边区工业迅速发展的重要原因

---

① 毛泽东：《关于发展机关、学校的生产事业》（1942 年 12 月）。
② 同上。

之一。

当时边区公营工业的劳动报酬制度，起初（1938 年）实行的是工资制度。从 1940 年起，军事部门开办的工厂开始实行供给加津贴的制度，即战时共产主义制度。如政纪大车厂，工人按政府标准除供给吃穿外，每人每月津贴 4 元—5 元。1941 年以后新办的工厂，大体都是实行这种战时共产主义制度。这是一种平均主义的工资制，除了津贴部分有微小的差别外，其他完全一样。这种制度不能反映工作技术熟练程度和劳动态度，不能激发工人的生产和学习技术的积极性。因此，到了 1941 年 9 月，党中央又作了些改动，改为半供给半工资制度，即吃穿部分仍由公家供给，津贴部分改为工资。轻工业工人每月发给工资 25 元—50 元，重工业工人每月发给工资 25 元—75 元。因物价上涨，1942 年 5 月开始工资折成小米。这一制度只是在一定程度上提高了工人的生产和学习技术的积极性，但还仍然存在着一些问题，即供给部分不仅供给工人本人，同时也还供给他们的家属。有家属的工人无论工作好坏，技术高低，所得到的总比没有家属的工人要多，所以还是不能完全调动工人的生产积极性。针对这种情况，毛泽东指出："平均主义的薪给制抹煞熟练劳动与非熟练劳动之间的差别，也抹煞了勤与惰之间的差别，因而降低劳动积极性，必须代以计件累进工资制，方能鼓励劳动积极性，增力口生产的数量与质量。"①

1943 年 3 月—4 月，边区政府召开了公营工厂厂长会议，决定"采用全部的按件工资制"。会议根据建设厅所管理的难民纺织厂、边区纺织厂、纬华毛织厂、交通纺织厂的试点经验，依据技术高低和劳动态度规定月工资为小米二点二五斗、五斗、八斗三个级别。这样，1943 年边区的工业"就成了大进步的一年"。② 以后发展速度一直比较快。以纺织为例，1943 年公营工厂织布近 3.3 万匹，到 1945 年就增加到 15 万匹。事实也证明了劳动报酬合理的工资制度，促进了边区工业的大发展。

第三，陕甘宁边区农业生产是比较落后的。由于土地瘠薄，气候条件

---

① 毛泽东：《关于发展自给工业》（1942 年 12 月）。

② 《解放日报》（1944 年 5 月 1 日）。

差，加上生产力水平低，粮食产量很低。差的地区，平均亩产不足二三十斤，好的地区也不过六七十斤，而粮食生产恰恰是大生产运动所急需解决的关键问题。为了解决粮食问题，党中央除了依靠部队、机关、学校积极从事粮食生产以外，更主要的是依靠灵活的政策来调动边区广大群众从事粮食生产的积极性。

首先，党中央纠正了"左"的错误，克服了农民怕发展生产被划成富农的思想，才使得农民积极增加耕具，愿意投资，富农也敢于安伙子、雇长工，努力发展生产。当时延安出现了吴满有，甘泉出现了杜发福等新式富农。毛泽东称赞他们是"很好的富农"，[①] 缴公粮都在 5 担以上（边区 1 担 300 斤）。在 1943 年陕甘宁边区第一届劳动英雄大会上，吴满有成为全边区劳动英雄。1944 年，美国记者斯坦因到延安参观，曾采访过吴满有。据斯坦因报道，吴满有这时已经拥有300 亩土地，每年收获粮食 3.6 万斤，其中 10% 或 12% 作为农业税上缴给边区政府。[②] 毫无疑义，鼓励农民积极从事农业生产，甚至允许带有剥削性质的富农"冒尖"，是边区当时解决粮食困难的一项重要政策。

其次，党中央在大生产运动中还采取了奖励移民开垦荒地的政策。陕甘宁边区可耕地面积约有 3000 万亩，但 1938 年只耕种了不到 900 万亩，到 1940 年也只扩大到 1170 万亩。因此，奖励移民开垦荒地，成了解决粮食困难的重要一环。当时边区政府规定：移民 3 年不缴公粮，并减少其他义务负担；从边区外面买进牲口的，第 1 年减少一定数量的公粮。由于政府实行了奖励移民的政策，土地多的地区大量增添人口，如延安在 1937年只有 3.4 万人，到了 1942 年底就增加到 7 万人左右，该县耕地面积也由原来 30 万亩扩大到 70 万亩左右。安塞县 1936 年只有 2 万余人，到1942 年底增加到 4 万人，增加了将近一倍，耕地面积也扩大了将近一倍。增加的大量移民，他们的生产生活不仅政府组织安排，各县还发动老农户在粮食、工具、窑洞等方面给予帮助，同时还允许富农用"安伙子"的方式接纳移民。吴满有等新式富农当时就接纳了一批移民。党的这一政

---

① 毛泽东：《关于发展农业》（1942 年 12 月）。
② 斯坦因：《红色中国的挑战》，上海希望书店 1983 年版，第 62—66 页。

策，吸引了大量边区外面的移民，使边区的耕地面积大大扩展，到1944年边区耕地面积增加到1520万亩，几乎超过了陕甘宁边区初期耕地面积的一倍，从而大大增加了粮食生产。当然，减租减息，组织变工队、扎工队等劳动互助组织，改进农业技术，提倡精耕细作等等，也都是大生产运动中增加粮食生产的有效政策和措施。①

综上所述，我们可以说没有党的灵活的经济政策，也就不可能有轰轰烈烈的大生产运动。列宁曾经从自己的切身体会中得出结论：搞经济生产不能只是单凭群众的革命热情，"对个人利益的关心，能够提高生产"。毛泽东在大生产运动中也曾经指出："一切空话都是无用的，必须给人民以看得见的物质福利。"

因此，我们从当年延安轰轰烈烈的大生产运动可以得出这样的结论：延安精神不仅不排斥劳动者的物质利益原则，而且是同劳动者物质利益原则相统一；延安精神和劳动者物质利益原则，都是大生产运动所不缺少的动力。没有延安精神或是没有党中央灵活的经济政策照顾劳动者物质利益，就不会有当年轰轰烈烈的延安大生产运动。

在今天改革开放和社会主义市场经济条件下，我们仍然要大力提倡共产主义精神。② 如果说当年在大生产运动中延安精神同劳动者物质利益原则相统一，那么，今天社会主义市场经济同共产主义精神也具有统一性。邓小平曾经指出：没有共产主义思想，没有共产主义道德，怎么能建设社会主义？党和政府愈是实行各项经济改革和对外开放政策，党员干部尤其是党的高级负责干部，就愈要高度重视、愈要身体力行共产主义思想和共产主义道德。否则，我们在精神上解除了武装，还怎么能教育青年，还怎么能领导国家和人民建设社会主义！③ 但同时他又指出：革命是在物质利益的基础上产生的，如果只讲牺牲精神，不讲物质利益，那就是唯心论。我们在纪念中国共产党诞辰80周年之际，当年大生产运动中延安精神同物质利益原则相统一的历史给我们留下以下的启示：在今天中国共产党领导的社会主义现代化建设事业中，也必须把共产主义

---

① 列宁：《十月革命四周年》，《列宁选集》第四卷，人民出版社1995年版，第572页。

② 毛泽东：《经济与财政问题》（1942年12月），载中共中央文献研究室编：《文献和研究》1985年第5期，第5页。

③ 《邓小平党的建设理论学习纲要》，党建读物出版社1998年版，第101—102页。

精神同劳动者个人物质利益原则有机地统一起来，以便调动全国各族人民建设社会主义的积极性。

载《党史研究资料》（中国革命历史博物馆党史研究室）2001 年第 9 期

试析抗日战争后期毛泽东关于和
美国进行经济合作的设想

中国抗日战争胜利前夕，毛泽东在延安同美军观察组成员谢伟思的多次谈话中，曾经提出了中国共产党和美国进行经济合作的设想（以下简称"设想"）。长期以来，由于种种原因，史学界对毛泽东这一设想没有引起重视，也没有作过研究、探讨。本文试就这一问题作些粗浅的分析，以求教于史学界的同志们。

一 毛泽东的"设想"是当时中国共产党争取和
美国进行多方面合作的一个重要组成部分

1941 年底太平洋战争爆发之后，中共中央提出要和英美建立国际统一战线，要求全党"在各种场合与英美人士作诚恳坦白的通力合作"①。但是，中国共产党的这一愿望，在一段时期里没有得到美英方面的响应。1944 年 7 月 22 日，美军观察组飞抵延安。8 月 15 日，延安《解放日报》发表了《欢迎美军观察组的战友们》的社论。18 日，中共中央又发出了《关于外交工作的指示》，指出美军人员的到来，是我们在国家间统一战线的开始，是我们外交工作的开始。并指出国际统一战线的中心内容是共同抗日与民主合作，这不仅在抗战中有此需要，在抗战后也有此可能。中共中央在指示中还进一步说明，美国是目前与中国抗日事业关系最密切的国家，准许美军人员到我边区及敌后根据地侦察敌情和营救飞行员，就可

---

① 《中共中央关于太平洋反日统一战线的指示》，1941 年 12 月 9 日，政治学院编：《中共党史参考资料》第 9 册，第 17 页。

能争取美方逐渐扩大与我们的合作及对我们的援助。有了军事合作的基础，文化合作、政治合作与经济合作就有可能随后实现。同时，中共中央又清醒地指出，目前美、英、苏外交的重点仍然是在国民党方面，我们外交工作的中心应放在扩大我党影响、争取国际合作上面。

显然，中共中央在这一文件中，把对美国的统战工作具体化为争取与美国进行军事合作，并在此基础上建立与美国的政治合作、文化合作和经济合作等。建立与美国多方面的合作，有利于抗日战争胜利后第二次国共合作的稳定与巩固，有助于战后中国出现和平民主建国的新局面。为达到这一目的，中国共产党作出了自己的努力。在争取军事合作方面，中共中央批准美军在我华北、华中、华南部分解放区设立电台，并向美军提供大量日军情报及气象资料，积极营救美国飞行员。周恩来、朱德先后公开表示，欢迎一位美国人作为盟军统帅来指挥中国军队①。1944 年 12 月，驻华美军总部和美国战略情报局分别派包瑞德上校和伯德上校等到延安，磋商与中国共产党领导的军队在敌后合作抗日的计划②。1944 年 6 月上旬至 10 月下旬，中国共产党在延安接待了中外记者参观团，其中包括美国记者爱泼斯坦、福尔曼和斯坦因。事后他们写了大量文章，对解放区作了客观、公允的描绘和报道。在争取经济合作方面，毛泽东向谢伟思提出中国共产党希望和美国进行经济合作的愿望。毛泽东的设想，是中国共产党争取和美国进行经济合作的第一步。

1944 年 11 月 7 日，罗斯福再次当选为美国总统，毛泽东给罗斯福发了贺电，罗斯福也拍了回电。在回电中。罗斯福表示他期待着在反对日本这个共同敌人的事业中，与中国各派力量"通力合作"③。1945 年 3 月 3 日，罗斯福在华盛顿接见了记者斯诺，告诉他美国正在计划向中国华北共产党地区运送"供应品和联络官员"。并表示，美国事实上在中国已经和"两个政府打交道"（即国民党重庆政府和共产党延安政府），"我还想继续做下去，以便使他们能够走到一起来"④。罗斯福一度打算与中国共产

① 中共中央党史研究室：《党史通讯》1986 年第 4 期第 42 页。

② 包瑞德：《迪克西使团》，第 76—78 页。

③ 塔斯曼：《假设毛泽东来过华盛顿》，江苏省社会科学院：《国外社会科学情况》1986 年第 2 期，第 40 页。

④ 斯诺：《中共杂记》，华中师范学院政治系党史教研室编译，第 139 页。

党合作，是和中共中央争取与美国多方面合作的统战工作分不开的。关于中国共产党与美国进行经济合作，虽然当时还只是作为一种设想刚刚由毛泽东提出来，但它却是中共中央争取与美国进行多方面合作的一个重要组成部分。

二　毛泽东的"设想"，反映出中共中央在当时对于利用外国资金和科学技术发展我国落后的经济，已经具有许多宝贵思想

谢伟思抵达延安之后，曾经多次和毛泽东等中共中央领导人进行会谈，并据此向美国国务院写了大量内部报告。毛泽东的设想，也被谢伟思如实转达给美国政府。我们通过对毛泽东设想的分析，可以看到中共中央在利用外国资金和科学技术方面，当时已经具有以下一些宝贵思想：

第一，中共中央在当时就认识到利用外资和科学技术是发展经济的一条正确途径，因而采取积极主动的态度大胆争取外国资本到解放区投资。

1944 年 8 月 23 日，毛泽东、周恩来和谢伟思进行了长达 6 小时的谈话。毛泽东在这次谈话中表示："中国必须工业化。在中国，工业化只能通过自由企业和外国资本帮助之下才能做到。中国和美国的利益是相同和互相关联的。他们可以在经济上和政治上互相配合。我们可以而且必须合作。"[1] 1945 年 3 月 13 日，毛泽东在和谢伟思谈话时再次表示："中国战后的最大需要是发展经济，但中国缺乏独立完成这一任务的必要的资本主义基础"，希望美国能和中国共产党进行经济合作。为了打消美国政府的顾虑，毛泽东还进一步阐明中共的经济方针是："在未来相当长的一个时期内也不会准备实现社会主义。还需要经历一个长时期的民主管理私人企业的阶段。谈论立即实现社会主义就是'反对革命'，因为这是不切实际的，试图付之实行，就会自取灭亡。"[2]

早在 1936 年，毛泽东就曾向美国记者斯诺表示，中国共产党并不反

---

[1] 《党史通讯》1983 年第 20—21 期，第 11 页。

[2] 同上书，第 15、16 页。

对"在中国发展资本主义"①。在抗日战争时期，毛泽东曾经提出，用自由资本主义经济去反对日本帝国主义和半封建制度，才是"目前中国的革命政策"。因为，中国是经济落后的半殖民地半封建社会，缺少现代化资本主义经济，所以党领导革命取得胜利之后，还不能马上建立社会主义经济制度，还必须利用"不操纵国民生计"的私人资本主义经济，经历一个新民主主义经济发展时期。② 毛泽东的设想，与党利用资本主义发展经济、扩大生产的基本政策是一致的。这一设想，是以党的新民主主义经济方针为理论依据和政策依据的。

近百年来中国人民饱尝了帝国主义压迫、剥削、掠夺之苦，但是中共中央、毛泽东并没有因噎废食，仍然把利用外国资本作为发展经济、扩大生产的一条正确途径。毛泽东当时诚恳地向谢伟思表示："美国不必担心我们会不合作。我们应该合作。我们必须得到美国的帮助。""我们不能贸然反对你们——不能贸然和你们发生任何冲突。"③ 当时陕甘宁边区政府贸易公司经理叶季壮对前来采访的美国记者斯坦因表示：创造条件让"美国和其他盟国的资本家"前来投资，"是我们的首要任务"④。这些事实说明了，抗战后期中国共产党为争取和美国进行经济合作作出了努力。

第二，不受政治制度、意识形态的束缚，根据当时客观国际环境，把美国作为最适宜进行经济合作的国家。

毛泽东在和谢伟思谈话时说过："美国不但是援助中国经济发展最合宜的国家，而且也是完全有能力合作的唯一国家。"⑤ 这是不受任何条条框框的约束，依据当时客观国际环境，中共中央对于争取外资合作所进行的最佳选择。从社会制度和意识形态着眼，中国共产党应该是争取社会主义苏联的援助与合作。然而毛泽东考虑到，经历过第二次世界大战的严重创伤，苏联没有经济力量支援中国共产党，所以他坦率地告诉谢伟思："苏联人在战争中已经遭受巨大的牺牲"，战后"将忙于他们自己的重建

---

① 《毛泽东一九三六年同斯诺的谈话》，第122页。

② 《毛泽东选集》（合订本），第639页。

③ 《党史通讯》1983年第20—21期，第12页。

④ 斯坦因：《红色中国的挑战》，第84页。

⑤ 《党史通讯》1983年第20—21期，第15页。

工作"，因此"我们并不期望苏联的帮助"①。

毛泽东当时还进一步对谢伟思分析说：美国在中国投资，只会使得中美双方在经济上"取长补短"，而"双方将不会发生竞争"。因为现在我们"并不具备建设大规模重工业的必要条件"，不可能"在高级的特制产品上与美国竞争"。我们必须建立轻工业以满足本国市场的需要，最终是向"远东其他国家提供这类产品"。相反，我们发展轻工业为美国提供了"投资"场所和重工业产品所需要的"出口市场"。我们将以工业"原料和农产品"作为美国对我们投资和贸易的"补偿"，② 毛泽东具体分析经济合作将会给中美双方带来利益，是希望能说服美国实现经济合作的设想。这反映出毛泽东的设想，已经包含了许多实际内容，同时这也是从发展生产的角度阐明了美国在当时确实是最适宜和中国共产党合作的国家。

第三，把和美国进行经济合作，与解决中国民主革命的基本问题——农民的土地问题巧妙地结合起来。

中国反帝反封建的新民主主义革命的基本内容，是解决农民的土地问题。扫除封建剥削制度进行土地革命，是属于资产阶级民主革命性质，"它有利于资本主义的发展"（《毛泽东一九三六年同斯诺的谈话》第122页）。资产阶级革命家孙中山先生"耕者有其田"的口号，与中国共产党关于农民土地问题的主张是一致的。当时美国一些政治家、作家在封建专制主义和土地问题上，对国民党政府提出过尖锐的批评，美国副总统华莱士就公开表示中国应当解决农民的土地问题，他的助手曾经当面建议蒋介石进行土改③。但是，蒋介石顽固站在大地主阶级立场上，拒不接受美国的这些建议和批评。

毛泽东当时向谢伟思分析说，"中国的农民问题是中国将来的基本问题"，因为解决土地问题是实现工业化的"基础"，得到土地的农民将"为工业化的产品提供真正市场""华莱士和其他一些美国政治家、作家……对中国的这一基本事实表示出一种清楚的认识。"④ 毛泽东还敏锐地向谢伟思指出，日本走上法西斯道路是"由于它是在封建社会的基础

---

① 《党史通讯》1983 年第 20—21 期，第 11 页。

② 《党史通讯》1983 年第 20—21 期，第 14 页注释 1。

③ 伊·卡恩：《中国通》，第 140 页。

④ 《党史通讯》1983 年第 20—21 期，第 15 页。

上去谋求工业化的，所以不得不追随帝国主义和向外侵略。它没有从解决本国的土地问题入手"①。但是，国民党也不愿意解决农民的土地问题，还"倾其全力发展国防工业""结果国民党政府就成了一个稀奇古怪的封建法西斯的混合体"。相反，"中国共产党则是一个代表中国农民利益的政党。它制定的纲领是要使农民问题得到民主解决"。② 毛泽东向谢伟思表示，我们现在还只是采取减租减息的政策，"即使是最保守的美国实业家也不能从我们纲领中找到可反对的东西""美国会发现我们比国民党更加容易合作"③。应当看到，在解决土地问题上，美国和共产党是可能合作的。

毛泽东在当时会见外国记者时，曾经表示，中国战后"在民主制度下，将有可能考虑和平地逐步转变所有制"，来消灭封建的土地关系。④ 假如中国共产党与美国多方面合作得以实现，第二次国共合作在战后得到延续，中国出现了和平民主的新局面，中美之间的经济合作，必将推动解决中国农民的土地问题。美国从经济合作发展生产的角度考虑，是会支持中国共产党用非暴力的方式解决土地问题的。毛泽东希望同美国进行经济合作来推动中国消除封建土地剥削制度的思想，是合乎历史逻辑的。

从中国社会内部的基本矛盾分析，占人口百分之九十的广大农民强烈要求砸碎封建的土地剥削关系。中国共产党领导的新民主主义革命，从根本上说就是要解决农民的土地问题。毛泽东的设想，是要创造一个好的外部条件，来推动中国内部基本矛盾的转化，通过和平方式来解决农民的土地问题，这实在是一个非常富有想象力的思想。它表明，中国共产党在争取和美国合作时，并没有放弃新民主主义革命目标；毛泽东在当时不受任何框框和教条的束缚，以实事求是的原则指导着中国革命。

第四，在利用外资时，注意到把发展生产提高人民生活水平放在第一位。

---

① 《党史通讯》1983 年第 20—21 期，第 15 页。

② 同上书，第 16 页。

③ 同上书，第 11 页。

④ 《党史通讯》1986 年第 4 期，第 39 页。

　　毛泽东在一开始提出"设想"时就向谢伟思明确表示，我们的目的是为了使经济生产"有可能获得最迅速的发展。首先是提高人民的生活水平……"① 毛泽东的设想，是和党争取与美国多方面合作、促进战后出现和平民主新局面的总策略目标是一致的。如果战后中国真的出现了和平民主的新局面，那么，通过与美国的经济合作，发展生产、提高人民生活水平的愿望就能够实现；反之，战后中国没有出现和平民主的新局面，国共两党之间又发生了内战，那么毛泽东的设想就无法实现，发展生产、提高人民生活水平的目的也就不可能达到。

　　在抗日战争尚未结束的艰苦岁月里，从最广大人民的根本利益出发，毛泽东提出战后和平时期发展生产要把提高人民生活水平放在首位，这也应该是社会主义生产的唯一正确目的。

　　第五，在大胆利用外资发展生产的同时，必须坚持独立自主、自力更生的原则。

　　1936 年毛泽东在和斯诺谈话中就指出，让外国资本投资或我们借取外债，都必须以获得"真正的独立和民主"为前提②。这就是毛泽东所提倡的独立自主、自力更生的原则。毛泽东在向谢伟思提出设想时，依然坚持独立自主的原则，他说：我们对美国的垄断官僚资本主义制度不感兴趣，因为"这种垄断的官僚资本主义窒息了国家的经济发展，仅仅使官僚们发财致富"，而"我们所关心的是在建设和生产的方针上，使国家有可能获得最迅速的发展。首先是提高人民的生活水平……"③ 在这里，毛泽东旗帜鲜明地指出了中国共产党发展新民主主义经济与美国官僚资本主义之间的本质区别。现在国外有些研究中共党史的专家、学者竟然认为，在抗日战争胜利前夕，中国共产党虽然对苏联坚持独立自主原则，但却一度想投入美国的怀抱，这完全是无稽之谈。当年曾经作为沟通中国共产党与美国政府之间联系的主要当事人之一谢伟思回忆说，毛泽东当时坚信"共产党的事业最终会成功"。这也可以证明，在抗战后期中国共产党并没有放弃无产阶级革命事业而倒向美国。

---

① 《党史通讯》1983 年第 20—21 期，第 11 页。

② 《毛泽东一九三六年同斯诺的谈话》，第 129 页。

③ 《党史通讯》1983 年第 20—21 期，第 11 页。

三　毛泽东的"设想"虽然没有能够实现，但是它给我们留下了宝贵的启示

1945 年 4 月 2 日，美国驻华大使赫尔利在华盛顿发表公开谈话，诬蔑中国共产党是中国统一的障碍，声明美国政府只支持国民党政府，不支持中国共产党①。中国共产党与美国的关系从此开始恶化。4 月 5 日，《新华日报》发表时评，严厉批评赫尔利的谈话"有助长中国分裂与内战的危险，有拖延抗战胜利的危险"。6 月，谢伟思等六位同情中国抗战民主事业的美国进步人士，被美国联邦调查局以泄露秘密的罪名加以逮捕。为此，《解放日报》发表时评，认为谢伟思等人被捕案是美国对华政策两条路线剧烈争论公开化，以赫尔利为首的扶蒋反共的一派占了上风②。由于赫尔利等人的竭力阻挠、破坏，美军与中国共产党军队在华北地区的合作计划夭折了③。失去了军事合作这个前提，中国共产党与美国的政治合作、文化合作和经济合作等也都从根本上失去了可能性。

中共中央争取和美国进行经济合作虽然只是由毛泽东作为设想提出来，但是，这个设想已经具有丰富的内容，至今仍给我们以深刻的启示。

中华人民共和国诞生之际，毛泽东并没有放弃抗战时期设想的宝贵思想，当时中国政府曾经宣布，愿意在平等互利的原则下和一切国家做生意，其中也包括美国。可是，美国带头对我们实行经济封锁。中国人民在共产党和毛泽东主席的领导下，坚持自力更生的原则，在建国初期经济建设中取得了伟大的成就。尽管毛泽东"设想"的宝贵思想，由于种种原因在一个较长的时期里没能实现，但是，在社会主义建设时期这一思想还是应该继承和发扬的。

延安时代毛泽东提出设想的目的，是要发展新民主主义经济，在当时的历史条件下，还不可能认识到发展社会主义经济也可以利用外国资金和科学技术。马克思早就说过，资本主义社会化生产已经冲破了国与国之间

---

① 《新华日报》1945 年 4 月 5 日。

② 《解放日报》时评：《从六人被捕案看美国对华政策的两条路线》，1945 年 6 月 25 日。

③ 《党史通讯》1984 年第 7 期，第 50 页。

的界限。而社会主义应该创造比资本主义生产规模更巨大、技术更先进的社会化生产，因此，社会主义的经济体制本来就应该是"开放型"的。所以，毛泽东设想的思想在今天的社会主义建设中仍是十分宝贵的。现在，党中央实行"对外开放"政策，就是对毛泽东设想的继承和发扬。

当年毛泽东提出设想时，中国共产党已逐渐走上了成熟的道路，已善于把马列主义和中国革命实践相结合，以实事求是的原则指导中国革命，所以在历史的进程中既表现出了坚定的原则性，又表现出了高度的灵活性。毛泽东的设想，就是这种坚定的原则性和高度的灵活性相统一的典范。党的十一届三中全会之后，中美之间的经济交往、合作已经开始，并日益扩大。中国共产党经历了社会主义建设的挫折与成功，对于社会主义建设规律的认识更加深刻了、成熟了，因而能够把坚定的原则性和高度的灵活性统一起来，领导全国人民实现社会主义现代化。延安时期中国共产党领导中国革命的高度艺术性，在新的历史时期得到了发扬。

载《党史通讯》（中共中央党史研究室）1986 年第 12 期。

抗战后期毛泽东、周恩来访美的设想

　　1945 年 1 月 9 日，毛泽东请美军驻延安观察组代理团长克罗姆利少校，把一封信通过魏德迈将军转送华盛顿。毛泽东向美国政府正式提出，如果罗斯福总统愿意把他和周恩来作为"中国一个主要政党的领袖"接待的话，他和周恩来就决定访问华盛顿。本文仅就抗战后期，毛泽东、周恩来关于访问美国的设想这一史实，试作粗浅的分析。

一

　　1941 年底太平洋战争爆发后，中共中央曾经指出：中国共产党和美英建立国际统一战线，具有特殊重要的意义。至 1944 年，中共中央进一步加深了我党和美国之间联系与合作重要性的认识。清醒地看到，随着抗日战争即将胜利，制约着国共两党之间爆发全面战争的主要因素——中日之间的民族矛盾终将消失，内战的危险在一天天加深。毛泽东虽然指出，经过八年浴血抗战而空前壮大的中国共产党及其领导的革命武装，以及全国广大人民的支持，是新产生的制约全面内战爆发的主要因素。[①] 革命人民应当把自己力量发展壮大视为推动历史前进的主要力量，但是国民党反动派是不可能看到这一历史客观法则的。相反，"共产党力量强大，只会使国民党更加坚决地想要消灭共产党"。即使是"共产党很强大"，国民党也只能是一时"不敢攻打"，但其消灭共产党的阴谋，总是要"伺机以逞"的。而自太平洋战争爆发之后建立起来的美蒋关系，使国民党政府更加依附于美国。因此，毛泽东认为，"国民党处在今天的地位，它必须

---

① 《谢伟思与毛泽东会谈的备忘录》1944 年 8 月 23 日，《党史通讯》1988 年第 20—21 期。

重视美国"。所以，中国共产党把"中国防止内战的希望在很大程度上
（比早先大得多）依靠外国的影响。其中，尤为重要的是美国……，它是
能够起决定作用的。"作为半殖民地半封建统治的代表蒋介石，必然会轻
视人民革命力量，而重视美国主子的意见和态度。因此，把美国看成是防
止蒋介石发动内战的"决定"因素，是合乎辩证历史逻辑的。这同"人
民群众是历史的创造者"的唯物史观并不矛盾，只不过是分析问题的角
度不同而已。

　　为了争取和美国政府的密切联系与合作，制止蒋介石发动内战，维护
战后中国和平统一，中共中央和毛泽东作了大量外交工作。如向美军提供
大量日军情报及气象资料；积极营救美军飞行员；如毛泽东向美军观察组
成员谢伟思提出经济合作的设想；① 希望美国政府在延安建立一个领事
馆；又如争取美国的军事援助与合作，欢迎一位美国人作为盟军统帅指挥
中国军队（即国共两党的军队）。为此，1944 年 8 月 21 日，毛泽东电令
新四军领导，根据陈纳德主动要求我军配合美军在中国沿海登陆这一情
况，认真布置吴淞、宁波、杭州、南京间，特别是吴淞至宁波沿海及沪甬
铁路沿线地区的工作，广泛地发展游击战争及准备大城市的武装起义。这
样做既可以配合美军登陆，也有利于我军收复东南沿海大城市。再如为了
争取美国对在中国建立联合政府的支持，毛泽东在和谢伟思的多次谈话
中，仔细地说明中国共产党所领导的民主革命只是反帝反封建，并不反对
一般的资本主义，并声明"在未来相当长的一个时期内也不准备实现社
会主义"，② 还详细地介绍了我党政治、经济、外交等方面政策，以便从
美国资产阶级民主中间找到与我党一起反对封建法西斯主义的共同点，达
到拉美抑蒋、实现建立联合政府，避免全面内战的目的。

　　简而言之，在抗战胜利前夕，中国共产党为了制止国民党蒋介石在战
后发动全面内战，决定加强与美国的联系，争取美国政府的多方面合作。
而其中又以拉美抑蒋，建立联合政府和争取美国军事上的援助与合作为基
本任务和主要策略。毛泽东曾经指出，我们在 1945 年的任务，"是配合同
盟军打败日本侵略者"；并"希望全国人民一致起来，大声疾呼，要求国

---

① 《党史通讯》1986 年第 12 期，第 28 页。
② 《党史通讯》1983 年第 20—21 期。

民党当局改变现行政策，以便迅速建立民主的联合政府。这是全国人民的总任务"① 毫无疑义，毛泽东、周恩来提出要访问华盛顿，是为了完成1945 年配合盟军打败日本侵略者和建立联合政府的总任务，是为了争取罗斯福的理解和友好态度，争取美国能促进中国联合政府的建立，给予八路军、新四军以军事上的援助与合作，为战后制止蒋介石发动全面内战创造不可缺少的国际条件。

二

抗日战争时期，美国政府的对华政策实际上是一直变化着的。抗战初期，美国并没有如蒋介石所期望的那样，出面制止日寇的大举入侵，而是推行"不承认主义"和"不干涉"政策，一方面拒不承认日本法西斯侵占中国大片领土；另一方面又对日妥协，企图以牺牲中国为前提条件，把祸水引向北面，挑起日苏战争。继而又采取以华制日的政策。而 1941 年12 月 8 日珍珠港事件的爆发，促使美国和中国结成同盟。为了共同对付日本法西斯，美英在军事上设立了中国战区（包括法属印度支那和泰国），给国民党政府大量军用物资和经济援助，主动放弃过去不平等条约给予美国的在华特权，在国际上提出中国为世界四强之一的大国地位。不过，罗斯福当时采取扶蒋政策，不仅是为了联蒋抗日，也是为了战后通过蒋介石政府控制中国，遏止苏联。只是随着中国共产党领导的人民武装力量的迅速发展壮大，罗斯福才越来越重视对共产党问题的处理。

1943 年 10 月，罗斯福试图与延安建立联系，命令战略情报局开始在共产党控制区收集情报。12 月，罗斯福在开罗会议期间，曾劝说蒋介石在政治上进行一些民主改革，建立一个包括共产党在内的联合政府。

从 1943 年下半年开始，美国在华政策，由单纯地扶蒋逐步演变成扶蒋又联共的两面性政策。这样做，既可以把国共两党的军事力量都集中起来打击日本人，又可以防止共产党倒向苏联，以达到战后控制中国遏止苏联的目的。虽然当时美国这种两面性政策的基本点仍然是支持蒋介石，但种种事实表明，这个基本点也是在变化着的，它还不同于后来赫尔利扶蒋

① 毛泽东：《一九四五年的任务》。

反共的政策。如 1944 年 5 月，美国国务院发表的一份文件宣称，"美国并未承担在任何情况下都支持国民党政府的义务"。（伊·卡恩：《中国通》第 18 页）同年 7 月 10 日，美国副总统华莱士在访华之后给罗斯福的报告中指出：国民党政府"是一个由地主、军阀和银行家支持的落后无知的政府"，蒋介石本人"并没有治理战后中国的智慧和政治力量"，因此美国"对蒋介石充其量不过是一项短期的投资"（着重号是笔者加的）。他还预言，"战后中国的领袖将在政治演变或革命中涌现出来。又如由于国民党军队抗战不力、蒋介石又像商人一样向美国讨价还价索取大量物资援助，早已引起史迪威、罗斯福的反感。因此有人提出'我们必须限制我们与国民党的牵涉，而开始与命定将控制中国的力量、共产党进行某些合作'"。①，甚至罗斯福还打电报给蒋介石，以停止美援相威胁，要蒋介石把军事指挥权交给史迪威。并且公开表示愿同中共和解。这不仅反映了罗斯福对蒋介石极度不信任，同时也表明美国对华两面性政策虽然是以支持蒋介石为基本点，但随时可能变化成为直接替代蒋介石，以至于最终抛弃蒋介石的政策。

毛泽东、周恩来访问华盛顿，与罗斯福总统秘密会谈，其结果将会使罗斯福进一步了解中国共产党，从而推动其对共产党采取友好合作态度，而更加不利于国民党蒋介石。也就是说，必将会对正在变化之中的美国对华政策，产生一定的积极影响。

三

豫湘桂战役爆发后，由于蒋介石军队的腐败无能，罗斯福对蒋已经失去了信任，1944 年 7 月 7 日，他打电报要蒋介石把军事指挥权交给史迪威上将。要蒋介石交出军队，等于是要他的命根子，因此他用拖延应付的办法抵制罗斯福。他在给罗斯福的回电中表示，原则上同意交出军权，但要罗斯福派一位私人代表来华。于是，罗斯福在征得蒋介石同意之后，于8 月 18 日委派赫尔利作为自己的代表赴华。罗斯福当面告诉赫尔利：其来华的直接使命有二：一是调解蒋介石与史迪威之间的紧张关系，设法使

---

① 《美国与中国的关系》下卷，第 517 页。

蒋介石交出军事指挥权；二是调解国共关系，促成两党合作，执行美国政府扶蒋联共的在华政策。

在调解蒋介石与史迪威关系的问题上，赫尔利向罗斯福建议，不能再支持史迪威了，否则"将失去蒋介石""并且还会连同失去中国"。① 于是，罗斯福决定由魏德迈来接替史迪威的职务。

在调解国共关系的问题上，赫尔利起初是很卖力的。直到 1944 年 11 月赫尔利延安之行，与毛泽东共同签订"五项协议"，都看不出他和他的前任高恩大使、华莱士副总统以及谢伟思等人有多少区别和矛盾。然而，当蒋介石坚决反对延安"五项协议"时，赫尔利完全站到了蒋介石一边，开始推行他的扶蒋反共政策，并和谢伟斯等大多数美国在华人员之间展开了激烈的争论和斗争。谢伟思与赫尔利之间的分歧与斗争，如同当时延安《解放日报》在一篇时事述评中概括的那样，"是美国对华政策两条不同路线"的争论："一条路线承认中国人民的伟大民主力量和这个力量的中坚——中国解放区、八路军和新四军，因而主张和这个力量合作，反对中国反动派利用美援来打内战，愿意以美国的影响促进中国的民主团结，以便加速抗日战争的胜利，增进中美两大国家在反法西斯事业中的真正友谊""另外一条路线""不承认中国人民的伟大力量，而只承认'反民主的而又不是中国人民代表的'国民党政府及其反动头子与杀人魔王蒋介石，认为'他就是中国'……因而采取支持中国反动派的方针，实际上助长了中国的内战危机，妨碍了对日抗战的共同事业。"②

由于在执行罗斯福调解国共关系，促成联合政府的过程中，出现了谢伟思与赫尔利为代表的两种主张的分歧、争论、斗争，因此，当时美国政府在华政策中出现了矛盾，对立和反反复复、令人捉摸不定的复杂情况。毛泽东在和谢伟思等美军观察组成员交谈中，在同赫尔利打交道过程中，得到的是友好、合作和敌视、不断施加压力两种决然不同的态度，以至于他对谢伟思表示："美国最近在中国所显示的政策仍是一个谜。"③

---

① 迈克尔·沙勒：《美国十字军在中国》，第 172 页。

② 《解放日报》1945 年 6 月 25 日。

③ 《党史通讯》1983 年第 20—21 期，第 15 页。

1944 年底，赫尔利公然撕毁了他签过字的延安"五项协议"，支持蒋介石的三项"反建议"，并拒绝了周恩来提出"讨论军事合作问题"的建议。[1] 至此，赫尔利已经成为中国战后和平统一的障碍。为了铲除这一障碍，中国共产党一方面加快了争取与美国进行军事合作的步伐，背着赫尔利在延安和包瑞法上校秘密磋商，"紧急派遣四、五千名美国突击队员到共产党地区"[2]，同伯德上校秘密讨论美国战略情报局"向二万五千名红军战士提供军需物资，并建立情报网"；[3] 另一方面，绕过赫尔利通过美军方人员向美国政府提出，毛泽东、周恩来访问华盛顿的要求。应该看到，在当时复杂的历史条件下，毛泽东、周恩来要求访问华盛顿和积极争取美国的军事援助与合作，是与赫尔利扶蒋反共政策斗争所采取的重大步骤和策略，其目的是为战后中国的和平统一扫除障碍。若看不到毛泽东、周恩来提出访问华盛顿与赫尔利扶蒋反共政策斗争的实质，也就把握不住这一历史事实的本质，得不出正确的结论。

四

毛泽东、周恩来避开赫尔利提出访问华盛顿的要求，以及背着赫尔利商讨我党和美军合作的计划，均被赫尔利很快发现了。赫尔利扣压了毛泽东给美国政府的信件，并于 1945 年 1 月 14 日在给罗斯福的报告中竭力加以阻挠、反对。而为了控制罗斯福、左右美国对华政策，他下令大使馆任何发回国的报告和材料，必须由他亲自签字。这样可以使罗斯福等最高决策人，再也看不到有利于共产党而不利于国民党的材料。对手赫尔利这种企图把美国和蒋介石拴在一起的做法，引起了美国大多数在华人员的强烈不满。当时美国财政部驻华代表爱德华，在财政部长摩根索的信中指出，赫尔利"完全误解了和歪曲了现实。极需要华盛顿施加压力的，不是共产党而是国民党人"。爱德华希望摩根索能促使罗斯福约束一下赫尔利，否则，赫尔利"铸下的大错误很可能导致内战，使共产党人完全同美国

---

[1] 迈克尔·沙勒：《美国十字军在中国》，第 201 页。

[2] 包瑞德：《迪克西使团》，第 76 页。

[3] 迈克尔，沙勒：《美国十字军在中国》，第 203 页。

疏远，并使中国变成苏美冲突的焦点"①。1945 年 2 月 28 日，美国驻华使馆全体官员，乘赫尔利回国述职之际，联名打电报给国务卿，指出"赫尔利大使的行动已经损害了中国和平与统一的任何机会"，现在"避免内战的唯一希望在于表明美国愿意和延安合作，并迫使蒋介石和中共分享权力。"②

面对这些尖锐的批评和指责，赫尔利联合了一切反动势力展开反共活动，再加上由蒋介石集团和一批美国右翼政界核心人物组成的"院外援华集团"，也群起鼓噪；使罗斯福只能听到赞扬蒋介石的消息，再也听不到不利于蒋介石的情况，他原来厌恶蒋介石的看法发生了动摇；反而认为自己并不了解蒋介石，希望能听听赫尔利对蒋介石的看法；③ 最终，罗斯福接受了赫尔利的主张，认为美国对中国共产党的直接援助将会同时招致苏联武器进入中国。这将破坏他战后控制中国的计划，并将遭到国内的攻击，说他帮中国建立了共产主义政权。④ 1945 年 4 月 2 日，赫尔利在华盛顿发表谈话，表示美国政府只支持国民党，不支持共产党，把共产党拥有的武装力量指责为阻碍中国和平统一的主要障碍。至此，标志着美国政府由扶蒋联共的两面性政策，转变成为扶蒋反共的政策。赫尔利为扶蒋反共政策的确立，竭尽摇唇鼓舌之能事。因此，毛泽东把他作为这一政策的代表人物，是十分恰当的。

罗斯福是一位卓越的富有远见的资产阶级政治家，在第二次世界大战反法西斯的斗争中，是他力主打破思想意识的界限，与社会主义苏联结成了联盟。对于这样一位政治家，毛泽东曾寄予希望，表示要耐心等待他连任总统之后，能对国民党施加"直接影响"，来促进中国的战后和平民主。（《党史通讯》1983 年第 20—21 期第 12 页，第 17 页）毛泽东认为，没有罗斯福的指示，赫尔利是不会到延安和我党签订"五项协议"的。⑤毛泽东、周恩来要求访问华盛顿，希望能和罗斯福进行秘密会谈，这件事本身也表明了中共中央在当时是把罗斯福与赫尔利区别对待的，是希望能

---

① 迈克尔·沙勒：《美国十字军在中国》，第 207 页。
② 同上书，第 207、211—212 页。
③ 《党史资料通讯》1982 年第 12 期，第 32 页。
④ 罗伯特·达莱克：《罗斯福与美国对外政策》下册，第 741 页。
⑤ 《党史通讯》1983 年第 20—21 期，第 12 页，第 17 页。

得到罗斯福的理解和友好合作，从而消除赫尔利扶蒋反共的政策。然而，由于历史的、阶级的原因，罗斯福在逝世前夕，最终改变了原来同共产党友好合作的打算，支持并赞扬了赫尔利。

由于罗斯福的支持，赫尔利扶蒋反共的政策得以确立，谢伟思等11人以"亲共"嫌疑遭到"清洗"，被先后调出美国驻华大使馆。至1945年6月，因"亚美事件"谢伟思等六人遭到逮捕，美国对华政策两种主张的争论、斗争至此结束。从此美国完全走上了反对中国共产党的道路。

毛泽东、周恩来访问华盛顿的要求，虽已随着历史的长河早已流逝过去，然而当我们回顾这段历史，不能不赞叹老一辈无产阶级革命家高超的灵活的马克思主义斗争艺术。毛泽东、周恩来要求访问华盛顿的史实，反映了中国共产党在领导中国革命的同时，没有忘记努力创造一个有利的外部条件、一个有利的国际环境，以便加快中国革命的历史进程。今天在实现四个现代化的过程中，要搞好"对外开放"，创造一个有利的国际环境和外部条件，就是这段历史给予我们的启示。

载《毛泽东思想研究》（四川省社科联、四川省党史工委主办）1988年第2期

抗战胜利后党争取中国社会"和平改革"的一次大胆尝试

抗战胜利后，党中央曾认为中国"一个新的时期，和平建设的时期，已经来临了"①。1956年在党的八大会议上，刘少奇同志在政治报告中回顾说：当时我们党多次同国民党进行和平谈判，以图避免内战，"并且试图经过和平的道路实现中国的社会政治改革"②。对此，由于以往的种种原因，致使史学界对党在这一时期绚丽多彩的斗争历史缺乏研究。本文试作粗浅的探讨，以求教于史学界。

一

抗战结束之后，中国共产党依据国内外有利的形势，针对当时斗争的复杂情况，提出了争取和平民主的总方针，即和平改革的道路。

抗战结束了，虽然中日民族矛盾这个曾经制约国共斗争的因素已经消失，但国内外又产生出一些新的因素，制约着国共两党之间的斗争，使其还不可能马上爆发为全面大规模的内战。从国内看：第一，中国共产党领导了有1亿人口的解放区，100万正规军，200万地方武装，并有了一定的国际地位。这使得蒋介石不敢轻易发动内战；第二，国民党统治区觉悟的人民和以民主同盟为代表的各民主党派反对内战，这对蒋介石发动内战是一种牵制；第三，国民党内部也有一部分人不赞成内战。国民党内除了宋庆龄、何香凝、李济深、冯玉祥等民主派外，"邵力子、王世杰、张治

---

① 《中共中央对目前时局的宣言》1945年8月25日。
② 《刘少奇选集》下卷，第204页。

中以及政学系的张群和于右任等"，也都不主张打内战①。从国际上看：抗战结束前后，由美国牵头，美英苏三大国多次举行会议，在对华政策方面达成妥协，一致表示战后中国应维护团结统一，实行民主改革，反对中国再打内战。美英苏三国的对华政策，特别是美国反对中国再打内战的态度，不能不使蒋介石有所顾忌。纵观国内外这些制约蒋介石发动内战的因素，就给中国的前途带来了和平民主的可能性。

由于上述历史条件，便使得当时国共两党之间的斗争出现了复杂的局面。首先，蒋介石在抗战一结束就向我党发起了"和平攻势"。1945 年 8 月，蒋介石连续三次打电报邀请毛泽东同志赴重庆"和平谈判"。毛泽东同志说过：只要国民党"对于共产党是采取合作而不是敌对的态度，我们是没有理由不和他们合作的"②。不管蒋介石出于什么动机选择了和平斗争方式，当时中国共产党没有必要非选择战争的方式回答他；其次，由于国民党蒋介石集团在八年抗战中始终没有退出抗日阵营，因而"在中国人民中间，主要是在日本占领区和国民党统治区的人民中间，还有相当多的人相信蒋介石"③。当时，广大的人民群众只是渴望和平民主，还没有彻底推翻国民党蒋介石为代表的大地主大资产阶级反动统治的愿望。中国共产党是执行人民意志、依靠人民力量的政党，它的方针政策，既要体现广大人民群众的根本利益，又要适应人民群众觉悟的程度。抗战结束后，和平民主是人心所向，大势所趋，中国共产党在制定自己斗争的战略策略时，不能不考虑广大人民群众的这种愿望。

鉴于上述原因，1945 年 8 月 25 日中共中央发表了《对目前时局的宣言》，提出了"和平、民主、团结"三大口号。这是全党和全国人民的"行动纲领"，是"行将到来和平建国时期的总方针"和"基本口号"④。8 月 26 日，中共中央又对党内发出了《关于同国民党进行和平谈判的通知》，指出：中国反动派的内战阴谋，可能被挫败下去，可能在谈判后造成两党合作（加上民主同盟等）和平发展的新阶段⑤。从此，争取和平民

① 《中央通报》1946 年 2 月 7 日。

② 《毛选合订本》，1964 年版，第 106、113 页。

③ 同上。

④ 解放日报社论：《新时期的路标》1945 年 8 月 28 日。

⑤ 《毛选合订本》，第 105 页。

主就成了这个时期指导中国革命的总方针，中国共产党大胆选择了非暴力合法斗争的方式，即通过和平改革来推动中国社会前进的革命道路。

中国共产党选择的和平改革的道路，具体说，就是废止国民党一党专政、建立联合政府。这和在"七大"毛泽东同志《论联合政府》的报告的路线是一致的。联合政府的建立，将使中国具有民主共和国的性质。列宁曾经指出：恩格斯的一个"基本思想，这就是：民主共和国是走向无产阶级专政的捷径"①。联合政府的成立，将使中国具备和平改革的最基本的条件。在联合政府的组织形式下，可以通过无产阶级、农民和城市小资产阶级觉悟程度和组织程度的提高，通过争夺领导权的反复斗争，以和平方式逐步废止地主大资产阶级及支持他们的外国帝国主义在中国的统治，走向新民主主义社会。总之，无论是武装斗争还是和平改革，党都是沿着"七大"的路线把中国引向光明。19世纪70年代，法国工人阶级提出把选举权由统治者"欺骗的工具"变成劳动者的"解放工具"，这一口号得到了恩格斯的肯定①。在抗日战争胜利前后，美国推动国民党建立联合政府，目的是要通过联合政府这个"欺骗的工具"来遏制中国革命。然而，中国共产党却要利用联合政府来进行合法斗争，通过和平改革来完成新民主主义革命任务，把联合政府变成中国人民的"解放工具"。

马克思主义者从来没有把无产阶级解放斗争的形式拘泥为只能从事武装斗争。列宁说过："至于变革的形式、方法和手段，马克思既没有束缚自己的手脚，也没有束缚未来社会主义革命活动家的手脚"②。第二次世界大战后，总的趋势是美英法与苏联之间的妥协，是"经过和平协商达成协议"③，虽然相互之间一直在"争吵"，但"中心是向着和平、民主、繁荣的路上去④。"在这个前提下，当时世界上有"多少国家修改了宪法，多少国家改组了政府，多少国家进行了普选"⑤。中国共产党争取"和平改革"的大胆尝试，也是利用了这一有利的世界民主进步的历史潮流。

二

如上所述第二次世界大战结束后，中国共产党曾经努力争取走和平改

---

① 《列宁选集》第3卷，第231页。

革的革命道路，然而，中国共产党在这条道路前进的过程中，却表现出自己独特的马克思主义风格。

第一，中国共产党敢于斗争，善于斗争，以斗争求和平，绝不向反动派乞求和平。

经历了长期革命斗争的中国共产党人，在与代表大地主大资产阶级利益的国民党的分裂和联合的过程中，积累了丰富的经验，创造出又联合又斗争、以斗争求团结的策略原则。在争取和平民主的斗争中，中国共产党依然坚持这个原则，通过斗争，迫使国民党蒋介石接受人民和平民主的要求，而不是幻想蒋介石会发善心，会自动"放下屠刀，立地成佛"。针对着蒋介石要抢夺人民抗战胜利果实，毛泽东同志提出了针锋相对，寸土必争的方针；在重庆谈判期间，中国共产党以革命的两手粉碎了国民党反动派的反革命两手；在华北铁路交通战役中，我军站在自卫的立场上给来犯蒋军以迎头痛击。总之，由于中国共产党敢于斗争、善于斗争，才大大增强了和平的可能性，使中国有可能不用武力而"用协定的方法避免内战①"。

第二，中国共产党争取和平民主的总方针，是建立在党领导的人民革命力量的基点上，即自力更生的基点上。

中国共产党提出争取和平民主的总方针，虽然有其有利的国内外诸因素，但也有其不利的一面，即国民党反动派已经确定了内战、独裁、卖国三位一体的反动政策。针对国民党这一反动政策，唯有作坚决的斗争才能制止其内战独裁，实现和平民主。而要使斗争达到制止内战的目的，"一个条件，要有力量"，只有把"全体人民团结起来，壮大自己的力量，内战就可以制止"②。毛泽东同志在七大的政治报告、《抗战胜利后的时局和我们的方针》《关于重庆谈判》等讲演、报告以及起草的有关文件中，反复强调要领导全国人民起来制止内战独裁。1946 年 2 月政协会议闭幕后，在中国和平民主一度即将成为现实的时刻，毛泽东同志还表示："我们必须以全部信仰寄托于人民，人民的力量是不可抵御的"③。他把政协会议

---

① 毛泽东：《对英国记者甘贝尔十二项问题之答复》，1945 年 10 月 9 日。

② 《毛选合订本》，第 1049 页。

③ 《新华日报》1946 年 2 月 13 日。

的胜利。看成是人民力量的胜利。虽然中国共产党在策略上曾经争取过美国政府，利用美国与国民党蒋介石之间的分歧作为制止中国内战的一个因素，但是，无可否认中国共产党始终把人民的力量作为争取和平民主的可靠依据。

第三，在争取和平民主的斗争中，中国共产党成功地运用了革命统一战线的锐利武器，争取团结了民主党派和民主人士，使他们成为我党反内战反独裁的同盟军，使自己在政治上立于不败之地。

抗战结束之后，一部分民主人士和民族资产阶级、上层小资产阶级代表人物，先后建立了一批新的民主党派，他们中有些人虽然对国民党蒋介石抱有一些幻想，但他们反对内战，希望中国从此走上和平建国的道路；反对国民党蒋介石一党专政、个人独裁，希望中国走上民主化的道路，因此就使得中国共产党和他们有可能结成统一战线。1946 年 1 月政协会议期间，以周恩来同志为首的中共代表团，与民主党派的代表（主要是民主同盟）联合起来，共同抵制维护国民党蒋介石实行专制独裁的"五五宪草"，在起草宪法时写上：立法院为国家最高立法机关，由选民直接选举，其职权相当于民主国家的议会；行政院为国家最高行政机关，对立法院负责，立法院有同意权和否决权，可以否决行政院的措施；监察院为国家最高监察机关，行使同意、弹劾与监察权；省为地方最高自治单位，必须制定省宪法等条款。这些规定实际上否定了国民党一党专政和蒋介石的个人独裁制度，并在法律上使解放区新民主主义制度得到保障。另外，中共代表和民盟代表还联合提出并通过了一些决议条款，如"国民政府所讨论之议案，其性质涉及施政纲领之变更者，须有出席委员三分之二始得通过""宪法的通过，须经出席代表四分之三的同意"等，均使中国共产党与民主同盟联合起来，在即将成立的联合政府中对国民党具有了否决权。因此，政协决议实质上是结束国民党一党专政的决议，政协会议是结束国民党一党专政的会议，它推动中国向和平民主的方向前进。中共代表与民盟代表的联合提案虽然与英国的议会制、内阁制很相似，"与我们的新民主主义还有很长的距离，但如照政协做下去，则是向新民主主义的方向发展""政协的路线就是毛泽东同志《论联合政府》的路线①"。如果

---

① 《周恩来选集》上卷，第 256 页。

政协决议后来不被蒋介石撕毁而真正实现了，那么中国从此就走上了和平民主的新阶段，中国共产党争取和平改革的可能性就将成为现实。

第四，中国共产党在争取和平改革的同时，始终没有放弃自卫战争的准备，始终没有放弃人民武装。

在美国导演下，蒋介石与中国共产党举行和平谈判，同意成立联合政府，其主要目的是要诱使中国共产党交出自己的武装。然而中国共产党在长期的斗争中懂得了一个真理：在中国，离开了革命武装，"就没有无产阶级的地位，就没有人民的地位，就没有共产党的地位，就没有革命的胜利"[①]。因此，重庆谈判后，毛泽东同志斩钉截铁地告诫全党："人民的武装，一枝枪、一粒子弹，都要保存，不能交出去"[②]。从另一方面看，中国共产党虽然当时尽力争取和平，但中共中央也看到中国革命的前途存在着和平与战争两种可能性，因而并没有放弃自卫战争的准备。政协会议之后，中共中央虽曾一度认为"中国的主要斗争形式目前已由武装斗争转变为非武装的群众议会斗争"，并且决定九个月后"党将停止对部队的直接指示"。但这并不意味着中国共产党要放弃自己的武装，所以中共中央在作出这一决定时指出："军队中的党员仍然保留党籍，各级军政干部仍留原部队服务，政治工作必须加强"，用这些办法使人民武装"取得合法地位"而保留下来，并"丝毫也不改变我们军队为人民军队的本质"，决定各解放区大练兵三个月。很显然，中国共产党即使认为和平的合法斗争已经成为革命的主要形式，但仍充分利用各种合法途径把人民武装保存下来。

19 世纪 90 年代在德国共产党内部，恩格斯一方面批判以恩斯特为代表的拒绝"合法斗争"和"议会斗争"的"左"倾机会主义；另一方面又批判了以福尔马尔为代表的"完全放弃暴力革命"的右倾机会主义。在恩格斯看来，无产阶级应采取灵活的革命的两手的策略，即以和平革命和暴力革命相结合、合法手段与不合法手段相结合的策略。中国共产党在准备以和平方式为主要斗争形式时，没有放弃革命武装，是符合恩格斯的这一策略思想的，这是中国共产党与当时欧洲走和平过渡道路的共产党一个根本性的区别。中国共产党没有把和平方式和武装斗争两种革命形式决然对立起来，没有把中国革命

---

① 《毛选合订本》，第 573、1059 页。
② 《中共中央关于目前形势与任务的指示》1946 年 2 月 1 日。

胜利的希望完全寄托在和平方式的革命斗争上，而完全放弃了武装斗争，而是在一定历史条件下把两者有机地统一起来：在准备以和平方式为主要斗争形式的同时，仍设法把自己的武装力量保存下来，作为和平改革的可靠后盾，并便于在最终"决战"时能夺取政权。这是中国共产党对于和平形式和武装斗争两种革命方式的深刻理解和正确运用。

总而言之，第二次世界大战后中国政治舞台的斗争风云，如同白云苍狗、变幻莫测，时而和谈，时而战争；一时间和平民主似乎根本不可能，一时间战争的双方又达成协议，和平民主似乎指日可待，然而随后又战端复起。中国共产党在这种极其复杂的条件下，没有简单地接受斯大林同志的意见：解散自己的军队，参加蒋介石政府①，而是在这场斗争中表现出自己独特的风格，使党在这一时期革命斗争的历史光彩夺目、绚丽多姿，并通过这一斗争历程，团结了民主力量，教育人民，暴露反动派的真面貌，推迟了大规模内战的爆发，加速了中国革命的历史进程。

三

1946 年 1 月 10 日，毛泽东同志亲自签发了停战令，指出"中国和平民主新阶级，即将从此开始"。中共中央当时曾认为，党内的主要危险倾向是"一部分同志狭隘的关门主义"，指出："党内外许多人不相信内战真能停止，和平真能实现，不相信蒋介石国民党在各方面逼迫之下，也能实行民主改革，并能继续与我党合作建国，不相信和平民主新阶段的到来，因而采取怀疑态度，对于许多工作不愿实际的认真的去做，不愿学习非武装的群众的议会斗争形式"②。毋庸讳言，中共中央当时是在战争与和平的前途估计上发生了短暂的偏差，"过高地估计了美国政府遵守莫斯科三国会议决议的可靠性，以至过高地相信了蒋介石的诺言"③。马克思主义者不是算命先生，不可能在工作中不出现一点点错误或偏差。中共中央只能够依据当时的客观情况对前途作出判断，确定自己的方针。而

---

① 杰米耶夫：《铁托传》下册，第 118 页。
② 《中共中央关于目前形势与任务的指示》1946 年 2 月 1 日。
③ 《解放日报》1946 年 8 月 6 日。

"中央当时估计和平的可能也确有许多根据"①。后来情况发生了变化，1946 年 3 月国民党召开六届二中全会，蒋介石叫嚷撕毁政协决议，东北四平保卫战又暴露了马歇尔"调处"的背后是支持蒋介石，因此于 5 月份中共中央就改变了原来对和平前途的估计，并向全党指出：国民党蒋介石"准备发动全面内战"，各解放区要进一步掀起大练兵的高潮，充分作好全面自卫战争的准备②。由于中共中央对时局前途估计上出现偏差的时间很短，而且始终没有放弃人民武装，没有放弃自卫战争的准备，因而也没有给革命事业带来什么损失。

"和平的愿望能否实现，却不取决于我们，而取决于当时的统治阶级"③。中国革命和平改革的可能性的丧失，主要原因有两点：其一，国民党蒋介石顽固坚持内战独裁的反动立场；其二，美国政府自相矛盾的对华政策，必然导致中国大规模的内战。

抗战一结束，国民党蒋介石就确定了内战独裁的方针，只是迫于国内外诸因素的制约，不得不"用各种迂回的方法消灭中共"④。在重庆谈判期间，国民党反动派密令各战区大量印发蒋介石过去亲自编辑的所谓《剿匪手本》。《双十协定》签订后的第三天，蒋介石颁发了"剿匪"密令，命令国民党部队按照《剿匪手本》，对解放区"努力进剿"。政协会议前后，一方面国民党特务大打出手，连续制造"一二·一"惨案、沧白堂事件、较场口事件；另一方面国民党军队不断进攻解放区，造成"关内小打，关外大打"的局面。1946 年 6 月，国民党虽然签订了"东北停战协定"，但却集中兵力在关内进攻各解放区，挑起了全面内战。总之，蒋介石在他进攻有利的时候，便决不停战；在他进攻失败、需要取得时间，整顿军队，以便重新进攻的时候，"他便赞成停战，举行所谓'和谈'"⑤。中国共产党争取和平民主的斗争实践再一次证明：在半殖民地半封建的中国，人民没有起码的民主权利，"无议会可以利用，无组织工人

---

① 《周恩来选集》上卷，第 255 页。
② 《中共中央关于练兵的指示》1946 年 5 月。
③ 《刘少奇选集》下卷，第 205 页。
④ 《周恩来选集》上卷，第 260 页。
⑤ 同上书，第 266 页。

举行罢工的合法权利"，① 革命的主要形式只能是武装斗争。恩格斯曾经指出："可以设想，在人民代议机关把一切权力集中在自己手里，只要取得大多数人民的支持就能按照宪法意志办事的国家里，旧社会可能和平地长入新社会"②。然而国民党反动统治集团，只知道实行封建法西斯特务统治，这就从根本上使中国革命失去了和平改革的可能性。第二次世界大战，是民主进步的力量战胜了法西斯主义。而中国的统治者，却逆世界民主进步的历史潮流，拒绝作丝毫民主化改革，顽固坚持封建法西斯专制统治，因而使中国共产党无法走和平改革的革命道路。

国民党蒋介石是美国在华殖民利益的代理人，因而美国政府对国民党蒋介石有举足轻重的影响。战后美国政府错误的对华政策，是导致中国全面内战的极其重要的原因。

第二次世界大战结束之后，美国政府认为其对华政策面临三种抉择：一是完全摆脱，完全从中国撤出；二是国民党既腐败无能，又不得民心，没有能力战胜中国共产党，美国只有大规模军事干涉，直接出兵帮助国民党才能够击毁中共军队；三是一方面努力使国共双方妥协，避免内战、成立联合政府；另一方面又积极援助国民党蒋介石，使其在联合政府中占主导地位。权衡利弊，美国政府认为只能采取第三种抉择③。当时美国驻华大使赫尔利对中国各派力量的估计与其政府不同。他认为蒋介石"装备精良的师团可以轻而易举地战胜共军"④。这无疑助长了蒋介石的内战气焰。赫尔利露骨的扶蒋反共政策与其政府对华政策相悖，因此于 1945 年11 月被解除大使之职，离开了中国。美国政府决定由原美军参谋长马歇尔上将以总统特使的身份赴华，"调处"国共之间的军事冲突。马歇尔积极推行美国政府的对华政策，他确实曾多次批评蒋介石，要他停止内战，与共产党谋取妥协，实行一些民主化改革，成立联合政府。马歇尔曾经直率地向蒋介石表示，中国不实现和平统一，将得不到美国的经济援助⑤，如果国民党挑起内战，军事上的失利和随之而来的经济混乱将会使国民党

---

① 《毛选合订本》，1964 年版，第 507 页。

② 《马恩全集》第 22 卷，第 273 页。

③ 《美国与中国关系》上卷，第 8 页。

④ 《赫尔利和蒋介石会谈备忘录》1945 年 2 月 16 日。

⑤ 《马歇尔使华》，第 30 页。

遭到失败，"会替共产主义造成良好繁殖的基础"①。但另一方面，马歇尔又积极援助蒋介石，帮助国民党从海上或空中运输大批军队到东北、华北，并用大约15亿美元的军事物资装备了国民党45个师，另外又向国民党政府赠送军舰271艘，还把价值8亿多美元的飞机、汽车、交通器材及其他军用品作为战后剩余物资送给蒋介石。美国政府还向国会提议延长对华租借法案10年，以及向蒋介石提供贷款等。美国政府对蒋介石内战独裁政策的批评，虽曾一度对蒋介石发动内战起了遏制作用，但是狡猾的蒋介石终于看出了美国政府有两个矛盾的对华政策：一是劝蒋停战，二是不断地给他大量的军事援助，"因此他毫不踌躇地接受了美国的大炮而轰走了美国的鸽子"②。美国政府对华政策中矛盾着的两个方面，本来就是无法调和统一的，它的失败破产是必然的；给国民党蒋介石大量军事援助的结果，只能是纵容和支持其发动内战。

马歇尔不仅是美国对华政策的牺牲品，也是这一政策的制订者和推行者。1945年12月马歇尔赴华之前，曾经向杜鲁门总统、贝尔纳斯国务卿提出：假设蒋介石坚持要打内战，国共两党之间的"调处"失败了，美国政府"仍有必要通过我继续支持中华民国国民政府"（即国民党政府）③。马歇尔的这一提议，得到了杜鲁门和贝尔纳斯的首肯。1946年11月，国民党政府与美国签订了可耻的《中美友好通商航海条约》，使中国进一步沦为美国的殖民地。这彻底地暴露了美国政府为了变中国为它的殖民地，才决心把扶植国民党政府作为它对华政策的基本点。尽管国民党政府那样腐败无能、不得民心，而且又拒绝和平民主，挑起全面内战，马歇尔仍要代表美国政府支持它。直至1948年4月，在国民党政府即将垮台的前夕，马歇尔作为国务卿在参众两院有关委员会讨论时还表示：美国将继续支持国民党政府④。马歇尔自诩为热爱和平民主，但他却站在帝国主义立场上，始终把美国统治集团的利益和腐败的国民党反动派系在一起，把自己的政治声誉和民心丧尽的蒋介石系在一起。马歇尔来华"调处"初期，曾经给渴望和平民主的中国人民带来了"希望"，他也确实得到过

---

① 《美国与中国关系》上卷，第140页。

② 《解放日报》1946年8月14日。

③ 《马歇尔使华》，第9—10页。

④ 迈克尔·沙勒：《美国十字军在中国》，第300页。

中国共产党的"真诚合作"①。但事隔不久，马歇尔自己抛弃了"公正"的立场，袒护国民党蒋介石，成了中国内战的实际支持者。马歇尔来华一年之后，在中国人民掀起的反美反蒋浪潮中悻悻离开了中国②，这是中国历史前进的必然结果。

俄国在 1917 年 4—6 月，曾经出现了和平斗争的可能性。列宁在著名的《四月提纲》中提出了和平革命的口号。但是到了 7 月事件后；资产阶级临时政府开始武力镇压彼得堡街头示威的工人和士兵，列宁又及时取消了和平革命的口号，领导俄国无产阶级用武装起义回答了资产阶级的暴力镇压。很显然，人们不会把俄国十月革命没有走和平革命的道路，看成是列宁领导的布尔什维克党的过错。中国抗日战争胜利之后，也曾经出现过和平革命的可能性，中国共产党提出了争取和平民主的总方针。然而，由于国民党蒋介石顽固坚持内战独裁的方针，由于美国实际上采取了支持纵容蒋介石打内战的政策，从而使中国革命失去了和平革命的可能。当然，人们也不会把中国革命没有走和平革命的道路，看成是中国共产党的过错。

1946 年 8 月，毛泽东同志在和美国记者斯特朗的谈话提出了"一切反动派都是纸老虎"的英明论断；指出美帝国主义和国民党反动派都是纸老虎。这在当时国际共产主义运动中真可谓是独树一帜，丰富了中国化的马克思主义——毛泽东思想的理论宝库。中国共产党对于美帝国主义和国民党反动派的深刻认识，是在争取和平民主的复杂斗争中逐步完成的，它给战后坚持走武装斗争道路的殖民地落后国家的共产党人，以极大的鼓舞。

中国共产党争取和平改革的大胆尝试，使马克思主义与中国革命具体实践相结合显得更加丰富和多样化了，它和武装斗争一样，显示了中国共产党人的胆略、智慧和百折不挠的意志。党的十一届三中全会，恢复了实事求是的思想路线，使史学界有可能研究探讨党在这个时期的真实情况。本文只不过是抛砖引玉，愿通过百家争鸣，使党在这一时期光彩夺目、熠熠照人的斗争历史，恢复其本来面目。

载《苏州大学学报》（哲社版）1987 年增刊。

---

① 《中美关系资料汇编》第一辑，第 208 页。

② 马歇尔离华前夕，因美军士兵强奸北大一名女学生而在全国兴起了反美抗暴运动。

第二部分 党史研究：社会主义建设时期

社会主义制度的建立是历史的选择

从 1953—1956 年，在中国共产党的领导下，我国成功地实现了对农业、手工业和资本主义工商业的社会主义改造。在这短短几年时间里，伟大的社会主义制度即在我国建立。这是国际共产主义运动史上的伟大创举，是马克思主义在中国的伟大胜利。值此党诞辰 70 周年之际，我们有必要认真地回顾这段历史，对于 50 年代中国历史选择社会主义的必然性给予科学的阐述，既是为了坚定人们对社会主义的信念，更好地在改革开放中完善我国的社会主义制度，也是为了歌颂我们伟大的中国共产党。

一　由新民主主义到社会主义，是马克思主义的天经地义

早在五四时期，中国在选择马克思主义的同时，就已经选择了社会主义。1921 年党的"一大"通过的《中国共产党第一个纲领》中就已确定：党的奋斗目标是在中国建立社会主义制度。后来，年轻的中国共产党人在列宁民族殖民地问题理论的指导下，进一步探索中国社会和中国革命的性质，制订了党的最低纲领和最高纲领，即首先完成反帝反封建的民主革命任务，然后再进行无产阶级社会主义革命，在中国建立社会主义制度。由此，中国革命便遇到了如何正确处理民主革命和社会主义革命二者之间关系的重大课题。陈独秀误以为在民主革命和社会主义革命之间，应该横插进一段资本主义发展的时期，因此坠入了"二次革命论"的泥坑，导致他在第一次大革命的后期，犯了右倾投降主义的错误。王明等人则主张"毕其功于一役"，混淆了民主革命与社会主义革命之间的界限，导致他们在土地革命时期屡犯"左"倾冒险主义错误，给中国革命带来了沉

痛的损失。然而，无论是陈独秀还是王明，他们的错误都是党在幼年时期，探索如何在中国建立社会主义制度的过程中所犯的错误。

毛泽东总结陈独秀、王明的经验教训，创立了新民主主义理论，科学地阐明了中国民主革命与社会主义革命二者之间的关系。他指出：中国的民主革命，已经不是旧式的一般的资产阶级民主革命，而是新式的特殊的资产阶级民主革命，即无产阶级领导的新民主主义革命；它的前途不是在中国建立资本主义，也不是直接使中国进入社会主义，而是经过新民主主义社会过渡到社会主义社会。他说过："没有一个新民主主义的联合统一的国家，……要想在殖民地半殖民地半封建的废墟上建立起社会主义社会来，那只是完全的空想""只有经过民主主义，才能到达社会主义，这是马克思主义的天经地义"。毛泽东关于新民主主义的理论，揭示了半殖民地半封建社会的中国如何进入社会主义社会的客观历史规律。

如果我们真正了解中国共产党领导的中国革命包括民主革命和社会主义革命两个阶段，如果我们真正了解毛泽东关于新民主主义革命理论的基本内容，就会明白，为什么新民主主义社会制度在我国建立之后，中国共产党又带领全国人民进行社会主义革命，为在我国建立社会主义制度而努力工作。

二　建国初期财政经济的统一，计划经济的初步建立，对于国民经济的恢复起了极其重要的作用

1949 年是解放战争结束和中华人民共和国成立的一年，与过去中国经济发展的最高年份相比，工业总产值减少了 50% 左右，粮食减少 25%，棉花减少 48%。1950 年 3 月，政务院颁布了《关于统一国家财政经济工作的决定》，实行全国财政经济的统一。这样做，首先是为了把凡能集中使用的财力、物力都集中起来，以便克服当时所面临的严重困难。同时，也是为了使中国这样一个地广人多、贫穷落后的国家，能够把有限的一点物质财富管理好用好，只有这样做才可以维持全国的统一安定，有能力调剂各地区的余缺和应付各种意外，并有步骤有计划地恢复和发展经济，保障和逐步改善人民生活。这是在当时特定历史下，中国共产党为了能够迅速恢复国民经济，所能采取的唯一的办法，并不是事前的预定，也不是出

于社会主义国家的模式或建议。这也是除了共产党以外的任何力量即使想这样做也做不到的。

正是由于人民政府统一了全国财政经济，集中使用了全国当时有限的财力、物力，国民经济得到迅速稳定并逐步好转。到 1952 年，工业总产值比 1949 年增长了 145%，比战前最高年份增长 22.3%；农业总产值比 1949 年增长了 53.4%，比战前最高年份增长 18.5%。粮食、棉花、电力、煤、钢、机床、纱、布、纸等主要产品产量，都有明显增长或大幅度增长。

财政经济工作上的这种高度统一，加上占工业固定资产总值 80% 的官僚资本企业改造成为社会主义性质的国营企业，以及私营工商业被纳入国家计划而成为国家资本主义经济，很自然地把我国经济引上了计划经济的轨道。也可以说，国民经济迅速恢复的奇迹，是建立在财政经济高度统一和社会主义国营企业之上，以及对国家资本主义经济实行管理的计划经济，最初在中国人民面前所显示出来的优越性。

建国仅仅才两三年时间，曾经在国民党统治时期生活上得不到基本保障的中国人民，能够很快地安定下来，生活上有了最基本的保障，很自然地会把新旧中国的经济加以比较，这种比较促使中国人民抉择社会主义计划经济。这也是党中央当时决定在我国建立社会主义制度的重要原因之一。

三　社会主义国营经济的日益强大，资本主义　经济弱小并发展困难，形成了鲜明的对比

建国初期对旧经济制度的改造，新民主主义经济制度的建立，使约占全国工矿业、交通运输业固定资产 80% 的官僚资本，改造成为社会主义国营企业。1949 年，国营工业占全国工业产值的 34.7%，到 1952 年，这一比重增加到 56%。国营批发商业，1949 年占全国批发商业总额 23%，到 1952 年，这一比重增加到 60%。银行基本上由国家经营。毫无疑义，社会主义国营经济经过不到三年时间的发展，已经占据了国民经济的领导地位、在新民主主义社会五种经济成分中，社会主义经济日益强大。

当时派到国营企业的工作人员，一般都是富有群众运动和革命战争经

验的、有献身精神的青年。他们善于同职工打成一片，能够动员群众的力量，在战争的废墟上克服种种困难，重建、扩建或新建企业。这同私营企业资本家管理作风相比，确实有天壤之别。再加上国营企业职工享受到各种民主权利、劳动保护和福利，使得一些私营企业职工，十分羡慕国营企业职工，能得到干部和企业的关心、爱护，也使得国营企业的职工，能亲身体会到自己是企业的主人。国营企业的职工生活安定，工作充满热情，被社会尊称为"老大哥"。在他们中间出现了一大批技术能手和劳动模范。

中国的民族资本在帝国主义、封建主义和官僚资本的压迫下，不仅十分弱小而且内部构成极不协调，商业资本和金融资本占据全部民族资本的70%—80%，而产业资本只占20%—30%，并且民族产业资本的生产规模也很狭小，工厂手工业占据了很大比重，资金严重不足，机器设备和技术力量也比较落后。在建国初期，处境艰难的民族工商业，不得不依靠政府和国营经济的支持、帮助。当时，既是为了恢复经济，也是为了防止失业，人民政府采取了有力的措施来帮助私营工厂和商店开业。因此，在1951出现了中国资本主义史上前所未有的"黄金时代"，工厂和商店的户数都增加了1/10以上。

私营工商业因为弱小，如果得不到政府和国营企业的扶持，发展很困难。但另一方面，私营企业的落后性和国营企业的先进性之间不可避免地会产生矛盾，并一天天激化起来。建国初期，民族商业和金融资本，曾经与人民政府、国营商业展开了争夺市场控制权的斗争。1952年上半年，通过"五反"运动（即反行贿、反偷税漏税、反盗窃国家资财、反偷工减料、反盗窃国家经济情报），揭露出大量的触目惊心的事实，表明民族资本在接受国家帮助的同时，向社会主义国营经济发起了猖狂进攻。资本主义经济出于本能，总是要破坏社会主义国营经济，扰乱国民经济，加剧了它们同社会的矛盾。例如，私营企业搞加工订货，国家给私营企业原料，资本家拿加工费，加工费是按照成本计算利润的。假如成本是150元，他的利润是10%，加工费为15元；如果成本降低到100元，他的利润就只有10元。这样，资本家就不愿意降低成本，因为降低成本就降低了他的利润。资本家也不愿意节约原料。他节约公家原料，对他并没有好处，用料少了，加工出来的成品货色不好，还要退货。资本家还会用增加工资的办法来增加开支，提高成本。总之，资本家在加工订货中是要用各种方法提高成本、增加利润的。这样下去，生产的进一步发展是不可能的。再者，国营经济一天天发展，但还要拿出一部分生产任务给私营企业加工订货。这实际上影响了设备比较先进的国营大企业的发展，保护了落后的私营小企业。而私营小企业一旦有了些发展，又想摆脱政府的控制，拖延或推脱加工订货任务，去生产营利高的产品，本能地走向无政府主义状态。

总而言之，在全国土改任务完成之后，无产阶级同资产阶级之间的矛盾，已经成为社会的主要矛盾。中国共产党和中国人民，从先进的社会主义国营经济同落后的资本主义经济的比较之中，选择了社会主义作为发展国家经济的道路，这是理所当然的，也是合乎历史发展逻辑的选择。

四　世界上社会主义经济蒸蒸日上，资本主义经济发展缓慢，是 50 年代中国人民作出历史性抉择的国际背景

第二次世界大战结束之后，苏联利用社会主义计划经济的优越性，迅速恢复国民经济，医治了战争的创伤，而资本主义经济发展却比较缓慢，并仍处于生产无政府主义状况。以苏联和美国的工业生产增长率相比：1947 年，苏联比上一年增长 24.1%，而美国为 11.9%（1946 年为 −16.2%）；1948 年，苏联为 25%，而美国是 4%；1949 年，苏联为 22.2%，美国是 −7%；1950 年，苏联为 25.5%，美国 16.7%；1951 年，苏联为 15.9%，而美国是 7.1%；1952 年，苏联为 11.3%，而美国是 3.3%；1953 年，苏联为 12.4%，而美国是 7.5%；1954 年，苏联为 13%，而美国是 −7%。从比较中我们可以得出两点结论：一是社会主义计划经济比资本主义市场经济优越；二是资本主义市场经济仍无法摆脱周期性的危机。在九年时间里，美国工业居然出现三次负增长，而且每次都在 −7% 以下，最严重的 1946 年竟为 −16.2%。那个时代的全世界的经济学家，都把计划经济作为社会主义经济的特征，把市场经济作为资本主义经济的特征；都承认社会主义计划经济对于经济发展具有优越性。那个时代的经济学家，无论是马克思主义经济学家、还是资产阶级经济学家，都还不可能提出社会主义计划商品经济的理论概念。当时，社会主义计划经

济在比较充分显示出自己优越性的时期，它的弊端也还没有较多地反映出来，人们的认识不可能超越这一客观事实。中国共产党和中国人民，在苏联同美国、社会主义经济同资本主义经济比较之中，选择社会主义道路，无疑是那个历史时代的正确抉择。今天，当社会主义计划经济高度集中统一，不再只是表现其优越性，也同时表现出某些弊病时，人们随着社会主义计划经济实践的发展，对于社会主义经济的本质认识深化了，提出了社会主义计划商品经济的科学概念，对高度集中统一的计划经济体制进行改革。这是 50 年代中国人民选择社会主义经济发展道路的继续，而绝不是否定；是对社会主义经济体制的改革和完善，而绝不是抛弃社会主义经济发展的道路，去走资本主义道路。

从另一方面分析，新中国是在推翻为西方帝国主义所支持的国民党统治的激烈斗争中诞生的。1950 年的朝鲜战争，使中国同西方帝国主义国家已经很紧张的关系更加紧张。中国受到了帝国主义长期的外交上、经济上和军事上的严密封锁，中国不但不可能从资本主义大国得到什么援助，而且连普通的贸易和交往都很困难。中国人民因此只能从自己受侵略、受歧视和受威胁的感受中，去认识资本主义，不可能学习西方资本主义国家经济生产中的先进东西。当时，只有社会主义国家和战后为独立而斗争的国家同情中国，只有苏联能够援助中国，并且这种援助在我国第一个五年计划中占有重要地位。这种国际背景，也促使中国共产党和中国人民进一步选择社会主义道路。

综上所述，50 年代社会主义制度在我国建立，是中国共产党和中国人民为了经济的发展与社会的进步所作出的唯一正确的选择，是符合中国社会进步发展的客观规律的（毛泽东早在新民主主义理论中所阐述的），是历史的必然选择。

载《唯实》（中共江苏省委党校）1991 年第 5 期

毛泽东与中国工业化的发展道路

早在 1945 年春天，抗日战争即将胜利的前夕，毛泽东在党的七大报告中就指出：实现中国工业化，是中国工人阶级的历史任务。对于中国如何走工业化发展的道路，一直是毛泽东经常思考研究的重要课题之一。在不同的历史时期，毛泽东对于中国如何走工业化发展的道路，有着不同的思考和实践，都给后人留下了许多宝贵经验或教训。①

一

毛泽东在七大报告中指出：中国无产阶级"为着打败日本侵略者和建设新中国，必须发展工业"。1944 年 5 月，毛泽东在一次讲话中，对于中国无产阶级实现工业化的历史任务，进行了通俗而精辟的阐述，他说："日本帝国主义为什么敢于这样地欺负中国，就是因为中国没有强大的工业，它欺负我们落后。因此，消灭这种落后，是我们全民族的任务。老百姓拥护共产党，是因为我们代表了民族与人民的要求。但是如果我们不能解决经济问题，如果我们不能建立新式工业，如果我们不能发展生产力，老百姓就不一定拥护我们。"还说："对于经济工作，尤其是工业，我们还不大懂，可是这一门又是决定一切的，是决定军事、政治、文化、思想、道德、宗教这一切东西的，是决定社会变化的。因此，所有的共产党员都应该学习经济工作，其中许多人应该学习工业技术。"②

---

① 《毛泽东选集》第 3 卷，人民出版社 1991 年版，第 1060、1080 页。
② 《毛泽东文集》第 3 卷，人民出版社 1996 年版，第 146—147、207、384—385 页。

对于中国如何走工业化发展的道路，毛泽东当时有他自己的思考。

1944年8月，毛泽东在致博古的信中写道："新民主主义社会的基础是工厂（社会生产，公营与私营的）与合作社（变工队在内），不是分散的个体经济。分散的个体经济——家庭农业与家庭手工业是封建社会的基础，不是民主社会（旧民主、新民主、社会主义一概在内）的基础，这是马克思主义区别于民粹主义的地方。简单言之，新民主主义社会的基础是机器，不是手工"[①]。1948年7月，经毛泽东审定新华社发表的《关于农业社会主义的问答》中写道："农业社会主义思想，是指在小农经济的基础上产生出来的一种平均主义思想。抱有这种思想的人们，企图用小农经济的标准，来认识和改造全世界，以为把整个社会经济都改造为划一的'平均的'小农经济，就是实行社会主义，而可以避免资本主义的发展。过去历史上代表小生产者的原始社会主义的空想家或实行家，例如帝俄时代的民粹派和中国的太平天国的人们，大都抱有这一类思想的"[②]。中国共产党由于大多数成员是农民出身，因此，毛泽东特别注意对民粹主义、农业空想社会主义的批判，以便沿着马克思主义的科学轨道向工业化的方向迈进。

毛泽东把马克思列宁主义同中国革命实践相结合，创立了新民主主义理论，指出了中国社会发展的客观规律；经新民主主义进入社会主义，从而避免了中国社会有一个资产阶级统治和发展的历史阶段。但是，毛泽东绝不否定民族资本主义在中国有一个经济发展的历史时期。在七大报告中毛泽东说过："拿资本主义的某种发展去代替外国帝国主义和本国封建主义的压迫，不但是一个进步，而且是一个不可避免的过程。它不但有利于资产阶级，同时也有利于无产阶级，或者说更有利于无产阶级。现在的中国是多了一个外国的帝国主义和本国的封建主义，而不是多了一个本国的资本主义，相反地，我们的资本主义是太少了。"[③] "从整个世界来说，资本主义是向下的，但一部分资本主义在反法西斯时还有用，另一部分资本主义——新民主主义的资本主义将来还有用，在中国及欧洲、南美的一些

---

① 《毛泽东文集》第3卷，人民出版社1996年版，第146—147、207、384—385页。

② 新华社：《关于农业社会主义的问答》（1948年7月27日）。

③ 《毛泽东选集》第3卷，人民出版社1991年版，第1060、1080页。

农业国家中还有用，它的性质是帮助社会主义的，它是革命的、有用的，有利于社会主义发展的。"①

早在土地革命战争时期，毛泽东在中央苏区对于私营工商业就采取保护政策。抗日战争时期，毛泽东在著名的《新民主主义论》一文中，又把允许"不操纵国计民生"的民族资本主义发展作为党的三大经济政策之一。此后，毛泽东多次批评急于消灭资本主义经济的"左"倾错误。毫无疑义，对于民族资本主义经济采取保护政策，还并不单纯是从建立和维护民族资产阶级革命统一战线的角度出发，而是为了通过民族资本主义工业经济的发展，为将来建立社会主义创造必要的经济前提。

在抗日战争即将胜利的前夕，毛泽东在同美国驻延安军事观察组成员谢伟思的多次谈话中提出：中国在必须实现工业化的过程中，希望能得到美国的合作。毛泽东还认真具体地指出：中美经济合作"双方将不会发生竞争"，而会相互"取长补短"。因为我们现在并"不具备建设大规模重工业的必要条件"，不可能"在高级的特制产品上与美国竞争"。我们"必须建立轻工业以满足本国市场的需要"，最终是向"远东其他国家提供这类产品"。相反，我们发展轻工业为美国提供了"投资场所"和重工业产品所需要的"出口市场"。我们将以工业"原料和农产品"，作为美国对我们投资和贸易的"补偿"②。谢伟思后来回忆毛泽东说："我强烈地感觉到，他为了进行中国的建设，确实希望同美国进行合作。他十分希望把这些信息传达出去。"③ 很显然，毛泽东争取战后同美国进行经济合作，也绝不仅是为了同美国维持国际反法西斯统一战线，而是为了利用美国经济在中国的合作与发展，为将来建立社会主义创造必要的经济前提。

毛泽东在中央苏区、陕甘宁抗日根据地，都十分重视国营经济的发展。虽然那时的国营经济还十分薄弱，但他认为国营经济在根据地经济建设中应当逐步起着决定性作用。在《新民主主义论》一文中毛泽东指出：大银行、大工业、大商业，归新民主主义国家所有。这种国营经济是社会

---

① 《毛泽东文集》第 3 卷，人民出版社 1996 年版，第 146—147、207、384—385 页。

② 引自中共中央党史研究室、中共中央党史资料征集委员会编：《党史通讯》1983 年第 20—21 期，第 11、15 页。

③ 李向前：《一位美国友人的真知灼见——访原美国赴延安观察组成员谢伟思先生》，载《中共党史研究》1996 年第二期。

主义的性质，是整个国民经济的领导力量。在毛泽东看来，这是实现我国工业化的基本力量。

总之，毛泽东在长期的领导革命根据地经济建设的实践中，依据当时国际环境和历史条件，曾经设想出一条通过新民主主义经济发展来实现国家工业化的道路，即由社会主义国营经济担负领导作用，利用民族资本主义经济的发展，和尽可能争取美国等资本主义经济合作的道路。

二

1953 年，我国开始了第一个五年计划建设。毛泽东在这一年提出了过渡时期总路线，即要在一个相当长的时期内，逐步实现国家的社会主义工业化，并逐步实现国家对农业、手工业和资本主义工商业的社会主义改造。这条总路线是把实现工业化和社会主义改造同时并举，打算用 15 年或更长一些时间，既实现了国家工业化，又建立起社会主义制度。这实际上是毛泽东通过新民主主义经济发展实现工业化道路的进一步深化、具体化。然而，在实施过程中，社会主义改造的速度大大加快了，只用了四年的时间就建立起社会主义制度，实现工业化的任务当然不可能在这么短的时间内完成。但是，在这短短几年时间里，在第一个五年计划经济建设时期，我国的工业化建设取得了巨大的成就。1957 年，我国工业总产值 704 亿元，平均年递增 18%。"一五"计划期间工业生产所取得的成就，远远超过于旧中国 100 年。到 1957 年，钢的年产量达到 535 万吨，为解放前最高年产量的 5.8 倍。发电量达到 193.4 亿度，为解放前最高年份的 2.2 倍。五年中新增加的炼铁能力和炼钢能力，相当于旧中国 60 年总和的 1.5 倍和 3 倍，新增加的发电能力，大大超过旧中国 70 年的总和。工业生产的迅速发展，使工业在国民经济中的地位有了显著提高。在工农业总产值当中，由 1952 年的 43.1%，提高到 1957 年的 56.7%①。

1956 年初，毛泽东对于我国实现工业化的发展道路，又作了进一步探索与思考，并取得了以下几个方面的宝贵成果：

1. 我国工业发展虽然在一五计划期间取得了巨大的成就，但在苏联

---

① 王河主编：《中华人民共和国工业史》，南京大学出版社 1991 年出版，第 99 页。

的影响下，也存在着一些不足之处。主要是重工业的投资比例逐年增加，农业和轻工业的投资比例逐年减少。毛泽东及时发现了这一问题，在《论十大关系》一文中批评了苏联和东欧一些社会主义国家，"片面地注重重工业，忽视了农业和轻工业，因而市场的货物不够，货币不稳定"。我们虽然在这方面没有犯"原则性的错误"，但要适当地调整重工业和农业、轻工业的投资比例，更多地发展农业、轻工业。1957年，毛泽东在《关于正确处理人民内部矛盾的问题》一文中，又把正确处理重工业、轻工业和农业的关系问题，进一步明确为是中国工业化的道路问题。他结合我国国情分析说："我国是一个农业大国，农村人口占全国人口的百分之八十以上，发展工业必须和发展农业同时并举，工业才有原料和市场，才有可能为建立强大的重工业积累较多的资金"。毛泽东关于农、轻、重相互关系的论述，丰富了他关于中国实现工业化发展道路的理论。

2. 沿海工业和内地工业的布局问题。由于旧中国具有半殖民地性质，因此我国的工业70%集中在沿海城市地区。国民经济恢复和"一五计划"建设时期，由于朝鲜战争和国际局势比较紧张，工业发展布局主要集中在内地。当时规划的694个限额以上的工业项目，绝大部分安排在内地。随着国际局势缓和，毛泽东认为"新的侵华战争和新的世界大战，估计短时期内打不起来""要充分利用沿海原有的工业基础。在沿海地区投资建设轻工业工厂，很快就可以投产，四年就可以赚回三个厂，两个厂，一个厂，至少半个厂"。毛泽东从我国国情出发，在工业建设中考虑沿海地区和内地生产力合理布局问题，无疑是正确的。

3. 经济建设和国防建设的关系问题。由于当时国际上帝国主义同社会主义两大阵营严重对立，台湾海峡的局势一度又特别紧张，因此在编制第二个五年经济建设计划和15年长远规划时，曾打算到1961年我们的国防工业能满足战时的最大需要量。这就要求从1956—1959年每年建设50个大型的国防工厂。这实际上是很难做到的。后来改为延至1964年国防工业能够满足战时物资需要量的70%，但军政费用占国家预算的比例仍然过高。后来由于我国奉行和平共处五项原则，取得了日内瓦会议、万隆会议胜利，国际局势出现了缓和，毛泽东提出要调整国防工业和经济建设的投资比例。因此，军政费用由"一五计划"时期占国家预算的30%，在"二五计划"期间降至20%。毛泽东认为，从长远的观点看问题，经济建设加快了，更有利于国防建设。

4. 提出从经济体制上正确处理国家、集体、个人的关系问题。当时国家对企业已经开始实行统收统支的办法，企业的收入全部上交财政，企业的支出全部由财政拨款。企业没有自主权，只有支出 200 元—500 元的机动权，多了就要向上级打报告请求批准。这样不仅不利于生产，而且还会助长上级主管部门的官僚主义作风。据劳动部统计，1955 年与 1952 年相比，工业劳动生产率提高了 41.8%，而职工的实际收入只增加了 6.9%。轻工、纺织两个部门给国家提供的积累最多，但职工的实际工资反而有所下降。北京石景山钢铁厂有 13% 的职工家庭人均月收入不到 8 元，有 29% 的职工家庭人均月收入在 8 元—10 元。不少家庭连粗粮、咸菜都吃不饱，住房更是困难。针对上述情况，毛泽东提出要正确处理好国家、集体、个人三者之间的关系，兼顾三者的利益，要给工厂一些权力，一点机动的余地和利益，要增加工人的收入。并说，否则"不利于社会主义"。

5. 中央和地方的关系问题。当时国家在经济和其他事业的管理体制上，存在着中央集权过多的情况，严重影响了地方的积极性。那时省财政只有 5% 的农业附加税，3% 的总预备费，加上自筹的资金，能够掌握的资金很少。市县两级基本上没有什么自己能够掌握的资金。财政大权统统集中在中央。商业部几乎垄断所有的商品价格，地方省市连多招收一些适龄小学生，中央主管部门也要出面干涉。因此，毛泽东提出："我们不能像苏联那样，把什么都集中到中央，把地方卡得死死的""我们的国家这样大，·人口这样多，情况这样复杂，有中央和地方两个积极性，比只有一个积极性好得多"。

6. 对于资本主义提出了新的认识。在生产资料社会主义改造刚刚完成之后，又出现了资本家开地下工厂的问题。当时上海的地下工厂有 100 多家，天津最大的地下工厂竟有 5000 多人。1956 年 11 月，中国民主建国会召开一届二中全会。民主建国会负责人黄炎培先生在会议期间发现了这一问题，于是给毛泽东写了一封信，说有人"白天是社会主义，夜里是资本主义，还出现地下工厂、地下商店。可以看出，资本主义工商业改造的任务还是艰巨的"。毛泽东于是在 12 月 5 日、7 日、8 日三个晚上，会见了黄炎培、陈叔通等民主建国会、工商联的负责人和各省市工商界的代表。毛泽东不愧为伟大的思想家，他没有简单地对私营企业的出现持否定态度，而是认为私营企业的出现，说明现在还有其生存发展的社会条件。因此，他提出"只要社会需要，地下工厂还可以增加，可以开私营大厂，订条约，十年、二十年不没收。华侨投资的二十年、一百年不要没收""可以消灭了资本主义，又搞资本主义"，并把这称为"新经济政策"。毛泽东的"新经济政策"，反映了他对于社会主义建设时期的资本主义又有了新的认识，即利用资本主义经济发展来加快我国实现社会主义工业化的步伐。

三

毛泽东虽然在抗日战争后期、建国初期和"一五计划"期间对于我国工业化发展道路有许多真知灼见，然而，他后来却发动了背离或轻视这些正确认识的"大跃进"和"文化大革命"。但是，即使是在他犯严重错误的历史时期，也仍然有许多令后人尊重的正确认识。这些正确认识主要有以下几个方面：

1. 毛泽东提出了"以农业为基础，以工业为主导""以农、轻、重为序"安排国民经济的思想。这在贯彻调整国民经济八字方针的过程中，已被实践证明是正确的指导思想。这是他在《论十大关系》和《关于正确处理人民内部矛盾的问题》中提出的、不同于苏联模式的中国工业化道路思想的继续和延伸，即使在"文化大革命"时期，国民经济和工业生产遭到严重破坏，毛泽东仍从这一指导思想出发，提出要加快农业机械化。我国农村"五小"工业（小煤矿、小机械厂、小化肥厂、小水泥厂、小电站、小有色金属矿等，统称"五小"工业）得到发展，江南乡镇企业正是在这一时期开始兴起。

2. 提出了实现四个现代化的战略目标。在1964年12月第三届人大一次会议上，周恩来在政府工作报告中明确提出了实现四个现代化的奋斗目标，即现代农业、现代工业、现代国防和现代科学技术。四个现代化的奋斗目标，在阶级斗争严重扩大化的岁月里仍然给我们这个历经磨难的伟大民族带来复兴的希望。

3. 明确赶上和超过西方发达国家是一个长期的奋斗目标。经过"大跃进"运动急于进入"共产主义"的挫折，毛泽东明确提出："中国的人口多，底子薄，经济落后，要使生产力很大地发展起来，要赶上和超过世界上最先进的资本主义国家，没有一百多年的时间，我看是不行的。"随后，他在读苏联《政治经济学教科书》时又提出：由资本主义过渡到共产主义，要经历"不发达的社会主义"和"比较发达的社会主义"两个阶段，可能后一阶段比前一阶段需要的时间更长，我们现在还处于"不发达社会主义阶段"。

4. 提出了"社会主义商品经济"的新概念。1958 年，毛泽东前后三次阅读斯大林的《苏联社会主义经济问题》一书。他同意斯大林的观点，商品经济并不是资本主义才有的，在资本主义社会之前，奴隶社会、封建社会就已经存在着商品经济了。商品经济主要看它同什么样的生产关系相联系。商品经济同社会主义相联系，就可以为社会主义服务而不会产生资本主义。但是，斯大林没有明确提出"社会主义商品经济"的概念，是毛泽东第一个提出了这一新概念。斯大林认为社会主义两种公有制是商品经济存在的条件，因为农民只能接受这种工业产品和农业产品的交换方式。而毛泽东认为：商品生产最终与生产力也有关系，即使是完全的社会主义全民所有制了，如果生产力不发达，还是要保留商品生产。这在马克思主义经济学里第一次把商品生产与生产力发展水平联系起来。斯大林认为，商品交换在社会主义社会只能在生活消费品中实现。而毛泽东认为：生产资料也是商品，也可以进入流通领域。毛泽东还在一个批注中写道：价值法则"是一个伟大的学校，只有利用它，才有可能教会我们的几千万干部和几万万人民，才有可能建设我们的社会主义和共产主义"①。

5. 提出要把党的工作重点转移到技术革命上来。1958 年 1 月，毛泽东在《工作方法六十条（草案）》中提出："从今年起，要在继续完成政治战线上和思想战线上的社会主义革命的同时，把党的工作着重点放到技术革命上去"。鉴于在反右派斗争中有人说共产党是"小知识分子，不能领导大知识分子"，更由于毛泽东认为搞社会主义建设我们不懂专业技术是不行的，而建国以来一个运动接着一个运动，我们的干部还来不及学习

---

① 薄一波：《若干重大决策与事件的回顾》上卷，中共中央党校出版社 1991 年版，第 487 页。

科学技术，因此他决定自 1958 年起，全党都要转入技术革命，要下决心钻研科学技术。他说："过去我们有本领，会打仗，会搞土改，现在仅仅有这些本领就不够了，要学新本领，要真正懂得业务，懂得科学和技术，不然就不能领导好"。1 月 28 日，毛泽东在最高国务会议上再次强调说："要认真学习，搞试验田，到工厂当学徒，要学自然科学、技术科学、社会科学、文学等。要搞十年到五十年"。他还认为当前开展改良农机具的运动，是技术革命的萌芽。1960 年 3 月毛泽东先后在两个文件批示中，要求各地党组织要加强对技术革新和技术革命运动的领导。直至 1963 年 12 月他在听取聂荣臻汇报十年科学技术规划时还明确表示："不搞科学技术，生产力无法提高。"虽然，毛泽东提倡全党学习科学技术的号召由于种种原因没有真正落实，但是，他提出党的领导干部学习科学技术和"不搞科学技术、生产力无法提高"的思想无疑是正确的。

6. 在经济管理体制上提出了一些正确的观点。1960 年 3 月 22 日，毛泽东在批转鞍山市委的一份报告时，写下了著名的《鞍钢宪法》，提出了"实行两参一改三结合"原则（即干部参加劳动，工人参加管理，改革不合理的规章制度，干部、工人、技术人员三结合，搞好企业生产），后来被日本的一些大型企业学习借鉴，并把工人参加企业管理，向企业提出合理化建议，制订出一套奖励制度。1964 年 1 月 7 日，毛泽东在听取工交会议情况汇报时，表示支持建立托拉斯管理体制的试点，指出用行政手段管理生产、管理商品流通是不行的。此外，邓小平主持制定的《工业七十条》，包括在工厂建立职工代表大会、建立生产劳动岗位责任制等，得到毛泽东的肯定和支持。

7. 关于对外经济方面，毛泽东也提出了一些正确的认识。为了打破美国对我国的经济封锁，毛泽东在会见法国、日本等国贵宾时，多次提出要加强经济交往。在毛泽东、周恩来的努力下，1962 年中日双方达成了廖承志、高崎达之助备忘录，签订了贸易协议，建立了半官方贸易渠道。1964 年，毛泽东在会见黑田寿男时表示：希望同日本的垄断企业进行贸易往来。即使在"文化大革命"中，"左"倾思潮猖獗之际，毛泽东仍支持周恩来引进西方国家 13 套大化肥、4 套大乙烯和 1.7 米轧机重大成套设备，引进英国斯贝发动机制造技术，美国两个地面卫星接收站、飞机惯性导航设备，等等。毛泽东虽然在对外经济交往中有一定的局限性，但他还是依据国际局势的变化，果断地打开了中美关系的大门，恢复了中国和日本的邦交，为我们今天实行对外开放政策创造了良好的国际环境。

毛泽东领导中国工业化发展的道路虽然历尽坎坷曲折，但仍然取得了西方各国在资本主义工业化进程中所不曾有过的辉煌成就。美国著名学者莫里斯·迈斯纳在《毛泽东的中国及后毛泽东的中国》一书中写道："毛泽东时代是中国现代工业革命的时代。50 年代初期，中国从比比利时还要弱小的工业起步，到毛泽东时代结束时，长期以来被耻笑为'东亚病夫'的中国已经跻身于世界前 6 位最大的工业国家之列"[18]。在毛泽东时代，"工业总产值增加了 38 倍，重工业产值增加了 90 倍。从 1950—1977 年工业产量每年平均 13.5% 的速度增长。"迈斯纳认为，这在实现工业化最成功的德国、日本、苏联都是难以做到的[19]。莫里斯·迈斯纳并非马克思主义者，他是美国威斯康星州大学历史系教授，是一位治学严谨的学者。一位正直严肃的美国学者竟能如此客观地评论毛泽东领导我国工业化发展所取得的巨大成就，那么，我们作为毛泽东的继承者，更没有理由轻视毛泽东给我们留下的这份珍贵遗产。

载《党史研究与教学》（福建省委党校）2003 年第 5 期；获浙江省党史研究室纪念毛泽东 100 周年诞辰优秀论文一等奖。

对党的社会主义商品经济认识过程的考察

　　党的十三大工作报告指出："社会主义经济是公有制基础上的有计划的商品生产。这是我党对社会主义经济作出的科学概括，是对马克思主义的重大发展，是对我国经济体制改革的基本理论依据"。党获得这个正确认识是有一个过程的，考察党对于社会主义计划商品经济认识的历史过程有益于汲取经验教训，加深对于社会主义计划商品经济的认识，推动当前的经济体制改革。

　　建国初期，由于党的新民主主义经济理论和政策的指导，我们的商品生产和商品交换得到比较顺利的发展。

　　新民主主义革命实践证明：陈独秀主张在中国先建立资本主义、再建立社会主义的"二次革命论"是错误的；王明"毕其功于一役"、直接建立社会主义的愿望在我国也是行不通。鉴于陈独秀、王明等人失败的教训，毛泽东同志提出既非资本主义、也非社会主义的第三种国家形态——新民主主义共和国的方案。毛泽东同志认为，这种新民主主义社会，既包括社会主义国营经济，也允许不能操纵国计民生的资本主义经济发展。实际上，这是社会主义和资本主义两种经济共存的一种社会形态。但由于社会主义国营经济占据领导地位，资本主义经济处于被支配、利用、限制的地位，从而保障了向社会主义方向发展、过渡。

　　新民主主义中国之所以没有消灭资本主义经济，而是采取利用、限制的政策，"是因为中国经济还十分落后的缘故"。① 这一正确认识，是建立在中国原来是经济落后的半殖民地半封建社会的国情之上的，是实事求是

---

　　① 《毛泽东选集》合订本，第639页。

的。明确资本主义经济在新民主主义社会对于发展经济的进步作用，自然也就保留下商品生产和商品交换。党的富有创造性的新民主主义经济理论和政策，对于建国初期恢复和发展国民经济，根除战争遗留的创伤，起了重大指导作用。

党中央曾经设想，新民主主义经济政策还要在我国实行一个相当长的历史时期。在新中国诞生之际，毛泽东、刘少奇、周恩来等都曾指出，要在 10 年、15 年、18 年、甚至 20 年后，我们的工业生产发展到一定水平，再向社会主义过渡。然而，后来在 1953 年就提出了向社会主义过渡的总路线，开始了生产资料私有制的社会主义改造。

1955 年 9 月，毛泽东在《中国农村的社会主义高潮》一书序言中，抛弃了我国社会由新民主主义向社会主义过渡的科学提法，改为由资本主义向社会主义过渡。这实际上是把半殖民地半封建社会旧中国，同资本主义混为一谈。这种社会性质的混淆，成了我党领导社会主义建设失误和挫折的发端。从此，党对于商品经济的探索、对于社会主义经济规律的探索，也由顺利转向曲折。

生产资料私有制的社会主义改造完成之后，在经济建设中党内产生了急躁情绪，毛泽东轻率发动了"大跃进"运动。"大跃进"的实质是急于向共产主义过渡。在 1958 年 3 月成都会议上，毛泽东提出，可不可以由一个省先进入共产主义？随后，在"八大"二次会议上，毛泽东同志又表示，青出于蓝而胜于蓝，后来者居上，明显流露出要先于苏联进入共产主义的思想。之后，毛泽东又在北戴河会议上说，人民公社搞起来了，就逼着我们逐步废除薪水制，吃饭不要钱，穿衣服是否也可以不要钱？等等。于是，陈伯达便提出废除商品和货币。张春桥也急忙发表文章，要破除"资产阶级法权"，反对按劳分配，主张恢复战争年代的"共产主义供给制"。

毛泽东认为，人民公社农林牧副渔全面发展、工农商学兵样样齐全，是一个独立的社会组织。现在，它是向共产主义过渡的组织形式，不久的将来又可以成为共产主义社会的基本组织单位。由此，出现了"共产主义是天堂，人民公社是桥梁"的口号。毛泽东原来预计，快的地方三四年，慢的地方五六年，人民公社由集体所有制过渡到全民所有制，中国就可以进入"按需分配"的共产主义。于是，"共产风"盛行，其实质就是要消灭商品经济。

河北省徐水县，在中央、省委、地委支持下，搞共产主义试点。中共中央农村工作部副部长陈正人到徐水县，不仅送去了马列主义有关著作，而且还送去了康有为的《大同书》。毛泽东在一次会议上说过，三国时候，汉中有个张鲁，他搞过吃饭不要钱。凡是过路的人，在饭铺里吃饭、吃肉都不要钱，尽肚子吃，这不是吃饭不要钱吗？毛泽东还在一次批语中写道：张鲁开了我们人民公社公共食堂的先河。虽然这个批语后来又抹掉了，但却可以帮助我们辨认毛泽东当时的思维轨迹。推荐康有为的《大同书》，赞扬张鲁的吃饭不要钱，反映了我们在消灭商品经济、急于向共产主义过渡时，带有自给自足农业经济的空想色彩。

实践中的挫折教育了我们。1958 年 11 月第一次郑州会议，毛泽东开始纠正"共产风"。他批评陈伯达要废除商品经济的观点，指出社会主义时期废除商品是违背经济规律。他在一次批语中指出："算账才能实行那个客观存在的价值法则，这个法则是一个伟大的学校，只有利用它，才有可能建设我们的社会主义和共产主义。否则一切都是不可能的"。毛泽东关于社会主义时期商品经济、价值法则客观必然性的论断，真可谓是空谷足音，是前所未有的，表现了他卓越的才智。然而，令人遗憾的是，这位时代的伟人终跳不出时代的束缚；他没能摆脱当时苏联东欧社会主义各国急于向共产主义过渡的影响。他仍然认为，如果不是用三四年或五六年时间，而是用两个五年计划，人民公社就会由集体所有制过渡到全民所有制；用十五年、二十年或更多一些时间，"社会主义公社就将发展成为共产主义的公社"这样，在毛泽东看来，商品经济、价值法则的寿命，至多也只有十五年、二十年或更多一些时间。尽管如此，毛泽东关于商品生产、价值法则的论述，仍表明党在挫折时期对商品经济的认识又前进了一步。

在这个时期，毛泽东读《苏联社会主义经济问题》和苏联《政治经济学教科书》谈话记录，以及刘少奇在政治经济学读书会上的发言，都是珍贵的历史文献，真实地记录下党对社会主义时期商品经济探索的足迹。

当时，毛泽东、刘少奇确实发表了一些闪烁着真理光辉的见解。首先，毛泽东、刘少奇在马克思主义经济史上第一次使用了"社会主义商品生产"的提法。毛泽东指出："商品生产和资本主义相联系，是资本主义商品生产，商品生产和社会主义相联系，是社会主义商品生产"。刘少奇也说过："社会主义商品的性质基本上改变了，所以要利用商品和价值规律，是为社会主义服务。"他们都在试图分清资本主义商品经济同社会主义商品经济之间的区别与界限。这些认识，在今天看来可能还显得不够深刻，但在当时确是振聋发聩的宏论。

其次，毛泽东、刘少奇对商品存在的条件及积极作用作出阐述。斯大林认为，"有两种所有制就有商品生产"。刘少奇更进一步指出："两种所有制和按劳分配，都是商品存在原因""只要不消灭按劳分配，商品生产就不能取消"。比斯大林的认识更全面一些。毛泽东则指出："商品生产的命运，最终和社会生产力的水平有密切关系。因此，即使是过渡到了单一的社会主义全民所有制，如果产品还不很丰富，某些范围内的商品生产和商品交换仍然有可能存在。"比斯大林的认识更富有远见。

最后，毛泽东、刘少奇多次明确表示，不同意斯大林商品生产只局限于生活资料的观点，认为有些生产资料也属于商品，从而扩大了社会主义商品经济的范围。

然而，历史也留下了社会主义商品经济探索者失误的足迹。首先，毛泽东并没有放弃消灭商品经济、急于向共产主义过渡的思想。他当时还不可能认识到，只有大力发展商品经济，才能为过渡到共产主义创造巨大的物质基础；其次，毛泽东错误地批判个人物质利益原则。他认为，只强调物质利益，会"引导人走个人主义"；甚至认为彻底贯彻按劳分配，会"带来个人主义危险"。所以，毛泽东对于我国的商品生产和商品交换，还充满了忧虑。

"调整、巩固、充实、提高"八字方针的贯彻执行，尊重了商品生产和商品交换的法则，尊重了按劳分配和劳动者个人物质利益原则，因而国民经济得到了比较迅速的恢复和发展。但在毛泽东看来，这带有复辟资本主义的性质。他曾严厉批评国民经济调整时期所采取的"三自一包"，是修正主义者复辟资本主义的国内纲领。毛泽东对社会主义商品经济偏狭认识，和他的阶级斗争扩大化的理论，融合为一体，成为他发动"文化大革命"的错误理论根源之一。

1966 年 5 月，毛泽东写下了著名的"五·七指示"，描绘出他所向往追求的理想王国。"文化大革命"中的所谓的由"天下大乱"到"天下大治"，就是要创建这样一个理想王国。然而，这却是一个半封闭式、小而全、扼制商品经济、不讲个人利益的社会组织结构。在毛泽东看来，这种社会虽然经济上不发达、人民生活还不富裕，但它铲除了和正在铲除商品生产、价值规律、按劳分配等资产阶级权利，所以它是纯洁的、公平的、理想的。

1974 年 12 月 26 日，毛泽东对周恩来说："我国现在实行的商品制度，工资制度也不平等，有八级工资制等。这只能在无产阶级专政下加以限制。所以，林彪一类如上台，搞资本主义制度很容易"。① 很显然，毛泽东把商品经济、按劳分配当作复辟资本主义的土壤和温床。"文化大革命"，毛泽东就是要清除资本主义在我国复辟的土壤和温床。又因为，并不能马上就消灭商品经济，停止实行按劳分配原则，所以，毛泽东认为"文化大革命"今后还要进行多次，一直到彻底铲除商品经济、按劳分配等资产阶级权利，进入到实行产品生产、按需分配的共产主义社会。毛泽东——这位擘画中国革命的历史巨人，却堕入社会主义商品经济的迷宫，导致他领导我国社会主义建设中的失误。

党的十一届三中全会，恢复了实事求是的思想路线，使我们党对社会主义时期商品经济的探索得到健康发展。党的十二届三中全会，通过了《中共中央关于经济体制改革的决定》，我们党终于找到了大力发展计划商品经济的社会主义建设的正确道路。党的十三大，提出了社会主义初级阶段的理论，为在我国建立起社会主义计划商品机制，进一步提供了理论依据。

回顾党对社会主义商品经济认识、探索的历程，无论是 1958 年企图通过生产上的"大跃进"、过早地用产品生产代替商品生产；还是"文化大革命"通过阶级斗争、对商品生产在"无产阶级专政条件下加以限制"，都是注定要失败的。在人类历史上，经济形式的发展要经历三大阶段，即自然经济、交换经济（商品经济）、产品经济（自由联合经济）。我国没有经历过资本主义商品发展时期，因此，社会主义时期发展商品经

----

① 中共中央党史研究室：《中共党史大事年表》，第 390 页。

济的历史任务更是异常繁重、艰巨。当前改革、开放的实质，就是要大力发展商品经济。

载《唯实》（中共江苏省委党校）1988 年第 6 期

加强执政党建设的一次尝试

——评 1957 年整风运动

1957 年党的整风运动由于后来犯了反右派斗争严重扩大化的错误，人们比较注意对于反右派斗争的研究，而忽视了对于这次整风运动的思考、研究。笔者认为，这次整风运动虽然没有达到预期的目的，但却是加强执政党思想建设、组织建设、作风建设的一次尝试。它同党的八大，毛泽东的《论十大关系》《关于正确处理人民内部矛盾的问题》，都是毛泽东领导全党对于社会主义建设道路的有益探索。毛泽东关于这次整风运动的正确指示、要求，对于我们今天加强执政党的建设，密切联系群众，端正党风，正确处理党同人民群众之间的关系，调动一切积极因素，同心同德建设有中国特色的社会主义，仍然具有重要的指导意义。

一 毛泽东为什么要开展整风运动

1956 年 9 月 15 日，毛泽东在党的"八大"开幕词里就指出：1942 年整风运动，加强了党内马克思列宁主义的教育。现在比起整风运动以前，我们党的马克思列宁主义的思想水平已经提高了一步，但是，我们还有严重的缺点，在我们许多同志中间，仍然存在着违反马克思列宁主义观点和作风的情况。他提出要加强党内思想教育，开展整风运动。1956 年 11 月 15 日，在八届二中全会上，毛泽东宣布要在全党开展一次整风运动，并说："整风是在我们历史上行之有效的方法。以后凡是人民内部的事情，党内的事情，都要用整风的方法，用批评和自我批评的方法来解决"。1957 年 3 月 8 日，毛泽东在同文艺界人士谈话时，又一次提到党要开展整风运动，并说中央委员会要开个会，发一个指示，今年准备，明年开始。3 月 12 日，毛泽东《在中国共产党全国宣传工作会议上的讲话》中，第五个问题是专门谈整风问题的。他说："中国的改革和建设靠我们来领导。如果我们把作风整顿好了，我们在工作中间就会更主动，我们的本事就会更大，工作就会做得更好"。3 月 18 日，毛泽东在山东省级机关党员干部会议上讲话时指出：要通过整风，把我们党艰苦奋斗的传统好好发扬起来。3 月 20 日，毛泽东在上海市委党员干部会议上满怀信心地说："这次整风，估计会使我们党得到相当大的进步。"

毛泽东为什么会选择这个时机提出要开展全党整风运动？

首先，是为了在历史的转折时期，用党的政治路线统一全党的思想认识，齐心协力搞好经济建设。

1956 年 9 月，中国共产党召开了第八次全国代表大会。这次大会正确分析了生产资料私有制社会主义改造胜利完成之后，国内的政治形势和阶级关系的新变化，指出：国内的主要矛盾已经不再是无产阶级同资产阶级之间的矛盾，而是人民群众对于经济文化迅速发展的需要同当前经济文化不能满足人民群众需要的状况之间的矛盾；全国人民的主要任务是集中力量发展社会生产力，实现国家工业化，满足人民群众的经济文化需要。虽然还有阶级斗争，还要加强人民民主专政，但其根本任务已经是在新的生产关系下面保护和发展生产力。党的"八大"，对于国内主要矛盾的正确认识和主要任务的确认，为党制订出了正确的政治路线。毛泽东在这个时候提出全党整风，就是为了要把全党的思想统一到八大正确路线上来，集中力量，搞好经济建设。

整风运动前夕，毛泽东多次在一些党员干部会议上发表谈话说：大规模的群众性的阶级斗争已经基本结束，现在我们全党要搞建设，要学会到大学里头当教授，要学会在科研机关里头做试验，研究科学。要学会当工程师，当技术员，当医生。跟自然界作斗争，率领整个社会跟自然界作斗争，要把中国的面貌加以改变。毛泽东还模仿党内一些同志的语气幽默地说："同志！我也有套本领叫阶级斗争喽。哈哈！你不要老是看我们不起哎！老子也是干了几十年的哟。"接着，毛泽东又奉劝这类同志说："但是我们老是讲这个话，就不那么好了，因为人家承认你一条，他说你政治行，军事行，你是干了几十年，你是辛辛苦苦，那是没问题的，功劳簿上有我们的名字。但是，同志啊！现在大学里教书是怎么教啊？医院里怎么开刀啊？中学怎么办啊？科学技术问题怎么解决啊？原子物理是什么东西？……我们才开始学习"①。毛泽东启发大家说："现在正处在这么一个转折时期，……由革命到建设，由过去反帝反封建的革命、社会主义革命，到技术革命、文化革命②。希望同志们能努力学习掌握建设社会主义的科学文化知识。"毛泽东的这些讲话反映了他当时要把全党工作中心转移到经济建设上来的思想。

其次，是为了教育全党，学会正确处理人民内部矛盾，以便调动一切积极因素，把我国建设成为社会主义强国。

1957年2月27日，毛泽东在最高国务会议第11次（扩大）会议上发表了《关于正确处理人民内部矛盾的问题》的讲话，适时提出了正确处理人民内部矛盾的问题是国家政治生活的主题。毛泽东认为：社会主义社会的基本矛盾，仍然是生产关系和生产力之间、上层建筑和经济基础之间的矛盾。只是资本主义社会的基本矛盾是对抗性的，而社会主义社会的基本矛盾是非对抗性的，可以通过自身的调节来不断加以完善。在我国，生产关系和生产力之间、上层建筑和经济基础之间基本上是相适应的；但是，由于社会主义制度才刚刚建立，还有许多不完善的地方，因此，生产关系和生产力之间、上层建筑和经济基础之间还有许多不相适应、相矛盾的地方。这些不相适应、相矛盾的地方一般表现为人民内部矛盾。从另一视角分析问题，毛泽东又认为，人类同自然界的斗争总是通过社会来进行的，通过一定的生产关系来进行的。因此，在我国人民对于建立先进工业国的要求同落后农业国的现实之间的矛盾，人民对于经济文化迅速发展的需要同当前经济文化不能满足人民需要的状况之间的矛盾，在现实社会生活中一般仍然表现为人民内部矛盾。由于社会基本矛盾将会长期存在，由于"八大"确定发展社会生产力的任务在短时期内不可能完成，因此人民内部矛盾将会大量出现。我们党必须学会正确处理这些矛盾，转化消极因素，调动积极因素，才能更好地领导人民群众进行社会主义建设。毛泽东认为，生产资料所有制社会主义改造完成之后，大规模的群众性的阶级斗争虽然已经基本结束，但是意识形态领域的阶级斗争，无产阶级思想同

---

① 毛泽东：《在天津市党员干部会议上的讲话》，1957年3月17日。

② 毛泽东：《在南京部队和江苏、安徽两省党员干部会议上的讲话》，1957年3月20日。

资产阶级思想之间的矛盾、斗争，还是长期存在的。而在我国，无产阶级同民族资产阶级之间的矛盾、斗争，无产阶级思想同资产阶级思想之间的矛盾、斗争，一般属于人民内部矛盾。毛泽东还认为，人民内部思想意识的问题，只能够用说服教育的办法，以理服人，而绝不能采取压服的办法。因此，毛泽东在这时提出全党整风，也是为了教育全党学会正确运用处理人民内部矛盾的方法，去处理意识形态领域中错综复杂的矛盾和斗争。

我们党是在长期的阶级斗争环境中成长发展起来的，党的各级领导干部习惯于从事阶级斗争，而不善于处理人民内部矛盾问题。因此，毛泽东认为有必要开展整风运动，使我们的干部在实践中学会正确处理人民内部矛盾问题，从而不仅使我国的经济建设有一个安定团结的环境，而且有利于调动一切积极因素，加快社会主义建设。

再次，是为了发扬党的光荣传统，克服官僚主义、宗派主义、主观主义，进一步密切党同人民群众的联系。毛泽东认为只有克服官僚主义、宗派主义、主观主义，才能正确处理好党同人民群众之间的矛盾，密切党群关系。在大量的人民内部矛盾中，毛泽东最为重视的还是人民群众同我们党之间的矛盾，即领导者同被领导者之间的矛盾。"由于国内的敌我矛盾已经基本解决，人民群众和他们的领导者之间的矛盾，就在新的历史条件下显露出来了。人民群众是直接参加生产劳动（主要是体力劳动）而一般地难于直接行使管理权力的，他们容易着重于从当时当地的局部情况去观察问题，容易重视目前利益和局部利益，而比较难于了解建设中的困难；人民群众的领导者直接行使管理权力而一般地难于参加体力劳动，他们一般地比较能够看到长远利益和整体利益，而比较容易疏忽各部分人民群众的具体情况和切身要求。这两部分人之间是必然有矛盾的，但是这种矛盾是根本一致中的矛盾"。但是，"领导者愈是注意联系群众。保持和发扬实事求是的群众路线作风，随时发现和解决人民群众中的问题，这种矛盾就愈小；如果脱离群众，染上官僚主义习气，不解决或不正确地解决人民群众中的问题，这种矛盾就愈大"①。因此，毛泽东希望通过整风运动，克服官僚主义，来密切党同人民群众之间的联系。

---

① 《中共中央关于处理罢工、罢课问题的指示》，1957 年 3 月 25 日。

二　毛泽东领导开展整风运动的过程

1957 年 4 月初，中共中央起草了《关于整风运动的决定》（草案）。4 月 9 日，毛泽东作了修改。后此草案因故未能下发。中共中央又重新起草了《关于整风运动的指示》（初稿）。4 月 27 日，陈云主持召开政治局会议，讨论通过了这个文件。同日，毛泽东为中央起草了《关于即将发出整风、党政主要干部参加体力劳动的指示和请各地分析研究党与人民群众各项具体矛盾的通知》。4 月 28 日，毛泽东对整风指示（初稿）又作了修改，并准备在 5 月上旬或中旬公开发表。4 月 29 日，毛泽东召集刘少奇、周恩来、陈云、邓小平、彭真等专门讨论开展整风运动问题。4 月 30 日，毛泽东在天安门城楼约集各民主党派负责人和无党派人士召开座谈会，就整风问题吹吹风，并征询意见。参加座谈会的有刘少奇、周恩来、朱德、陈云、邓小平、彭真等和各方面党外人士共 44 人。毛泽东在会上说：整风当中"揭露出来的矛盾在报上发表，可以引起大家的注意，不然官僚主义永远不能解决"。他还提出：在大学设立校务委员会和教授委员会，由校务委员会管行政，教授委员会管教学。毛泽东就整风运动的目的、意义，向各民主党派、无党派人士作了说明，并真诚欢迎党外人士向党提意见，帮助党开展整风①。1957 年 4 月 27 日，中共中央发出《关于整风运动的指示》，指出：我们的国家"正处在一个新的剧烈的伟大的变革中，社会的关系根本变化了，人们的思想意识也在随着变化。我们的党和工人阶级要能够进一步更好地领导全社会的改造和新社会的建设，要能够更好地调动一切积极力量，团结一切可以团结的人，并且将消极力量转化为积极力量，为着建设一个伟大的社会主义国家的目标而奋斗，必需同时改造自己"。因此，中央认为有必要"在全党进行一次普遍的、深入的反官僚主义、反宗派主义、反主观主义的整风运动"。《指示》要求：这次整风要以毛泽东的《关于正确处理人民内部矛盾的问题》和《在中国共产党全国宣传工作会议上的讲话》为指导思想，以正确处理人民内部矛盾为主题，来检查党的各级领导干部的工作。在

---

①　毛泽东：《约集各民主党派负责人和无党派人士谈话纪要》，1957 年 4 月 30 日。

方法上，既要严肃认真，又要和风细雨，要恰如其分地开展批评和自我批评，不要开批判大会或斗争大会。《指示》还提倡各级党政军有劳动力的主要领导人员，拿出一部分时间同工人农民一起参加体力劳动，并要逐步形成一种永久性的制度，以便彻底改变许多领导人脱离群众的现象。5月2日，人民日报根据毛泽东的意见发表了社论《为什么要整风？》。社论指出：这次整风运动，"实质上是党的第八次全国代表大会决议的继续""跟1942年的整风运动保证了我国人民革命斗争的胜利一样，目前的整风运动将保证我国的社会主义事业的胜利"。至此，整风运动在全党开始。

整风运动初期，毛泽东再三告诫全党要以正确的态度对待批评。5月3日。毛泽东在接见外国代表团时介绍整风运动说：共产党的缺点可以公开批评，人民政府的缺点也可以公开批评。要使公开批评成为习惯，言者无罪。5月4日，毛泽东为中央起草了《关于继续组织党外人士对党政所犯错误缺点开展批评的指示》，肯定目前党外人士提出批评意见，是"极为有益，应当继续展开"。5月10日，解放日报发表了《大胆揭露矛盾，帮助党内整风》（部分中、小学教师座谈会纪要）。纪要主要揭露了党的工作脱离群众的种种情况。毛泽东阅后写下一段批语："少奇、恩来、小平、彭真同志阅。这一版值得过细一看，不整风党就会毁了"。毛泽东痛感这次开展整风运动是十分必要的。同日，中共中央发出《关于各级领导人员参加体力劳动的指示》，指出："领导者参加生产劳动，同群众打成一片，有利于及时地、具体地发现和处理问题""比较容易地避免和克服官僚主义，宗派主义，主观主义的许多错误"。要求"包括中央委员在内的各级党委、政府和人民团体中的党的主要干部，除年老体弱者外，每年都应抽一定时间参加体力劳动"。5月14日，中共中央发出了《关于报道党外人士对党政各方面工作的批评的指示》，一方面再次肯定了党外人士提批评意见，对于我们改进作风，消除同党外人士的隔阂，有积极意义；另一方面又指出，这样做还可以在群众中间"暴露右倾分子"。要求目前对于右倾分子的言论不要反驳，并继续把他们的言论"必须原样地、不加粉饰地报道出来"。5月16日，毛泽东为中央起草了《关于对待当前党外人士批评的指示》，指出党外人士的批评，"百分之九十的是正确的"（还特别指出北京大学化学教授傅鹰的意见是正确的，但后来傅鹰被错划为右派分子）。

根据毛泽东的要求，中央统战部于 5 月 8 日—6 月 3 日，先后召开了 13 次民主党派和无党派人士座谈会，有 70 余人发言。在座谈会上，民主人士对党和政府的工作提出了许多正确的意见和建议。如张奚若提出共产党内滋长了骄傲自满情绪，主要表现是好大喜功（误以为社会主义就是大），急功近利（强调速成，把长远的事用速成的办法去做），鄙视既往（轻视历史的继承性，一切搬用洋教条），迷信将来（认为一切都是好的，都是等速发展的，将来还没建立起来，就把过去都打倒）。陈叔通发言中认为："矫枉必须过正"是否永远都是金科玉律，值得怀疑。刘斐、杨明轩提出：党政必须分开，不能以党代政。熊克武等人提出：要发扬民主，健全法制，抓紧制订民法、刑法和各种单行法规。还有人提出，要重视发挥党外人士、工商界和知识分子的作用，建立起必要的规章制度，使党外人士、私方人员有职有权。办大学要依靠专家学者；健全人事制度，改进人事工作，任人唯贤，党内外干部应一视同仁；要为民主党派创造"长期共存，互相监督"的条件，让他们了解政策和情况，帮助他们发展成员，解决干部、经费等方面的问题，等等。与此同时，中央统战部和国务院第八办公室联合召开了 25 次工商界人士座谈会，有 108 人次发言。国务院各部委、各省市委和一些高等院校党委，也相继召开党外人士座谈会，请他们帮助党整风。应该说大多数党外人士的意见是诚恳的、有益的，对于党的整风运动起了促进作用。

然而，在整风运动中，也有极少数右派分子错误估计了当时的形势，放肆地向党发起进攻。他们说什么"现在学生上街、市民跟上去""形势十分严重"，共产党已经"进退失措"；攻击社会主义制度不如资本主义制度，没有优越性；诬蔑"现在政治黑暗，道德败坏，各机关都是官僚主义，比国民党更坏"，整个形势"一团糟"；全盘否定社会主义改造和社会主义建设，公开要共产党退出机关、学校，公方代表退出公私合营企业，要"从根本上改变社会主义制度"……右派分子的猖狂进攻，再加上当时采取大鸣大放的形式，报刊上刊登了右派分子的反动言论，一些地方还出现了群众集会，贴大字报，一时形势显得比较紧张。

毛泽东在召开民主人士座谈会之初，并有要"引蛇出洞"、开展反右派斗争的打算。但当他听到统战部部长李维汉汇报说，有人要"轮流坐庄"，搞"海德公园"时，说他们这样搞，将来会整到自己头上。决定把座谈会的发言，包括右派分子的言论，都在人民日报发表，暂时不要反驳。后来，李维汉汇报说，有民主人士认为：党外人士给共产党提意见，是"姑嫂吵架"。毛泽东说：不对。这不是姑嫂，是敌我。5 月 15 日，毛泽东写了《事情正在起变化》，作为党内文件下发，开始准备转入反右派斗争。后来，整风运动由于反右派斗争严重扩大化的干扰，未能达到预期的目的。至 1958 年夏，整风运动结束。

三　历史的沉思

通过上述对整风运动的回顾与考察，可见这次整风运动确是毛泽东加强执政党建设的一次尝试。我们从毛泽东领导这次整风运动的指示、要求中不难发现，他原来打算在政治思想、组织、作风等诸方面，全面加强党的建设。

在政治思想方面，把全党的思想统一到八大正确路线上来，把党的工作中心转移到经济建设上来，要求全党努力学习科学文化知识，学习建设社会主义的本领；以《关于正确处理人民内部矛盾的问题》的理论武装全党，使党的各级领导干部能够正确认识国家政治生活的主题，正确处理人民内部矛盾问题，正确处理意识形态领域无产阶级同资产阶级之间的矛盾和斗争，正确对待、处理群众中闹事问题；自觉接受人民群众的监督，克服官僚主义、宗派主义、主观主义，防止产生贵族阶层。在组织方面，遵照八大的路线，自觉接受苏联党斯大林的教训，进一步扩大民主。与民主党派实行"长期共存，互相监督"，加强政治协商会议的职能，请党外人士提批评意见，自觉接受党外人士的监督；发挥报纸的舆论监督作用（当时毛泽东曾指示把党外人士对党和政府的意见，刊登在报纸上，认为"不然官僚主义永远不能解决"）；在工厂试行常任的职工代表会议制度，"作为群众参加企业管理和监督行政的权力机关"①；在高等院校设立校务委员会和教授委员会，校务委员会管行政，教授委员会管教学；各级党的

----

① 《中共中央关于处理罢工、罢课问题的指示》，1957 年 3 月 25 日。

领导干部参加体力劳动，要成为一种制度。这些设想或措施，同毛泽东在八大提出废除干部终身制，自己不当国家主席、党中央主席，都是毛泽东加强执政党组织建设的重要内容。

在作风方面，发扬党的优良传统，进一步密切联系群众。以批评和自我批评的作风，虚心对待群众的意见和批评，不断改进工作，以提高在人民群众中的威信；领导干部深入群众，特别是参加体力劳动，保持同人民群众的密切联系；克服官僚主义、宗派主义、主观主义，密切同人民群众之间的联系；克服争名争利的思想意识，发扬艰苦奋斗的作风。

可以设想，如果这次整风运动不出现意外而达到预期的目的，那么，我们的党在政治思想上、组织上、作风上，必将更加适应社会主义全面建设的需要，更加适应执政党的环境和地位。我们的党确实会如同毛泽东所期望的那样，通过这次整风运动，"有相当大的进步"；这次整风运动也确实是"党的第八次代表大会决议的继续"；这次整风运动也确实会像"1942年整风运动保证了我国人民革命斗争的胜利一样""保证我国的社会主义事业的胜利"。今天，当我们回顾这段历史的时候，令人不禁赞叹毛泽东在社会主义改造刚刚完成不到一年时间，对于如何加强执政党的建设，就提出了如此丰富的宝贵思想。这充分反映出他卓越的领导才能和睿智的思想。毛泽东关于这次整风运动所提出的种种措施、设想，是给后人留下来的一份珍贵遗产。

令人十分惋惜的是，反右派斗争严重扩大化的错误，同这次整风运动原来毛泽东所期望的目标正相反，使党的工作中心逐步转移到阶级斗争方面去，逐步把大量的人民内部矛盾错当成敌我矛盾处理，把意识形态领域无产阶级同资产阶级之间的矛盾、斗争，当作敌我矛盾去处理，不能虚心倾听人民群众的意见，把向党提意见、甚至向党的某一位领导干部提意见，错当作"反党、反社会主义"。结果党的民主作风大大削弱，官僚主义、宗派主义、主观主义更加严重，党同人民群众的关系遭到严重破坏。这个沉痛的教训，至今令人难忘。

社会主义建设道路并没有人事先替我们设计好，是毛泽东领导我们党去开拓、探索。既然是探索，出现失误、曲折是难免的（当然失误、曲折的大小，有领导者个人的因素）。因此，我们不应该苛求前贤，我们应当通过对于历史的研究，明辨事理，自觉继承毛泽东的遗产（无论正确或失误、经验或教训，都是我们党继续前进的财富）。今天，回顾毛泽东关于 1957 年整风运动的正确指示和要求，对于我们学习邓小平关于新时期加强执政党建设的理论，有着重要的启迪作用。

马克思"共产主义社会两个发展阶段"理论与"大跃进"运动

　　众所周知，1958 年"大跃进"运动的目标不仅是实现社会主义工业化，更主要的是早日过渡到"共产主义"。当年 8 月北戴河会议通过的决议中写道："看来，共产主义在我国的实现，已经不是什么遥远将来的事情了，我们应该积极地运用人民公社的形式，摸索出一条过渡到共产主义的具体途径"。[①] 直到第一次郑州会议后，毛泽东虽然批评了急于向共产主义过渡的急躁情绪，但仍坚持认为：在 15 年、20 年或者更多一些时间以后，社会主义公社就将发展成为共产主义的公社。[②] 他曾自信地说：共产主义分两个阶段，从马克思讲起已有 100 多年了，全国胜利也有 9 年了。所以说这个问题并不是不成熟，应该说答复这个问题的条件是成熟的。为什么毛泽东当时会认为：依据马克思"共产主义社会两个发展阶段"理论，领导全国人民建成社会主义、过渡到共产主义的问题已经"成熟"了？毛泽东究竟是如何理解"共产主义社会两个发展阶段"理论的？这个理论与"大跃进"运动之间究竟存在怎样的关系呢？这很值得我们进行一番研究、探讨，以便深层次地揭示出毛泽东发动"大跃进"运动的理论动因与误区，使后人能以历史唯物主义态度正确地对待毛泽东这位伟大的马克思主义者。

一

　　马克思最初设想，无产阶级推翻了资产阶级的反动统治之后可以直接

---

①　《人民日报》1958 年 9 月 10 日。
②　毛泽东在第二次郑州会议上的讲话（1959 年 3 月）。

建立人类最美好的共产主义社会制度。他在《1844年经济学哲学手稿》中写道："共产主义是最近将来必然的形式"。当时马克思、恩格斯都是以"共产主义"作为自己学说的名称，来表达自己学说对未来社会的阐述和坚定信念。"社会主义"最初被认为是一种资产阶级空想思潮。后来，到了60年代后期，马克思完成了历史巨著《资本论》手稿，科学而缜密地剖析了资本主义社会，使自己对未来社会的预测与阐述，有了更坚实的理论基础。以后又经过1871年法国无产阶级巴黎公社革命的生动实践，马克思提出了"共产主义社会两个发展阶段"理论。1875年他在《哥达纲领批判》一文中表示：无产阶级掌握国家政权之后，起初只能过渡到"共产主义第一阶段"；只有"在迫使人们奴隶般地服从分工的情形已经消失，从而脑力劳动和体力劳动的对立也随之消失之后；在随着个人的全面发展生产力也增长起来，而集体财富的一切源泉都充分涌流之后，——只有在那个时候，才能完全超出资产阶级法权的狭隘眼界，社会才能在自己的旗帜上写上：各尽所能，按需分配！"——过渡到"共产主义社会高级阶段。"1880年恩格斯发表了《社会主义从空想到科学的发展》一文，此后，马克思主义也被称为科学社会主义。直到列宁，才明确"共产主义社会第一阶段"即社会主义社会；"共产主义社会高级阶段"即共产主义社会。

上述马克思、恩格斯关于"共产主义社会两个发展阶段"理论的提出与阐述，会让人理解为社会主义社会不会是一个太长的历史阶段。然而由于19世纪末20世纪初资本主义发展到了帝国主义阶段，经济落后的俄国和东方殖民地半殖民地国家成为帝国主义统治薄弱地区和世界矛盾的焦点，无产阶级革命并没有在西方资本主义国家首先胜利，而在前资本主义的小生产占优势的国家建立起社会主义制度。因此，科学社会主义的理论与实践之间出现了一个巨大的反差。尽管如此，马克思"共产主义社会两个发展阶段"理论，为人类社会发展指出了总的历史趋势，仍然具有非常久远的指导意义。马克思、恩格斯还根据对资本主义社会实际情况和发展趋势的分析，对未来社会的发展曾作过若干推断和预测。这主要包括以下几个方面：

第一，马克思曾预言，在未来社会里劳动者"在一个集体的、以共同占有生产资料为基础的社会里，生产者并不交换自己的产品；耗费在产品生产上的劳动，在这里也不表现为这些产品的价值，不表现为它们所具有的某种物的属性"。明确主张在"共产主义社会第一阶段"——社会主义社会，废除一切私有制，实行单一的公有制；废除商品生产，实行统一的计划产品生产。

马克思在对于商品生产、等价交换的研究中，天才地发现了剩余价值，从而揭露了资本主义私有制的罪恶根源。那时资本主义市场既缺乏宏观调控，又没有先进的技术手段及时掌握商品行情，生产处于无政府混乱状态。一方面商品过剩，另一方面工人阶级无钱购买；资本家为了保持商品价格与利润，把大批商品销毁，而工人阶级却饥寒交迫，生活难以为继。因此，马克思设想在未来社会里，产品生产将代替商品生产，计划经济代替市场经济。马克思从实际出发得出的结论，被后来的实践证明具有一定真理性。

第二，马克思认为，"共产主义社会第一阶段""不是在它自身基础上已经发展了的，恰好相反，是刚刚从资本主义社会中产生出来的，因此它在各方面，在经济、道德和精神方面都还带着它脱胎出来的那个旧社会的痕迹"。马克思对于"旧社会的痕迹"的阐述，主要有两个方面：一是"按劳分配"原则；二是"迫使人们奴隶般地服从分工"及其所带来的工农、城乡、脑力劳动与体力劳动之间的差别。

马克思认为：在共产主义社会第一阶段里，虽然废除了商品生产，但"等价交换"原则却仍然在劳动成果的分配中实行，"即一种形式的一定量的劳动可以和另一种形式的同量劳动相交换""所以，在这里平等的权利按照原则仍然是资产阶级的权利"。此外，马克思还认为按劳分配"默认不同等的工作能力是天然特权"，会带来劳动者消费品分配"份额"上的差别，因此仍"是一种不平等的权利"。只有当生产力高度发达、社会财富极大丰富，人们的思想觉悟极大提高，才能由按劳分配过渡到按需分配，进入到"共产主义社会高级阶段"。

马克思还认为，在"共产主义社会第一阶段"里，"迫使我们奴隶般地服从分工"是旧社会遗留下来的又一大弊病。因为"社会活动的这种固定化，我们本身的产物聚合为一种统治我们的、不受我们控制的、与我们愿望背道而驰的并且把我们的打算化为乌有的物质力量""而在共产主义社会里，任何人都没有特定的活动范围，每个人都可以在任何部门内发展，社会调节着整个生产，因而使我有可能随我自己的心愿今天干这事，明天干那事，上午打猎，下午捕鱼，傍晚从事畜牧、晚饭后从事批判，但并不因此就使我成为一个猎人、渔夫、牧人或批判者"。也只有当人们摆脱了"奴隶般地服从分工"，工农、城乡、脑力劳动同体力劳动之间的差别，"也随之消失"。到这时，"劳动已经不仅仅是谋生的手段，而且本身成了生活的第一需要""在随着个人的全面发展生产力也增长起来，而集体财富的一切源泉都充分涌流"出来。

马克思关于劳动是人们"生活的第一需要"的论述，应该是人类社会进步与发展的崇高目标。但是，他关于劳动者掌握各种劳动技能、随时随地选择自己所喜欢的工作的阐述，虽然符合他那个时代社会生产力水平，可是，以今天生产力发展水平来看，许多劳动技能已经科学化、复杂化了，劳动者已经不可能掌握许多的劳动技能而随意改换自己的工作。

第三，马克思原来设想，"共产主义社会第一阶段"——社会主义应该首先在西欧发达资本主义国家建立；共产主义应该建立在资本主义大机器生产基础之上，共产主义社会生产力是比资本主义社会化大生产更高层次的发展。然而，马克思毕竟生活在一个多世纪前的资本主义社会，那时的社会生产力同今天相比还显得比较落后，英法德美四国的铸铁年总产量不过五六百万吨。马克思笔下的共产主义劳动者还只是从事打猎、捕鱼、畜牧或思想批判等项工作，仍然是一个生产力还不算发达的社会。可是，现代的社会主义建设者如果轻视社会化大生产的物质基础，急于向共产主义社会过渡，就会犯极大的错误。

二

伟大的革命导师列宁，发现了资本主义经济政治发展不平衡的规律，在经济不发达的俄国领导无产阶级革命取得了胜利，从而大大发展了马克思关于无产阶级革命的理论。然而，他在对社会主义建设经验一无所有的情况下，曾经一度准备向共产主义过渡。十月革命胜利后，苏维埃政权实行"战时共产主义"政策，准备取消商品生产与交换，在全国组织"消费公社"，实行平均主义的分配政策。到1921年春天，列宁在挫折面前总结了经验教训，开始实行新经济政策。他在回顾这段历史时，曾经直言不讳地说："我们原来打算（或许更确切些说，我们是没有充分根据地假定）直接用无产阶级国家的法令，在一个小农国家里按共产主义原则来调整国家的生产和产品分配。现实生活说明我们犯了错误。准备向共产主义过渡（要经过多年的准备工作），需要经过国家资本主义和社会主义一系列过渡阶段。不是直接依靠热情，而是借助于伟大革命所产生的热情，依靠个人兴趣，依靠从个人利益上的关心，依靠经济核算，在这个小农国家里先建立起牢固的桥梁，通过国家资本主义走向社会主义；否则你们就不能到达共产主义。"

列宁根据苏维埃俄国向共产主义过渡的初步经验教训，认为原来资本主义经济愈不发达的国家，无产阶级夺取政权后共产主义过渡就愈困难，所需要的时间就愈长久。他还提出从资本主义到共产主义的整个过渡时期，还可以分为若干小的过渡阶段，并第一次使用了"社会主义最初级形式"[1]与"发达的社会主义"[2]的概念。列宁这些提法和论述，虽然还只是零星的，缺乏比较深刻的阐述，没有形成理论原则，但他依据社会主义建设的实践补充、完善和发展马克思主义传统理论的科学态度，为后人树立了学习的榜样。

囿于历史条件的局限，列宁坚持商品经济同社会主义相对立、排斥的传统理论观点。十月革命胜利后，列宁认为无产阶级不仅要消灭资本主义商品经济，而且还要逐步取消小商品经济。列宁曾经表示：农民"每一次在自由市场上出售粮食、私贩粮食和投机倒把，都是在恢复商品经济，也就是在恢复资本主义"。他多次强调指出："小生产是经常地、每日每时地、自发地和大批地产生着资本主义和资产阶级的"，把小生产商品经济自发倾向，当成建立社会主义经济秩序的主要敌人。在实践中遭受挫折之后，列宁采取了新经济政策，将"余粮征集制"改为允许农民自由买卖粮食。这一正确政策，使苏维埃政权在小农经济占优势的俄国得到进一步巩固。但是，列宁在理论上仍坚持商品经济与社会主义相对立、排斥的传统观点。他认为，允许农民自由买卖粮食，允许小商品生产存在，仅仅是苏维埃政权在政策上的退却，退却到了"国家调节商品和货币流通"，退却到了国家资本主义；经过多年的准备，苏维埃政权具备了取消商品经

① 《列宁全集》第38卷，第37页。

② 《列宁全集》第30卷，第299页、第464页。

济的条件之后，再由国家资本主义过渡到社会主义。根据马克思关于按劳分配是资产阶级权利的论述，列宁认为："在共产主义下，在一定的时期内，不仅会保留资产阶级权利，甚至还会保留没有资产阶级的资产阶级国家"，把已经实行生产资料社会主义改造并继续实行商品经济的国家，称之为"没有资产阶级的资产阶级国家"。

列宁逝世以后，斯大林领导苏联人民建立起来的社会主义模式，基本上符合马克思列宁主义传统理论，初步显示出社会主义制度的优越性，表明马克思"共产主义社会两个发展阶段"理论不仅指明了人类社会发展的总趋势，而且依据当时客观情况对未来社会的具体推测和预言，也具有一定的真理性。这主要表现在：从十月革命胜利到第二次世界大战后，社会主义苏联的经济增长大大超过西方资本主义国家，经济落后的苏联一跃而成为世界上居第二位的超级大国。此外，面对帝国主义的严重威胁，斯大林利用了高度统一计划经济的优势，集中力量发展重工业，为战胜法西斯德国奠定了雄厚的物质基础，为人类的文明和进步作出了不可磨灭的贡献。

斯大林在长期领导社会主义建设实践中提出了自己的一些看法。晚年他在《苏联社会主义经济问题》一书中认为，"不能把商品经济同资本主义生产混为一谈"，商品生产在一定时期内可以为社会主义服务而并不引导到资本主义，但是，生产资料不能成为商品，商品经济只能存在于生活资料的生产、流通之中。斯大林还认为，在社会主义社会，国民经济有计划按比例发展的规律，代替了资本主义竞争和生产无政府状态的规律，但又认为，价值规律在个人消费的商品交换中，仍起着调节者的作用，在国民经济中它已经"没有调节的意义了"，可"它总还影响生产"。在这里，斯大林已经开始感觉到商品经济、价值规律在社会主义计划经济体制中所发生的作用。诚然，苏联社会主义模式虽然存在着这样那样的缺陷和不足，但它是历史的产物，曾经推动了人类社会的进步和发展。

三

第二次世界大战后至 50 年代中期，人类社会的经济活动，颇有东风压倒西风之势。以苏联和美国为例，战后苏联工业增长率年年在两位数字，有时甚至超过20%，而美国则出现了四次经济危机，工业负增长分别为 -16.2% 、 -7.7% 、 -7% 、 -6.5% 。美国尚没有摆脱危机——复苏——萧条——再危机……的恶性循环。那时，集中统一的计划经济体制显示出优势性，虽然其弊端已经开始显露，也为少数人所觉察（如中国经济学家孙冶方、苏联经济学家利别尔曼），但终因其严重性还不十分深刻，没有引起人们的足够重视。那时，资本主义国家虽然已经开始注意宏观调控，注意计划经济对市场经济的导向作用，开始配制先进的科学技术手段及时掌握市场行情，但尚没有建立起良性机制，在实践中还没有显示出会有后来的较快发展。所以，人们普遍认为资本主义的市场经济落后于社会主义的计划经济。因此，战后获得民族解放的第三世界国家也纷纷仿效社会主义建立计划经济体制。社会主义建设者依据当时世界经济实际情况，似乎更验证了马克思关于共产主义的传统理论：社会主义国家只要建立起统一的计划经济体制，自然而然地也就创造出比资本主义更高的生产力；战胜资本主义、建成社会主义、过渡到共产主义的历史任务，在不远的将来即可实现。1957年11月，苏共中央总书记赫鲁晓夫在各国共产党工人党代表大会上宣布：苏联将用15年的时间赶上超过美国，并过渡到共产主义。1961年苏共二十二大向世界正式宣布：苏联在20年时间内过渡到共产主义。

中华人民共和国建国头三年国民经济恢复时期，工农总产值以年均21.1%的速度递增。随后在第一个五年计划期间，我国的工业生产又以年均18%的速度增长。新中国七年的工业建设，远远超过旧中国一百年。我们同社会主义各国一样，经济增长走在西方资本主义各国前面。这种实践基础上产生的认识，很容易使中国共产党人同赶超资本主义、早日向共产主义过渡的急躁情绪产生共鸣，还不太可能产生更高明的主张，去纠正这种急躁情绪。

依据马克思关于共产主义的传统理论，公社实行工业化，逐步生产自己所需要的产品和与国家交换的产品，有利于逐步缩小商品生产，实行产品生产，有利于逐步消灭工农、城乡差别；公社实行工资制和供给制相结合的分配原则，有利于由按劳分配向按需分配过渡；全国实行教育与生产劳动相结合的教育方针，可以逐步培养出能文能武的共产主义劳动者，劳动者可以从事多种脑力劳动和体力劳动，逐步把人们从"奴隶般地服从分工"中解放出来，有利于消灭三大差别，并将会如同马克思所说的，"在随着个人的全面发展生产力也增长起来，而集体财富的一切源泉都充分涌流"出来，创造出巨大的物质财富。在毛泽东看来，人民公社是他把马克思关于共产主义的传统理论同中国的社会主义建设实践相结合的产物。在这里，他忽视了一个多世纪以来历史条件的巨大变化，把马克思根据当时情况所作的一些具体推测和预言教条化，过早地准备消灭商品经济、实行产品经济，过早地准备由按劳分配向按需分配过渡；在当代高科技的社会条件下，许多社会劳动已经复杂化了，仍然以为劳动者可以掌握多种劳动技能；忽视了一个多世纪社会生产力的巨大发展，轻视了共产主义社会所必需的物质前提，在物质条件尚不具备的情况下急于向共产主义过渡。

毛泽东曾经表示：两个过渡（即集体所有制向全民所有制过渡、社会主义向共产主义过渡）斯大林都没有找到很好的方法和道路，这对斯大林是件很苦恼的事。人民公社组织形式的出现，使毛泽东自信已经找到了两个过渡的方法和道路。因而他胸有成竹地表示：回答马克思提出向共产主义过渡的问题已经"成熟"了。

中国是一个具有两千年小农经济漫长历史的国家，农业空想社会主义有其生存、泛滥的土壤。人民公社初期带有浓厚平均主义色彩，把公共食堂、吃饭不要钱当成共产主义因素。有的地方打算经过两、三年试验，就匆忙过渡到"共产主义"，宣布到那时社员的衣食住行、生老病死、男婚女嫁等，都将由公社负责。不少干部误以为商品越少越接近共产主义，把农村的小商小贩、集市贸易和家庭副业，当成"资本主义尾巴"加以取缔。在"大跃进"运动中，当"共产风"、平均主义最盛行、最猖獗之时，是毛泽东最早察觉到问题的严重性，带领全党起来纠正这股"左"倾思潮。在1958年第一次郑州会议上，他批评了急于废除商品生产、实行产品调拨的错误主张，提出要划清集体所有制同全民所有制、社会主义同共产主义两种界限，推荐各级领导干部读一读《马思列斯论共产主义社会》和斯大林《苏联社会主义经济问题》，"使自己获得一个清醒的头脑"。随后，在武昌会议和八届六中全会上，毛泽东又指出：我们既然热衷于共产主义事业，就必须首先热衷于发展生产力，大力实现工业化，而不应当无根据地宣布人民公社"立即实行全民所有制"，甚至"立即进入共产主义"。那样做只能使共产主义伟大理想受到歪曲和庸俗化，助长小资产阶级平均主义倾向，而不利于社会主义建设的发展。诚然，利用人民公社组织形式向共产主义过渡本身带有空想色彩，但是毛泽东上述讲话，确实反映了他主观上力图用马克思主义来纠正党内小资产阶级狂热性，用共产主义传统理论来纠正农业空想社会主义。

党的八届六中全会通过《关于人民公社若干问题的决议（草案）》的说明要点，规定了我国建成社会主义、向共产主义过渡的标准是：实现社会主义的全面的全民所有制；实现国家工业化、公社工业化，农村电气化、机械化，钢的产量至少在一亿吨以上；彻底解决衣食住问题，达到郑州会议所设想的基本生活资料消费水平，建立居民点，解决住宅问题；实行 6 小时工作制；普及中等教育，使有条件的人都受到高等教育；基本上消灭了阶级。根据这些标准，毛泽东预计大约用 24—29 年的时间（从1949 年算起），可以建成社会主义，并为向共产主义过渡奠定了物质基础。上述标准和时间的规定，对于准备在两三年、五六年或七八年过渡到共产主义的急躁情绪，起了某种遏制作用。但是，由于从根本上犯了把马克思关于共产主义传统理论教条化的错误，既失去了科学理论的指导，又严重脱离了客观实际，因此仍然是不可能实现的。

1961 年，当苏共二十二大宣布 20 年内过渡到共产主义之际，毛泽东却在会见英国蒙哥马利元帅时说："在我国要建立起强大的社会主义经济，我估计要花一百多年"。第一次对力图在短时期内向共产主义过渡提出了否定意见。这反映毛泽东在初步总结经验教训的基础上，开始认识到社会主义建设长期性、复杂性、曲折性的本质特征。

综上所述，我们认为，毛泽东发动"大跃进"运动以及"大跃进"运动之所以能在我国兴起，有其诸多的社会历史原因，也有毛泽东个人主观上的因素；然而，不可否认，那个时期人类社会经济实践活动，还没有向人们展现出社会主义建设长期性、复杂性、曲折性的本质特征，马克思关于共产主义理论中一些推测性的预言被教条化，产生了误导作用，是其中一个十分重要的原因。

关于"七千人大会"的历史思考

    1962年初党中央召开的七千人大会（即扩大的中央工作会议），是党在开始全面建设社会主义时期一次极其重要的会议。对于这次会议，党史学界历来持积极肯定态度，认为大会对于积极贯彻调整国民经济"八字方针"，促进国民经济的恢复和发展，起了重大推动作用。近年来，有人开始研究这次会议的思想分歧，但笔者感到意犹未尽。毛泽东曾在1967年说过：多少年来，我们党内的斗争没有公开化。比如1962年1月，我们召开了七千人的县委书记以上干部大会，那个时候我讲了一篇话，我说修正主义要推翻我们，如果我们现在不注意不进行斗争，少则几年、十几年，多则几十年，中国会要变成法西斯专政。很显然，毛泽东的这番讲话，绝不仅是谈这次会议的思想分歧，而是把他同党内所谓修正主义的斗争的发端，追溯到七千人大会。这就提示后来者，在分析研究这次大会时，应该注意党内"没有公开化"的斗争，深入思考研究毛泽东何以会在那时提出防止"修正主义要推翻我们"的问题，进而分析当时中央领导层内部的思想分歧及其发展，以便多方面研究这次会议所产生的历史作用与影响，正确总结党的历史经验。

    一、会前令人不容忽视的背景之一：中央领导内部对"大跃进"的认识产生了分歧。

    1958年上半年，毛泽东通过批判"反冒进"，发动了经济建设上的"大跃进"运动。"大跃进"兴起时，只有陈云持保留意见，中央领导其他同志在认识上基本是一致的。至1959年庐山会议时，彭德怀首先对"大跃进"提出了批评意见，结果被当作右倾机会主义遭到错误批判。1960年夏，国民经济出现了严重困难，"大跃进"运动被迫下马。于是，周恩来、李富春提出了"调整、巩固、充实、提高"的八字方针，并在党的八届九中全会上被确定为调整国民经济的指导方针。1961 年 3 月，周恩来在中央工作会议小组发言时说："目前的毛病，还是我们发号施令太多，走群众路线太少。"实际上否认"大跃进"是正确的群众运动。同年 5 月，邓小平在中央工作会议上说："这几年农村的所有制、生产关系搞乱了，积极性大大降低。"并对人民公社化运动提出了批评意见。刘少奇也在这次会议上表示：造成国民经济严重困难的原因，"从全国范围来讲，有些地方，天灾是主要原因，但这恐怕不是大多数；在大多数地方，我们工作中间的缺点错误是主要原因。"可以说，当时在一线工作的大多数中央领导同志，面对"大跃进"运动所带来的严重后果，开始对"大跃进"抱怀疑或否定态度。毛泽东虽然曾带领全党纠正"大跃进"运动中一些具体的"左"的错误做法，但目的却是为了更好地坚持"大跃进"运动；毛泽东虽然同意调整国民经济"八字方针"，但只是把它看作暂时克服困难的权宜之计，在思想深处并没有摒弃"大跃进"运动所追求的共产主义蓝图。简而言之，在七千人大会前夕，围绕着"大跃进"运动，中央领导内部在认识上并不一致。

如果说，在庐山会议上彭德怀对"大跃进"的正确意见在党内还只代表少部分同志的看法，那么，七千人大会前夕刘少奇等一线中央领导同志对"大跃进"所持态度，却代表了地方各级党委中相当一部分同志的意见。例如在 1961 年广东省委召开的三级干部会议上，有不少同志提出："是不是生产关系变革越彻底，生产力发展越快？""'高速度'是不是社会主义的经济规律？什么是积极平衡？"等等。地方各级党委中普遍存在的这些议论，必然要带到七千人大会，并对会议产生影响。

此前，论者在分析七千人大会的历史背景时，着重分析研究当时的经济形势，回避党内存在的不同思想认识。这样，就比较多地肯定大会对贯彻调整国民经济八字方针的推动作用而忽视了党内思想分歧发展趋势及其后果的研究。

二、会上一个不容置疑的事实：党中央领导内部由于认识上的分歧而产生裂痕。

七千人大会是一次扩大的中央工作会议，于 1962 年 1 月 11 日在北京开幕，至 2 月 7 日闭幕，历时 28 天（中间春节休息两天）。参加会议的有各中央局、中央各部门、各省、市、县和重要厂矿负责人，还有军队的一些负责同志，共七千余人。会议原定议题，主要是讨论通过刘少奇代表中央向大会作的书面报告（以下简称"书面报告"）。但书面报告稿送毛泽东审阅时，毛泽东不满意，并改变原定程序，即不是先将书面报告送政治局讨论通过，而是直接交大会讨论，希望能在会上听到与书面报告不同的意见。1月11日至29日上午，大会对书面报告进行了讨论，并提出了一些修改意见。出乎毛泽东意料的是与会者对书面报告普遍表示肯定和赞同，认为"说出了多年想说的话"。特别是地方党委和在基层工作的同志，对"大跃进"、人民公社化运动，提出了颇为尖锐的批评意见。针对这种情况，毛泽东决定延长会议时间，让大家把想说的话都说出来，把要出的气都放出来。因此，会议从1月29日下午至2月7日闭幕，变成了"出气会"。会议最后通过了"书面报告"的第三稿。由于这个文件同毛泽东的认识有很大距离，以至毛泽东对七千人大会一直持保留态度。如同林彪在"九大"（1969年4月）政治报告中所说："在1962年1月的中央工作会议上，毛主席提出了要警惕出修正主义的问题。"1967年2月，毛泽东在和外宾的谈话中更明确表示：对于刘少奇，在1962年1月七千人大会时"就已经看出问题了"。由上可见，这次会议使毛泽东把中央领导内部因工作认识上的分歧，上升到反对修正主义的高度，是中央领导内部产生裂痕的发端。

　　显而易见，造成上述后果的主要原因，即在七千人大会初步总结"大跃进"经验教训时，毛泽东仍肯定"大跃进"运动，而刘少奇和相当一部分同志却对"大跃进"持怀疑或否定态度。

　　面对"大跃进"运动带来的严重后果，毛泽东感到不可能在短时期内把我国建设成为经济发达的社会主义强国，并在1月30日会议讲话中表示："中国的人口多，底子薄，经济落后、要使生产力很大地发展起来，要赶上和超过世界上最先进的资本主义国家，没有一百多年的时间，我看是不行的。"毛泽东还明确表示："在我国，五十年时间到一百年时间，建设起强大的社会主义经济，那又有什么不好呢？"实际上摒弃了15年赶上并超过英国的口号，摒弃了急于向共产主义社会过渡的尝试。他还承认，"社会主义经济，对于我们来说，还有许多未被认识的必然问题。拿我来说，经济建设工作中间的许多问题，还不懂得。"这些，都反映出毛泽东对于我国社会主义建设的认识又前进了一大步。然而，令人十分惋惜的是，这位曾以大无畏气概擘画中国革命的历史巨人，始终没有能够认识到"大跃进"运动"左"倾错误的严重性，不能从根本上否定"大跃进"，他误以为，造成"大跃进"运动经济建设上失误的原因，主要是由于缺少一整套适合实际情况的具体方针、政策和办法；只要在工、农、商、学、兵、党、政各个方面，有一套适合情况的具体方针、政策和办法，中国社会主义建设，就会像抗日战争、社会主义改造那样取得胜利。毛泽东在七千人大会讲话中还特别强调："这件事很重要，请同志们注意到这点。"并希望到会的同志，能和他一起肯定"大跃进"运动。

刘少奇在会前的"三分天灾、七分人祸"的说法，实际上是否定了"大跃进"运动。在七千人大会讲话中，刘少奇又表示："三面红旗，我们现在都不取消，都继续保持，继续为三面红旗而奋斗。现在，有些问题还看得不那么清楚，但是再经过五年、十年以后，我们再来总结经验，那时候就可以更进一步地作出结论。"这实际上是以一种曲折的方式，对"三面红旗"提出了异议。1970 年斯诺先生访华回国之后，撰写了《漫长的革命》一书。他在书中写道：在 1962 年党的会议上，毛泽东的"三面红旗"受到了刘少奇的批评。这个论断比较真实地反映了当时的历史事实。

刘少奇对于"大跃进"的看法，是实事求是的，代表了从中央到地方各级党委许多同志的意见。在七千人大会西南区分组会上，有的同志说："整个说来，人为的灾害是主要的""自然灾害固然很大，但人为灾害却很严重"。在山西省的小组会上，有些同志提出："这几年山西农村工作中的问题，主要是人灾造成的""农村工作中，人灾是第一位的"。在华北区分组会上，有的同志问："人民公社是不是办早了、办快了。当时生产的发展，是否要求这样改变"。广东省小组的同志提出："农村中的错误是否仅限于'四高''一刮'？这固然是原因，但所有制改变过急，生产关系的变革没有和生产力的发展相适应，违反了客观规律，是很重要的一个方面。"出席大会的不少同志感到："三面红旗"是不是正确的，原则上好讲，实践上难讲，抽象讲好讲，具体讲不好讲。云南省小组有同志说："三面红旗是正确的，自己也不怀疑。但是，为什么实际工作出了这么多问题，而且这么严重，这么普遍，造成这么大的困难。"还有同志提出："1959 年庐山会议前后，在全国范围内，究竟'左'倾是主要的、右倾是主要的？需要弄清楚。"东北区有同志明确表示："1959 年庐山会议后，因为当时实际工作中的主要倾向是'左'，所以不仅在县以下不该反右，就是在县以上各级领导机关中也不应该反右，而应该反'左'。"西北区也有同志认为：这几年工作中犯的是"盲目'左'倾经验主义的错误"。华北区有同志甚至提出："说缺点错误不是路线性的，是执行中的问题，为什么全国都推行错了？这几年造成的损失，不次于三次'左'倾路线造成的损失。全国到底非正常死亡了多少人，死了多少牲口，这笔账应算清。不能笼统地说三面红旗是正确的，缺点错误是执行中的问题。"

刘少奇对"大跃进"运动所持批评态度，还得到在一线工作的大多数中央领导同志的支持。邓小平在大会讲话中坦率地说："刘少奇同志的报告集中讲了我们这几年工作中的问题，特别是讲了许多缺点和错误，进行批评和自我批评，总结经验。这样做是不容易的。"毛泽东在一旁插话说："不准暗藏的派别活动。有一部分人，他公开发表不同的意见，是不是许可呢？"流露出他不希望听到公开发表对"三面红旗"的否定意见。然而，邓小平却毫不犹豫地回答说："这在党章上是许可的。"此外，邓小平还指出："同志们不要以为建设社会主义没有问题了，……如果搞得不好，特别是民主集中制搞得不好，党是可以变质的，国家也是可以变质的，社会主义也是可以变质的。干部可以变质，个人也可以变质。"这与毛泽东在会上关于民主集中制的讲话有所不同。引人注目的是，毛泽东当时提出了反对修正主义的问题，而邓小平却把民主集中制提到了党和国家能否变质的高度。邓小平的提法，不仅在当时有着极强的针对性，而且对于今后执政党的建设也具有深远的指导意义。

周恩来在书面报告起草委员会的一次会议上说："我们是一步一步的退，是被迫调整，另外，许多超越阶段的东西没有批判也不能很好的调整。"后来，他曾直截了当地说过，当时中央也认识到"三面红旗"的提法不科学，但是群众有这样提法，《人民日报》选用了这个口号，这是个克服困难的口号，所以三年困难时期还提高举"三面红旗"。很显然，周恩来并不同意"三面红旗"的提法。毛泽东对有人公开批评"三面红旗"很不高兴，陈云却说，这是"大势所趋嘛！从这次大会开始，今后批评的门是大开着的，并且应该越开越大"。在陈云看来，总结"大跃进"的经验教训，七千人大会仅仅是开了个头。

总路线、"大跃进"、人民公社这三面红旗，是毛泽东对我国社会主义建设的基本构想。因此，刘少奇等人的批评意见，毛泽东是难以接受的。加之会上有人把"三面红旗"与"左倾错误路线"相提并论，这是毛泽东提出反对修正主义的症结所在。"文化大革命"中江青多次扬言，要出七千人大会的气。她攻击刘少奇等人说，七千人大会你们出了气，毛主席可受气了。这在某种程度上反映了毛泽东当时的心情。

应当指出，刘少奇、邓小平、周恩来、陈云及地方党委对"大跃进"提意见的同志，都是从工作出发、从党的事业出发的。他们顾全大局，分别代表党中央、国务院、中央书记处作了自我批评，承担了一部分领导责任。刘少奇在书面报告和讲话中强调，要"在党中央和毛泽东同志的领导下，克服一切困难，胜利前进！"

诚然，七千人大会在当时的历史条件下取得了重要成果。大会发扬了民主和自我批评的精神，对前几年工作中的缺点和错误，采取了比较实事求是的态度，使与会各级领导干部心情比较舒畅，为动员全党同心同德克服困难，起了积极推动作用。但是，由于中央领导内部的分歧，大会仍然在原则上肯定"三面红旗"，没有能从指导思想上纠正"大跃进"的错误。并且毛泽东提出了"反对修正主义"的问题，使党内思想分歧成为难解之结，因此，七千人大会也是毛泽东在社会主义建设问题上与刘少奇等人由思想分歧走上对立的重要关节。

三、会后由于中央领导内部分歧不断加深，带来了令人痛心的后果。

毛泽东认为，人民公社的基本特点是"一大二公"。几千几万户农民组成一个大公社，农林牧副渔、工农兵学商样样齐全，包括政治、经济、文化、军事等各个方面。人民公社不仅是一级政府组织，还要管生产，管社员生活（有公共食堂、医院、托儿所、敬老院、缝纫组等等）。这种建立在落后生产力基础上的社会基层组织形式，显然不利于经济建设的发展。然而，毛泽东却从政治的角度去思考问题，认为人民公社是消灭资本主义残余、向共产主义过渡的最好组织形式。

毛泽东误解了马克思关于按劳分配是资产阶级权利的论述，并把马克思关于社会主义社会"产品"生产将取代"商品"生产的预言当成了教条，错误地把商品生产、等价交换、按劳分配、八级工资制等，斥责为资产阶级权利、私有制残余，是资本主义复辟的土壤和温床。而希望通过人民公社不断扩大与提高公有制范围和程度；不断扩大"产品调拨"，缩小"商品生产"；在劳动分配中不断扩大供给制，逐步取消按劳分配，以取消资产阶级权利，铲除资本主义复辟的土壤，过渡到按需分配的共产主义社会。在革命战争年代普遍实行供给制的经验，以及那时革命队伍中相互之间亲密诚挚的同志关系，那股朴素而蓬勃向上为共产主义奋斗的革命精神，又使毛泽东十分自信可以通过人民公社的社会组织形式，使我国过渡到美好的共产主义社会。毛泽东所规划的这个向共产主义过渡的蓝图，一度曾是党中央集体的共同认识。然而，亿万农民开展的规模空前的人民公社化运动，证明了它是行不通的。

鉴于人民公社化运动的经验教训，毛泽东对上述向共产主义过渡蓝图作出两点修正：一是在发展生产力问题上，不再坚持盲目求快；二是在变革生产关系方面，将盲目求公、不断扩大和提高了的公有制，在一定程度上又退了回来。但毛泽东这样做，只是放慢了向共产主义过渡的速度，却没有放弃他所设计的蓝图。在以后的社会主义建设中，他努力捍卫这一蓝图，不允许任何人去冒犯它。七千人大会之后，在刘少奇、邓小平、陈云等人的支持下，中央农村工作部部长邓子恢积极推广"包产到户"，但这种真正贯彻按劳分配原则、克服"吃大锅饭"的生产管理措施，因为与毛泽东向共产主义过渡的蓝图相抵触，而被他误以为是走资本主义"单干"的回头路。

在邓小平、李富春的主持下，制定了《国营工业企业工作条例（草案）》（即工业七十条）。条例草案规定：每个企业必须实行全面的经济核算，讲究经济效益，遵循价值规律；要贯彻按劳分配原则，反对平均主义，尊重劳动者的物质利益。起初，毛泽东肯定了这个《条例》，但终因与他的向共产主义过渡的蓝图相抵触，后来被他指责为搞"奖金挂帅""物质刺激"，企图把工人引到"资本主义邪路"上去，等等。

1962 年 9 月召开的八届十中全会，在一定程度上是对七千人大会所取得的积极成果的否定。毛泽东在这次会议上尖锐地批评了"单干风""黑暗风""翻案风"，号召"千万不要忘记阶级斗争"。1964 年上半年，毛泽东在同外国党代表团谈话时，提出中国共产党党出修正主义的问题，并指出："'三自一包'是他们的国内纲领。这些搞修正主义的人，有中央委员、书记处书记，还有副总理。除此以外，每个部都有，每个省都有，支部书记里更多。"后来，毛泽东认为依靠社会主义教育运动已无法清除这么一大批"修正主义分子"，断然发动了"文化大革命"。

"文化大革命"开始，毛泽东在《炮打司令部》大字报中，指责刘少奇"1962年的右倾"，无疑包括他在七千人大会上所阐明的观点。在所谓革命大批判中，七千人大会被指责为"1962年刮起'单干风''翻案风'的总根子"。这进一步证明：中央领导内部因经济建设而产生分歧，形成极端尖锐的矛盾，即毛泽东多次强调的是走社会主义道路、还是走资本主义道路的斗争，因而酿成了十年内战的历史悲剧。

综上所述，笔者以为七千人大会在历史上的作用与影响，应包括三个方面：其一，推动了调整国民经济"八字方针"的全面贯彻，促进了国民经济的恢复和发展。这是会议的主要方面，并且被后来的经济建设成就所证实；其二，由于中央领导内部的思想分歧，大会没有从指导思想上纠正经济建设中的"左"倾错误。虽然是会议的次要方面，但也因此使我们党长期不能摆脱"左"的思想的困扰；其三，由于党内领导层的思想分歧从此开始走上对立，所以，这次会议也成为后来历史悲剧的发端。这在会上尚没有公开表现出来，也不为当时与会者所觉察，然而，却被后来的历史事实所证实。

七千人大会距今已有三十余年了，回顾与研究这次会议，给我们留下两点重要启示：

一、判断建设社会主义的路线、方针、政策正确与否的依据，应该看其是否有利于促进社会主义生产力的发展和人民生活水平的提高，而不是抽象的政治标准、理论原则。脱离了社会主义经济建设实践这个唯一依据，从抽象的政治标准、理论原则出发，用"以阶级斗争为纲"的观点去看待和处理问题，不仅不可能分清什么是社会主义，什么是资本主义，而且还会束缚我们的手脚，妨碍社会主义经济建设的健康发展，甚至还会把许多社会主义的东西当作资本主义加以批判，酿成历史性的悲剧。

二、马克思主义并非绝对真理，必须在群众社会实践中不断充实、完善和发展。我们应该以社会主义建设的生动实践为依据，不断丰富、发展马克思主义，创建有中国特色的社会主义理论。相反，如果把马克思在一百多年前关于社会主义的预言当成万古不变的教条，不仅将断送我们的社会主义事业，而且也会使马克思主义失去应有的生机和活力。

载《南京师范大学学报》1993 年第 4 期

毛泽东商品观述评

对于商品经济，毛泽东生前发表过不少令人难以忘却的评论。他曾经说过，价值法则"是一个伟大的学校，只有利用它，才有可能教会我们的几千万干部和几万万人民，才有可能建设我们的社会主义和共产主义。否则一切都不可能"。但另一方面他在晚年又认为："我国现在实行的是商品制度，工资制度也不平等，有八级工资制等。这只能在无产阶级专政下加以限制。所以，林彪一类如上台，搞资本主义制度很容易"。[①] 如此反差极大的论断，至今令人扑朔迷离，难以捉摸。因此，研究毛泽东的商品观，以便在新的历史时期更好地坚持和发展毛泽东思想。也就成为我们理论工作者义不容辞的责任。笔者就此发表一些管见。

一

1956 年春天，在生产资料私有制社会主义改造即将胜利完成之际，毛泽东开始探索中国特色的社会主义建设道路，写下了《论十大关系》。这篇文章经过历史的检验，其中许多观点至今仍闪烁着真理的光彩，然而却丝毫没有涉及商品经济的问题。那个时代的马克思主义者，误以为商品生产是资本主义的经济特征。计划经济是社会主义制度优越性的体现，而且普遍夸大了计划生产的主观作用，忽视经济建设的客观规律。

1957 年发动"大跃进"运动，是急于向共产主义社会过渡的表现。"大跃进"运动中刮起的"共产风"，实际上是在扼制、消灭商品经济，因此，它的失败是必然的。毛泽东很敏锐地发现了问题，在 1958 年 11 月

[①]　中共中央党史研究室：《中共党史大事年表》，第 289、390 页。

第一次郑州会议上，他批评说：现在我们有些人大有消灭商品生产之势。这些人一提商品生产就发愁，觉得这是资本主义的东西。他们向往共产主义，倾向不要商业了，至少有几十万人想不要商业了。我们有些马克思主义的经济学家表现得更"左"，主张现在就消灭商品生产，实行产品调拨。后来，毛泽东在一份报告上写下现价值法则是一个伟大的学校的著名批示。在这一时期，毛泽东为了研究社会主义经济建设问题。仔细通读了斯大林的《苏联社会主义经济问题》《苏联政治经济学教科书》，并发表了长篇谈话。因为有了"大跃进"急于消灭商品生产的教训为鉴，毛泽东对于社会主义时期的商品经济，发表了一些颇为精辟的见解。

首先，他在马克思主义经济学史上第一次明确使用了"社会主义商品生产"的概念。他指出，商品生产和资本主义相联系，是资本主义商品生产，商品生产和社会主义相联系，是社会主义商品生产；社会主义商品的两重性已不同于资本主义商品的两重性，人与人的关系已不再被商品这种物与物的关系所掩盖。他试图划清社会主义商品经济与资本主义商品经济之间的界限。

其次，他比较准确地指出了社会主义社会商品经济之所以存在的原因。斯大林认为，两种所有制的存在，是社会主义商品生产的前提条件。毛泽东认为，斯大林的论述"不完整"，指出商品生产的命运，最终和社会生产力的水平有着密切关系。即使是将来过渡到单一的社会主义全民所有制，如果产品还很不丰富，某些范围内商品生产和商品交换仍然有可能存在。像毛泽东这样把社会生产力水平与商品经济存在密切联系在一起，在社会主义经济学史上还是破天荒的第一次。

再次，他明确表示，不同意斯大林商品生产只限于生活资料的观点，多次指出，有些生产资料也属于商品，从而大大扩大了社会主义商品经济的范围。

然而，毛泽东这位时代的伟人，终究超脱不出时代对他的束缚，他对社会主义商品经济认识上的罅漏和局限性，又一步步引导他成为社会主义商品经济否定论者。

首先，"大跃进"消灭商品经济的直接后果是剥夺农民，因此鉴于目前生产力水平还比较低，毛泽东主张要保留商品生产。这样，他的社会主义商品观主要是面向农业生产，防止再剥夺农民，而绝不是希望通过发展商品经济来促进社会生产力的发展。

其次，毛泽东在思想深处并没有真正划清社会主义商品经济与资本主义商品经济之间的界限，始终认为社会主义商品经济会产生资本主义。在第一次郑州会议上他说过，商品生产有没有消极作用呢？有，就限制它。过去的资本主义的"鬼"已经吃掉了，将来再出现资本主义的"鬼"。就再吃掉它，怕这个"鬼"干什么？不要怕。他既然认为社会主义商品生产会引出资本主义的"鬼"，那就要处处限制它，防止引出资本主义的"鬼"。毛泽东对社会主义商品经济这一认识上的罅漏，成为他偏颇的商品经济理论与阶级斗争扩大化理论之间的连接点。此后，他对于社会主义商品经济的不正确认识，引导他一步步加深阶级斗争扩大化的理论；而他阶级斗争扩大化的理论，又会引导他进一步排斥、否定社会主义商品经济。

再次，马克思只是从抽象意义上说，等量劳动交换的原则是"资产阶级权利"。毛泽东误解了马克思的真实含义，把按劳分配不仅当作抽象意义，而且当作实质上的"资产阶级权利"。在第一次郑州会议上，毛泽东把商品生产、价值规律、按劳分配、工资制度、计件工资等，都当作"资产阶级权利"。所以，他对于贯彻按劳分配原则始终抱有忧虑。他不同意《苏联政治经济学教科书》"彻底实行按劳分配"的提法，更不同意提物质利益的原则，认为苏联这样做是搞"物质刺激"，会把人们引向邪路。他批评斯大林没有政治挂帅，没有逐步破除"资产阶级权利"。他认为，赫鲁晓夫竟然对艾森豪威尔说苏联比资本主义更注意个人物质利益，"简直是不像样子"；还认为苏联生产关系、社会制度"停顿"的时间太长，多年来已经形成一个高薪阶层，农村中也出现了富裕中农。显然，毛泽东看来，苏联一直保留商品经济及其相适应的按劳分配和物质利益原则，会导致修正主义。总之，误解了马克思"资产阶级权利"的真实含义，促使他把社会主义商品经济及其相联系的按劳分配原则当作"资产阶级权利"加以限制、排斥。

最后，毛泽东虽然指出价值法则"是一个伟大的学校"，但他又认为，价值法则在生产过程中既不起决定作用，也不起调节作用，起决定、调节作用的是有计划的"大跃进"，是"政治挂帅"；价值规律只是计划工作的工具，但不是计划工作的主要依据。这样一来，价值规律的作用仍旧被人为地限制在狭小的范围内，计划工作的作用被无限度地扩大，造成了长期以来我国僵死的计划产品经济机制，失去了社会主义经济体制应有的生机和活力。

简而言之，虽然有"大跃进"取消商品生产的教训为鉴，毛泽东对于社会主义商品经济发表了一些颇为精辟的见解。但是由于历史条件的局限和某些主观上的因素，他对于社会主义商品经济的认识难免出现罅漏和偏差，而这又正是他后来成为社会主义商品经济否定论者之滥觞。

二

面对着"大跃进"运动所带来的严峻后果，毛泽东曾经表示过要改正错误的决心①。但是，事情的发展往往并不以人们善良的主观愿望为转移。毛泽东偏颇的商品观，继续把他引上错误的方向。

在刘少奇、周恩来、陈云、邓小平等的领导下，调整国民经济"八字"方针的贯彻执行，比较尊重商品生产和商品交换的法则，比较尊重按劳分配的原则，因此，国民经济得到迅速地恢复和发展。然而，由于党内阶级斗争扩大化的理论不断升级，也由于毛泽东对商品经济的认识本来就十分偏狭，使他认为八字方针的贯彻，带有复辟资本主义的性质。他曾严厉指责国民经济调整时期所采用过的"三自一包"（即自留地、自由市场、自负盈亏和包产到户）是修正主义者复辟资本主义的"纲领"；还认为搞修正主义的人很多，有中央委员，书记处书记、副总理，另外每个省、中央每个部都有，支部书记里头就更多。随后，社会主义教育运动的错误实践，又大大加深了毛泽东的这种错误认识。他错误地认为，只有发动"文化大革命"才能把这一大批修正主义分子清除出来。

1966 年 5 月，毛泽东在给林彪的一封信中写道：人民解放军应该是一个大学校，这个大学校要学政治、学军事、学文化，又能从事农副业生产，又能办一些中小工厂，生产自己需要的若干产品和与国家等价交换的产品。……这样，军学、军农、军工、军民这几项都可以兼起来。他还希望，工厂、农村，商业、服务行业，党政机关工作人员，凡有条件的，也

---

① 中共中央党史研究室：《中共党史大事年表》，第 309 页。

要这样做。这就是著名"五·七指示"。"五·七指示"展现在人们面前的，却是一个半封闭式的、"小而全"的、扼制商品生产和商品交换、限制按劳分配原则的社会模式。这是毛泽东用阶级斗争扩大化的理论和他的狭隘社会主义商品观，共同编织起来的"理想王国"。在这个"理想王国"里，商品生产、价值规律、按需分配等"资产阶级权利"，被局限在最小的活动范围。使资本主义在中国失去了复辟的可能性，并保证平稳地向"按需分配"的共产主义过渡。

简而言之，毛泽东对于社会主义商品经济偏激的错误观点，与他的阶级斗争扩大化的"左"倾理论融为一体，相辅相成，互为因果，得到恶性发展，终于成为导致"文化大革命"的理论根源之一。

三

毛泽东形成偏狭的社会主义商品观的原因是多方面的。首先，是把马克思、恩格斯、列宁关于社会主义商品经济的论述教条化或作错误的理解。马克思、恩格斯曾经认为，无产阶级夺取政权之后，可以把全部生产资料转为全社会所有，有计划的产品即可替代商品生产。列宁也认为，商品"流转就是贸易自由，就是资本主义"。[①] 这些论断，理应根据今天社会主义实践以及资本主义商品经济的实际情况，运用马列主义的立场、观点、方法作出新的判断，得出新的结论。而绝不能把革命导师在半个世纪，以至一个世纪以前，对今天推测的预言或结论，看成是亘古不变的教条。更不应该对马克思的一些正确论述，产生误解，如关于"资产阶级权利"；其次，毛泽东还受到西欧历史上乌托邦思想的一些影响。毛泽东在1958年北戴河会议上明确表示，空想社会主义的一些理想，我们要实行。他十分欣赏列宁的一句话："唯物主义者最'唯心'。"毛泽东规划出的人民公社"一大二公"的宏伟蓝图，以及他在"五·七指示"中所描绘的小而全、半封闭社会模式都可以看到西欧空想社会主义者所憧憬的"理想王国"的影子；再次，受中国历史上农业社会主义的影响。农业社会主义是以一种小农平均主义为核心的空想社会主义。在扼制商品生产和

---

① 《列宁选集》第4卷，第539页。

商品交换的社会里，物质财富还十分贫乏，就急于实行"按需分配"，其结果只能是实行小生产的平均主义。最后，把革命战争年代的经验神圣化。毛泽东在 1958 年北戴河会议上说过，过去我们几百万人，在阶级斗争中锻炼成群众拥护的共产主义战士。搞供给制，过军事共产主义生活，这是马克思主义，是与资产阶级作风对立的。把这一经验神圣化，就会急于取消商品生产、按劳分配，实行产品生产、按需分配。此外。如前所述，阶级斗争扩大化的理论。对于毛泽东偏狭的社会主义商品观的形成，也有着极为密切的关系。

毛泽东作为全中国人民的领袖，他始终希望能领导各族人民走上富裕幸福的道路。但是，他偏狭的商品观又引导他堵死了通往社会主义建设的正确道路——通过大力发展社会主义商品经济来完成中国工农业生产社会化、现代化的历史任务。这也正是这位伟大的马克思主义者令人痛心的历史悲剧中的一幕。

注：文中毛泽东读斯大林《苏联社会主义经济问题》和《苏联政治经济学教科书》谈话，及 1958 年郑州会议上的讲话，均见国防大学编辑的《中共党史教学参考资料》

载《毛泽东思想研究》（四川省社科院、四川省社科联、四川省党史工委）1990 年第 1 期

毛泽东的教育思想研究

　　毛泽东的一生，与教育结下了不解之缘。他青年时期毕业于师范学校，当过小学教员，创办过自修大学。参加革命之后，在长期革命实践中，形成了非常有特色的新民主主义教育思想。在社会主义建设时期，他的教育思想也非常有创建性，提出了教育改革、教育革命的任务。直至晚年，他支持红卫兵造修正主义教育路线的反，点燃了"文化大革命"的烈火。因此，研究毛泽东的教育思想，成为对毛泽东研究的一个不可忽视的重要方面；毛泽东的教育思想，由于内容丰富而且复杂，也成为毛泽东研究中的一个难题。笔者就此发表意见，作为引玉之砖，以求教于学术界同仁。

一

　　毛泽东从青年时期到新中国建立之前，在长达 40 年的漫长岁月里，形成了一套新民主主义教育思想。毛泽东的新民主主义教育思想，是马克思主义同中国实践相结合的产物，具有丰富的内容，主要包括以下几个方面：

　　1. 对旧教育制度的无情批判。毛泽东在《湖南农民运动考察报告》中指出："中国历来只是地主有文化，农民没有文化。可是地主的文化是由农民造成的，因为造成地主文化的东西，不是别的，正是从农民身上掠取的血汗。"毛泽东运用历史唯物主义的观点，说明文化教育具有鲜明的阶级性。毛泽东在《湖南自修大学创立宣言》中，曾尖锐地批判旧教育制度的三大坏处："学校的第一坏处，是师生之间没有感情。先生抱一个金钱主义，学生抱一个文凭主义。'交易而退，各得其所'。什么施教、授教，一种商业行为罢了！""学校的第二个坏处，是用一种划一的机械的教授法和管理法残践人性""学校的第三个坏处，是钟点过多，课程过繁。终日埋头上课，几不知上课之外还有天地。"毛泽东当时对于旧教育制度的批判，在他的文章中几乎随处可见。对于旧教育制度的科学批判，是他日后形成新民主主义教育思想的重要依据。

2. 主张劳动人民要受教育，掌握文化知识。毛泽东同党的其他早期创造人一样，一开始是以帮助工人、农民学习文化的方式，传播马克思主义的。在国共合作的大革命时期，在湖南农民运动兴起的同时，办起了各种农民学校、夜校。农民渴望掌握文化知识的热情，毛泽东予以高度评价和赞扬。在革命根据地和敌后抗日根据地时期，在毛泽东的领导下，不断开展群众扫盲运动。在扫盲运动中产生的歌曲《夫妻识字》，至今还在流传。中华人民共和国诞生之初，在全国又兴起了声势浩大的群众扫盲运动，直至1956年，毛泽东在指导制定《1956—1967年全国农业发展纲要（草案）》时，还规定在12年的时间内，要争取在全国青、壮年中扫除文盲，普及小学教育。希望劳动人民能够受教育，掌握文化知识，是毛泽东历史唯物主义教育观的具体表现，也是毛泽东群众路线在教育战线上的具体体现。

3. 主张建立以共产主义思想为核心的新民主主义教育制度。在革命取得胜利之前，中国共产党领导的解放区，就是建立这种教育制度。在国民党统治区，则建立以共产主义思想为核心的文化教育统一战线，团结包括教育界在内的广大知识分子，去反对帝国主义、封建主义、官僚资本主义的文化教育思想，建设新民主主义文化教育，即民族的、科学的、大众的文化教育。1940年，毛泽东在他的著名的《新民主主义论》中，对于这一思想，作出了科学的精辟的阐述。新民主主义文化教育统一战线的建立，使得信仰共产主义的共产党人，同一切爱国的进步的知识分子（非劳动人民出身的）团结在一起，共同完成反帝反封建反官僚资本主义的历史任务。这不仅为中国革命胜利创造了不可缺少的前提条件，而且还使大批爱国的进步的知识分子，在全国解放前夕留下来，为新中国的教育事业服务，为新中国教育事业创造了一个良好的起点。

中华人民共和国诞生后，我们的教育仍是新民主主义教育。要继续肃清封建的、买办的、法西斯的教育思想，发展民族的、科学的、大众的教育。

新民主主义教育思想，同毛泽东的新民主主义理论一样，是马克思主义同中国实践相结合的产物，是无产阶级和小资产阶级、民族资产阶级相互团结、进步的教育制度，是人类社会教育发展史上从未有过的一种崭新的教育制度，具有中国共产党人的独特风格。

4. 从马克思主义认识论的角度，阐明了什么是"知识"。毛泽东在《整顿党的作风》一文中提出："什么是知识？自从有阶级的社会存在以来，世界上的知识只有两门，一门叫作生产斗争知识，一门叫作阶级斗争知识。自然科学、社会科学，就是这两门知识的结晶，哲学则是关于自然科学和社会科学知识的概括和总结。"毛泽东还认为"一切比较完全的知识都是由两个阶段构成：第一阶段是感性知识，第二阶段是理性知识，理性知识是感性知识的高级发展阶段""有两种不完全的知识，一种是现成书本上知识，一种是偏于感性和局部的知识，这二者都有片面性。只有使二者互相结合，才会产生好的比较完全的知识。"毛泽东对于什么是知识的精辟阐述，为教育应该同实践相结合，奠定了理论基础。强调教育同实践相结合，是毛泽东教育思想的一个鲜明特点。

5. 总结出一套教学方法。毛泽东自己有长期的教学实践经验。在延安时期，他经常到抗大等干部学校去讲课，毛泽东讲课，通俗易懂，生动活泼。他根据自己的教学经验，总结出一套教学方法：（1）启发式（废止注入式）；（2）由近及远；（3）由浅入深；（4）说话通俗化（新名词要释俗）；（5）说话要明白；（6）说话要有趣味；（7）以姿势助说话；（8）后次复习前次的概念；（9）要提纲；（10）干部班要用讨论式。

6. 强调知识分子要加强思想改造。早在革命战争时代，毛泽东就比较注意知识分子的思想改造，他根据自己的切身体会，主张知识分子要走与工农相结合的道路，逐步把立足点移到工农一边，全心全意地为工农服务，而且，只有走与工农相结合的道路，把自己在学校里所学到的书本知识应用到实践中去，才能获得真正全面的知识。

中华人民共和国诞生后，毛泽东仍然十分重视知识分子世界观的改造。1951年9月11日，毛泽东在北京大学校长马叙伦关于教师政治学习问题给周恩来的一封信上，写了批语，鼓励大学教师积极参加政治学习。9月24日，周恩来在京津高等院校教师学习报告会上，作了题为《关于知识分子改造问题》的报告，通过自己的亲身体会，谈知识分子如何转变立场、思想感情，怎样抛弃资产阶级唯心主义世界观，树立无产阶级唯物主义世界观。随后，在高等院校教师中间开始思想改造运动。这次以政治学习、推动思想改造的运动，对于广大知识分子肃清各式各样的剥削阶级旧思想、旧意识，树立为新中国服务、为人民服务的新思想、新风尚是十分必要的。

毛泽东的新民主主义教育思想，为新民主主义革命的胜利，为新民主主义教育制度在我国的建立，起了巨大的推动和指导作用，也为毛泽东探索社会主义教育规律，建立社会主义教育制度，创造了前提条件。

二

生产资料私有制社会主义改造胜利完成、社会主义制度在我国建立之后，如何发展我国的教育事业，毛泽东作了认真严肃地思考。1958 年 8 月，《红旗》杂志第七期发表了经毛泽东仔细审阅的文章《教育必须与生产劳动相结合》。文章中提出："我们应当根据我国自己的特点，把马克思主义的普遍真理同我国的具体实际结合起来，来规定我国的教育方针、教育政策、教育制度、教育方法等等。"这实际上，是毛泽东提出如何建设社会主义教育制度的基本思路。依据马克思主义同我国具体实际相结合的基本思路，毛泽东创立了他的社会主义教育思想，主要包括以下几个方面：

1. 制定社会主义教育方针。毛泽东在《关于正确处理人民内部矛盾的问题》一文中指出："我们的教育方针，应该使受教育者在德育、智育、体育几方面都得到发展，成为有社会主义觉悟的有文化的劳动者"1958 年 9 月 19 日，中共中央、国务院发出了《关于教育工作的指示》，指出："党的教育工作方针，是教育为无产阶级政治服务，教育与生产劳动相结合"。

毛泽东制定的教育方针和教育工作方针，包含了丰富的内容：（1）为建设社会主义培养全面发展的人才。马克思早在他的科学巨著《资本论》第一卷中曾经预言过："未来教育——这种教育对一切已满一定年龄的儿童来说都是生产劳动同智育和体育相结合，它不仅是增进社会生产的一个方法，并且是唯一的生产一个全面发展的人的方法……"毛泽东提出应该使受教育者在德育、智育、体育几方面都得到发展，就是要培养马克思所说的"一个全面发展的人"；（2）在所有学校，必须进行马克思列宁主义的思想政治教育。毛泽东十分重视对青年学生的马克思列宁主义思想政治教育。他指出："没有正确的政治观点，就等于没有灵魂"。毛泽东殷切希望，我们的学校能培养出一大批"有社会主义觉悟的有文化的劳动者"，为社会主义建设服务；（3）突出教育与生产劳动相结合。如前所述，马克思认为，使儿童把"生产劳动同智育和体育相结合""是唯一生产一个全面发展的人的方法"。据此，中宣部部长陆定一在阐明毛泽东的教育方针时说："我们认为培养全面发展的人类的唯一方法，是教育为无产阶级政治服务，教育与生产劳动相结合"；（4）强调党对教育事业的领导作用。鉴于有资产阶级右派分子说什么"外行不能领导内行"、要"教授、专家治校"等谬论，反对党领导教育事业，毛泽东十分强调党对于教育事业的领导作用。今天看来，尽管当时出现了反右派斗争扩大化的错误，但反击右派进攻是十分必要的，坚持党对教育事来的领导，是正确的，是非常有远见卓识的。

2. 提出了建立两种教育制度。1958 年 3 月，江苏全省办起了农业中学 851 所。农业中学贯彻群众自办、半耕半读、勤俭建校、为生产服务和谁读书谁出钱的原则。毛泽东在《江苏省委关于农业中学的报告》上写了段批语："付讨论。研究推广办法"。依据毛泽东的教育思想，5 月 30 日在政治局扩大会议上，刘少奇提出来"我国应有两种教育制度、两种劳动制度"。两种教育制度：一种是现在全日制的学校制度，一种是半工半读的学校制度。半工半读教育制度，主要是针对工人，半天劳动，半天学习，发一半工资。因此，相应也建立两种劳动制度：一种是八小时工作制，一种是四小时工作制。在农村，可以建立农业中学，实行半耕半读。刘少奇的意见，被党中央、毛泽东所采纳，并在全国推广。

马克思曾经设想："把有报酬的生产劳动、智育、体育和综合技术教育结合起来，就会把工人阶级提高到比贵族和资产阶级高得多的水平。"①半工半读、半耕半读的教育制度，完全符合马克思的这一设想。

---

① 马克思：《临时中央委员会就若干问题给代表的指示》1968 年 8 月。

半工半读、半耕半读，符合毛泽东的一贯教育思想。因为这样，一可以解决办学资金不足的问题；二可以使广大工人、农民有学习文化知识的机会；三可以培养出既有书本知识、又有实践经验的劳动者。1961 年 7 月 30 日，在江西省共产主义劳动大学成立三周年之际，毛泽东亲笔写下了一封热情洋溢的信。信中说道："你们的事业我是完全赞成的。半工半读、勤工俭学，不要国家一文钱，小学、中学、大学都有，分散在全省各个山头，少数在平地。这样的学校，确是很好。……我希望不但江西省有这样的学校，各省也应有这样的学校。"建国初期，由于国家资金不足，办学有困难，大量办起半工半读、半耕半读学校，是完全必要的。这对于我们培养大批技术人才和党员干部，起了重要作用。

3. 提出教育改革的任务。毛泽东对于原来教育制度学生负担过重，危害身体健康，早就多次提出过尖锐地批评意见。因此，他提出教育改革的任务。1960 年 4 月 9 日，陆定一在第二届全国人民代表大会第二次会议上，作了题为《教育必须改革》的发言，对毛泽东教育改革的思想，作了比较全面地阐述和具体部署、安排。陆定一说："我国现行的学制，是从国民党统治时期继承下来的。这个学制是从美国抄来的。是一个落后的学制。中小学的年限太长，教育的普及和提高就困难。学制太长，程度又低，对于国家建设，对于学生，对于我们的后代，当然不利。"陆定一还说："社会生产力的发展无止境，科学的发展无止境，教育思想的进步也无止境。所以，就在将来，必须继续不断地进行新的试验，以求不断地改革教学，来适应社会生产力发展的需要。"在这里，虽然对于原来教育制度的否定比较过激，但随着社会生产力、科学的发展而不断改革教育的思想，应该说是正确的。为了改革原有的教育制度，陆定一指出：准备在 10—20 年的时间，逐步地分期分批地实现中小学教育的学制改革。使全日制中小学的年限能够缩短到 10 年左右，程度能够提高到相当于现在的大学一年级。

教育改革，人才培养，要有一定的时间周期，在短时间内不可能看出效果来。而且，这次教育改革，没有按照预定时间完成，就爆发了"文化大革命"。然而，这次教育改革无疑为我们今天的教育改革，积累了经验教训。这是非常宝贵的。

4. 为青年学生的成长，指明了前进的方向。1957 年 10 月 30 日，《光明日报》编辑部针对当时高等院校学生展开"红与专"问题的大辩论，邀请了部分著名专家、教授开座谈会，发表自己的意见。在座谈会上，北京大学教授翦伯赞、朱光潜，北京师范大学教授白寿彝，清华大学教授梁思成等人，联系自己的经历，认为"先专后红"的观点是错误的，青年学生应当同时努力做到"又红又专"。毛泽东随后也发表了意见，他说："红与专、政治与业务的关系，是两个对立物的统一""一方面要反对空头政治家，另一方面要反对迷失方向的实际家。"毛泽东告诫说："不注意思想和政治，成天忙于事务，那会成为迷失方向的经济家和技术家，很危险。思想工作和政治工作，是完成经济工作和技术工作的保证，它们是为经济基础服务的。思想和政治又是统帅，是灵魂。只要我们的思想工作和政治工作稍微一放松，经济工作和技术工作就一定会走到邪路上去"；另一方面，"政治家一定要懂些业务。懂得太多有困难，懂得太少也不行，一定要懂一些。不懂得实际的是假红，是空头的政治家。要把政治和技术结合起来，农业方面是搞实验田，工业方面是抓先进典型、试用新技术、试制新产品"。毛泽东关于"红"与"专"的辩证论述，指导青年学生，正确处理好提高思想觉悟与学习专业知识的关系问题。

1957年11月17日，毛泽东在莫斯科大学会见中国留学生时说："世界是你们的，也是我们的，但归根结底是你们的。你们青年人朝气蓬勃，正在兴旺时期，好像早晨八九点钟的太阳。希望寄托在你们身上。"在会见时，毛泽东还对青年学生们说"祝你们身体好、学习好、将来工作好"。毛泽东的殷切期望和祝愿，为青年学生的成长，指明了前进的方向。

5. 批判封建主义教育和资产阶级教育，建立社会主义的教育制度。毛泽东早在《新民主主义论》中，就主张无论是对于中国古代封建主义文化，还是对于外来资本主义文化，都需要用批判的态度，剔除其糟粕，吸收其精华，才能创造我们自己的民族新文化。1964年9月，毛泽东在给中央音乐学院的一封信中，又提出了"古为今用，洋为中用"的口号。比较确切地反映他对于古代文化和外来文化的科学态度，也是他对待封建主义教育和资产阶级教育的科学态度。

对于中国古代封建主义教育和外国资产阶级教育，毛泽东历来持批判的态度。他批判孔子反对教育与生产劳动相结合，因为孔子把"请学稼""请学为圃"的樊迟，斥之为"小人"。批判孟子"劳心者治人，劳力者治于人"的教育思想，是为封建统治阶级服务的。但另一方面，毛泽东又肯定"中国古代教育有人民性的一面。孔子的有教无类，孟子的民贵君轻，荀子的人定胜天，屈原的批判君恶，司马迁的颂扬反抗，王充、范缜、柳宗元、张载、王夫之的古代唯物论，关汉卿、施耐庵、吴承恩、曹雪芹的民主文学，孙中山的民主革命"，不能不影响对人民的教育。对于资产阶级教育，毛泽东一方面批判"教育由专家领导""为教育而教育"的虚伪性、欺骗性，指出西方资本主义国家所谓的"义务教育"，是为了让工人能够操纵机器，更好地为资产阶级劳动，但另一方面，又认为资产阶级教育比起封建主义教育是一个进步，不然就不会"废科举，兴新学"了。毛泽东还认为："几千年来的教育，确是剥削阶级手中的工具，而社会主义教育乃是工人阶级手中的工具。从剥削阶级手中的工具到工人阶级手中的工具，是教育的质的飞跃，是教育本身的大革命"。毫无疑问，以批判的科学态度对待封建主义教育和资产阶级教育，创造无产阶级的教育，是毛泽东建设社会主义教育制度的一个重要的指导思想。

　　一方面，由于在短时期内不可能完全认识、掌握社会主义教育的客观规律；另一方面，毛泽东在探索社会主义建设道路上出现了偏差，而这不能不影响教育事业的建设和发展，因此，毛泽东的社会主义教育思想中，还存在着一些不足和失误之处。这主要反映在以下两个方面：

　　1. 为了通过人民公社向共产主义社会过渡，希望培养出全面发展的"多面手"。马克思、恩格斯认为，在未来社会里，社会分工已经被消除，每个人都可以随便选择自己的工作。劳动不再是谋生的手段，而是人们生活的需要。陆定一在解释毛泽东的教育方针时说过："全面发展，包含这样一个根本内容，就是使学生们有比较广博的知识，成为多面手，能够'根据社会的需要或他们自己的爱好，轮流从一个生产部门转到另一个生产部门'① 我们主张工人在工业生产中成为多面手，农民在农业生产中成为多面手，并且主张工人兼农民，农民兼工人，主张公民服兵役，军人退伍又成为生产者，主张干部参加劳动，生产者参加管理""这是我们的方向。"但目前，我们能培养多面手，还不能够培养"能够担任任何职业的人""我们的教育方针"，就是培养"有社会主义觉悟的有文化的劳动

---

① 恩格斯：《共产主义原理》。

者"，也就是"既懂政治，又有文化，既能从事脑力劳动又能从事体力劳动的人。这就是全面发展的人，就是又红又专的人，就是工人化的知识分子，就是知识化的工人"①。很显然，如同当时不可能进入共产主义社会一样，我们的教育也不可能培养出这样"全面"的"有文化的劳动者"。

2. 对于原来教育制度进行过多的批判。由于主观上确定教育培养的目标过高，对于原来教育制度的否定也就容易过多。再加上反右派斗争扩大化和阶级斗争"左"倾错误的影响，出现了对原来教育制度批判过火的现象。例如，把"因材施教""量力性原则"等一些反映教育客观规律的教学方法和原则，以及所谓"母爱教育"，学生的文明礼貌教育，都斥责为资产阶级的"货色"，对于苏联的凯洛夫教育学、美国的职业义务教育，也采取全盘否定的过激态度，并使得一些教学业务骨干得不到重用。这不能不是我们教育战线上的损失。

总之，从社会主义制度在我国建立，到"文化大革命"前夕，毛泽东的教育思想基本上是正确的。这一时期培养出来的青年学生，无论政治觉悟还是业务知识，都是比较好的。但另一方面，毛泽东在这一时期教育思想上的不足和失误之处，又成为"十年动乱"教育战线是"重灾区"的历史原由之一。

三

1964 年春节毛泽东召开教育工作座谈会，对当时的教育工作提出了尖锐的批评意见。他说："我们的教育方针是正确的，但是办法不对。课程太多，压得太重，是很摧残人的。学制、课程、教育方法，这几方面都要改。"3 月 10 日，毛泽东就学校的课程安排、讲授方法和考试方法的改革，专门给刘少奇、邓小平、彭真写了一个批示。批示中写道："现在学校课程太多，学生压力太大。讲授又不甚得法。考试方法以学生为敌人，突然袭击。这三项都是不利培养青年们在德智体诸方面生动活泼地主动发展的。"6 月 8 日，毛泽东在中央常委会讲话中，再次提出教学方法的改革问题，主张教师上课要发讲稿，少讲一些，多引导学生自己讨论。毛泽

---

① 陆定一：《教育必须与生产劳动相结合》，《红旗》杂志 1958 年第 7 期。

东在这期间关于教育改革的谈话、指示、要求，虽然批评的语气过重，但总的说来，还是基本正确的。他所批评的一些现象，在当时学校确实存在。他的教育改革的主张，是积极的，有利于改变学生学习被动的局面，有利于造成学生主动学习的生动活泼的气氛。

毛泽东的教育思想，不可能不受到他的政治思想的影响；毛泽东的教育思想，在当时不可能不受到他的阶级斗争扩大化"左"倾理论的影响。随着国际上反对现代修正主义斗争的不断升级，毛泽东为了警惕、防止中国也出现修正主义，开始更多地从政治的角度观察、处理国内问题，开始进一步"以阶级斗争为纲"的眼光观察、处理国内问题①。

1964年7月14日，《人民日报》《红旗》杂志编辑部发表了《关于赫鲁晓夫的假共产主义及其在世界历史上的教训》一文。这篇文章，依据马克思在《哥达纲领批判》中对未来社会的预见，依据列宁关于资产阶级千方百计地企图恢复他们失去的"天堂"的论述，断言资本主义已经在苏联复辟。随后，毛泽东在暑假同毛远新的谈话中，就提出："我们也有资产阶级把持政权的，有的生产队、工厂、县委、地委、省委都有他们的人……文化部是谁领导的？电影、戏剧都是为他们服务的，不是为多数人服务的。"这次谈话，毛泽东对于教育问题的看法，也随着政治问题"升级"了。他对毛远新说："阶级斗争是你们的一门主课"，要求在校的大学生到农村去参加社会主义教育运动，到部队去下连队当战士，还说："阶级斗争都不知道，怎能算大学毕业。"甚至毛远新动员他去看科学新成就展览，都受到严厉批评："你怎么就对这个感兴趣，对马列主义不感兴趣？"明显地对青年学生的政治要求，超过了对业务知识的学习要求。9月，毛泽东在一次接见外国代表团时说："教育青年是个大问题。如果我们麻痹睡大觉，自以为是，资产阶级就会起来夺取政权，搞资本主义复辟。"此后，毛泽东在和王海蓉的谈话中，甚至在某些中央会议上，提出学生可以上课打瞌睡，闭目养神，可以不遵守学校纪律，学生要把分数看透，不要去争那个5分，等等。1966年3月17日，毛泽东在政治局常委会议讲话中说："现在学术界和教育界是资产阶级知识分子掌握实权。社

---

① 党的十一届三中全会公报指出：毛泽东发动"文化大革命""主要是鉴于苏联变修，从反修防修出发"。

会主义革命越深入，他们就越抵抗，就暴露出他们反党反社会主义的面目。吴晗和翦伯赞是党员，也反共，实际上是国民党。"这种言过其实的夸大分析，预示着教育界面临着一场"革命风暴"。

　　毛泽东上述谈话精神内容，首先是在北京中学校的一些干部子弟中间流传。在这些一心要使"父辈打下的红色江山永不变色"的纯朴学生中，煽起了要造修正主义教育路线反的情绪。6、7 月份，清华大学附中的一些干部子弟组织了红卫兵，接连贴出了阐述"造反有理"的大字报，并将大字报寄给了毛泽东。8 月 1 日，毛泽东给他们写了回信，完全支持他们的革命行动。8 月 18 日，毛泽东在天安门城楼上接见了红卫兵的代表，并戴上红卫兵组织的标志——红袖套。从此，红卫兵运动在全国勃然而起，成为"文化大革命"初期搞乱天下的主要力量。

　　5 月 7 日，毛泽东在给林彪的一封信（即"五·七指示"）中写道："学生也是这样，以学为主，兼学别样，即不但学文、也要学工、学农、学军，也要批判资产阶级。学制要缩短，教育要革命，资产阶级知识分子统治学校的现象再也不能继续下去了。"这实际上，是毛泽东理想中的教育制度。这种教育制度，同 1958 年人民公社（包括工农兵学商）的教育制度，十分相似，都是培养能从事各种劳动的、有社会主义觉悟有文化的劳动者。所不同的是：人民公社的教育制度强调向共产主义社会过渡，而"五·七指示"的教育制度强调的是对于资产阶级的批判。

　　为了建设理想中的教育制度，毛泽东在"文化大革命"采取了以下几项措施：（1）1968 年 8 月 25 日，中共中央、国务院、中央军委、中央文革小组发出《关于派工人宣传队进学校的通知》。26 日，《人民日报》发表了姚文元的文章《工人阶级必须领导一切》。文章中传达了毛泽东的指示："实现无产阶级教育革命，必须由工人阶级领导，必须有工人群众参加，配合解放军战士，同学校的学生、教员、工人中决心把无产阶级教育革命进行到底的积极分子实行革命的三结合。工人宣传队要在学校中长期留下去，参加学校中全部斗、批、改任务，并永远领导学校。在农村，则应由工人阶级的最可靠的同盟军——贫下中农管理学校"；（2）毛泽东亲自抓了教育战线"斗、批、改"的典型——北京大学、清华大学，并在全国推广。北大、清华的主要经验是：对资产阶级知识分子实行"再教育"和"给出路"的政策；（3）1968 年 7 月 21 日，毛泽东在《人民日报》关于《从上海机床厂看培养工程技术人员的道路》（调查报告）的编者按中加了一段话："大学还是要办的，我这里主要说理工科大学还要办，但学制要缩短，教育要革命，要无产阶级政治挂帅，走上海机床厂从工人中培养技术人员的道路。要从有实践经验的工人农民中间选拔学生，到学校学几年以后，又回到生产实践中去"。这就是"七·二一指示"；（4）1969年10月26日，中共中央发出《关于高等院校下放问题的通知》。文件传达后，包括北大、清华这样的重点大学，都下放到地方。这次高等院校的下放，对于我国高等教育损失惨重；（5）1970年1月1日，《红旗》杂志第1期发表上海革命大批判小组的文章《文科大学一定要搞革命大批判》，提出："把革命大批判深入到文科各个学科，批判哲学、历史学、文学、政治经济学、新闻学、教育学等领域的反动的资产阶级思想体系。只有这样，旧的文科大学才能在批判中获得新生。"（6）6月27日，中共中央批转了《北京大学、清华大学关于招生（试点）的请示报告》。《报告》指出：大学学制缩短为三年。入学条件"具有三年以上实践经验的、初中以上的文化程度的工人、贫下中农、解放军战士和青年干部。有丰富实践经验的，可以不受文化程度的限制。招生方法：实行群众推荐，领导批准和学校复审相结合的办法。随后，国务院电报通知各地，1970年高校招生工作，按上述报告执行。"（7）7月21日，《红旗》杂志第8期发表了《为创办社会主义理工科大学而奋斗》。这篇文章是由张春桥、姚文元领导撰写的、署名是清华大学工人、解放军毛泽东思想宣传队。文章强调：要建立以工农兵教员为主要力量的教师队伍，组织原来教师到三大革命实践中锻炼改造自己；要"把大学办到社会上去""建立教学、科研、生产三结合的新体制"；彻底改革教材。大破买办洋奴哲学、爬行主义，以三大革命实践为源泉，编写无产阶级新教材；实行新的教学方法，打破基础课与专业课截然分开的界限，改变以课本、教师为中心的方法。这些改革内容，反映了毛泽东办好理工科大学的基本思路；（8）1971年8月13日，中共中央批转了张春桥、姚文元领导撰写的《全国教育工作会议纪要》。经毛泽东同意，这个文件，作出了"两个估计"，即"文化大革命"前17年教育战线是资产阶级专了无产阶级的政，是"黑线专政"；知识分子的大多数世界观基本上是资产阶级的，是资产阶级知识分子。全盘否定了解放以后的教育工作。"两个估计"成了套在广大知识分子头上的精神枷锁；（9）借北京市一位小学生的日记，河南省"马振扶中学事件"，湘剧《园丁之歌》，批判所谓的资产阶级教育路线回潮。

尽管毛泽东主观上是希望把我国的教育制度建设成为面向广大劳动人民，建设成为反修防修的阵地，能够培养出一批批理论联系实际的有社会主义觉悟有文化的劳动者。能够培养出一批批革命事业可靠的接班人。然而，"文化大革命"的实践证明，从这种主观愿望出发的教育革命，从这种主观愿望出发的"文化大革命"，只能给教育带来灾难和祸害。

综上所述，毛泽东的教育思想基本上是依附他的政治思想的，这也是马克思主义者比较普遍的思维方式。然而，当他在政治上的马克思主义理论符合中国实际的时候，他的教育思想也符合中国教育的基本情况，推动和促进我国教育事业的发展，如新民主主义教育思想，建国前17年的教育思想，都给我国教育事业带来巨大的发展；当他在政治上的马克思主义理论不符合中国实际情况的时候，他的教育思想也就不符合中国教育的基本情况，给我国的教育带来违背他初衷的破坏作用。毛泽东是我国无产阶级教育事业的开拓者。在他的教育思想指导下，战争年代革命根据地各类学校培养出一批批的共产党员和领导干部；在他的教育思想指导下，建国前17年，党风和社会风气都比较好，人与人之间的关系都比较纯朴、真诚，这些都不能不说与毛泽东的教育思想有着一定的联系。今天，我们在进行教育制度改革中，这些仍具有一定的借鉴作用。

邓小平在今天改革开放的新时期，提出了"教育要面向现代化，面向世界，面向未来"的方针。这是毛泽东教育思想的继承和发展，是毛泽东教育思想在新的历史时期的创新。在这一教育方针的指导下，我们应该更多地研究教育自身的客观规律，更好地学习吸收国外教育的先进经验，更好地继承发扬祖国历史上传统教育制度的精华，培养出一批批"面向现代化，面向世界，面向未来"的人才，以加快建设有中国特色的社会主义。

载《江苏教育学院学报》1994年第4期

追寻毛泽东的探索足迹

　　毛泽东是探索我国社会主义道路的开拓者。自 1956 年春天发表《论十大关系》开始，直至 1976 年 9 月溘然长逝，在长达 20 多年的坎坷岁月里，毛泽东曾先后提出过三种构想，留下了许多宝贵的经验和教训。追寻毛泽东艰难的探索足迹，不仅能从历史中汲取丰富的理论营养，而且对于我们深入学习和领会邓小平同志建设中国特色社会主义的理论，具有重大的现实意义。

　　毛泽东的第一种构想，就是利用资本主义来建设社会主义。

　　1956 年 11 月，中国民主建国会召开一届二中全会。会后，黄炎培先生专门给毛泽东写了一封信，说："全行业公私合营，工商业者的表现是好的。这几个月，有少数人表现消极作用，流行着定息万岁的口号，白天是社会主义，夜里是资本主义，还出现地下工厂、地下商店。可以看出，资本主义工商业改造的任务还是艰巨的。"这封信引起了毛泽东的注意，他决定趁全国工商联即将召开代表大会的机会，来解决这些问题。于是，毛泽东在 12 月 5 日、7 日、8 日，用三个晚上的时间，分别约请民建、工商联的负责人黄炎培，陈叔通等先生和各省工商界的代表谈话。5 日晚上谈话时，陈叔通先生又提出三个问题：定息还能拿多久，资本家怕取消太快；资本家现在还安排工作，但怕过几年被一脚踢开；合营之后，资本家如何进行思想改造。

　　毛泽东在这三个晚上的谈话中，不只是一般地介绍党的方针政策，让资本家安下心来，或是启发、教育资本家，自觉接受社会主义改造，而是提出了他的"新经济政策"：一是在全面进行社会主义经济建设时期，资本主义经济仍然具有存在的合理性。毛泽东说："现在国营、合营企业不能满足社会需要。如果有原料，国家投资有困难，社会有需要，私人可以开厂。"

二是把资本主义经济看成社会主义经济的补充。毛泽东在1955年10月七届六中全会上曾说过：马克思主义，就是要使资本主义绝种，小生产也绝种。然而，事隔一年之后，在我国社会主义建设的实践中，毛泽东不再拘泥于马列主义传统理论，而是把一定数量的资本主义经济看作是社会主义经济的一种补充。这种新认识，不能不说是对马列主义传统理论的一个突破。

三是把资本主义经济当作社会主义经济的学习对象、竞争对手和帮手。毛泽东早在公私合营时就曾经说过："我们应当对资本主义工商业经营技术中有用的东西，看成是民族遗产，把它保留下来，绝不应该不加分析地全盘否定。"还说："北京市东来顺羊肉店和全聚德烤鸭店合营后，不适当地变动了这些店的原有货源甚至操作方法，使食品质量下降，顾客不满，这应该引以为教训。"在这里，毛泽东实际上已经把资本主义经济当成社会主义经济学习的对象。

四是初步提出了"在社会主义建设中搞一点私营的，活一点有好处"的思想。

毛泽东的上述思想，在马列主义传统理论被当成教条、束缚着人们头脑的那种气氛之下，像一股清馨的春风，沁人心肺。

然而，"感觉到了的东西，我们还不能立刻理解它，只有理解了的东西才能更深刻地感觉它。"当时，毛泽东、党中央酝酿的这种利用资本主义经济来建设社会主义的新构想，尚处于感性认识阶段，人们还不能理解这种新构想的深刻含义，随时会产生思想上的反复，抛弃这种有价值的构想。后来的情况是：毛泽东、党中央这一有价值的构想，被随后产生的一种急于向共产主义社会过渡的构想所代替，没有能够在实践中展开、尝试，令研究、追寻毛泽东探索足迹的后人，不禁扼腕叹息。

毛泽东的第二种构想，是在1957年开始酝酿的。

1957年11月，在莫斯科中国共产党和工人党代表大会上，苏共中央总书记赫鲁晓夫宣布：苏联在15年后可以超过美国，并向共产主义社会过渡。毛泽东也在这次会议上表示：中国在15年后可以超过英国。也开始考虑向共产主义过渡的问题。

据胡乔木回忆，1958年二三月间，毛泽东同陈伯达谈过一次话，说乡社合一，将来就是共产主义雏形，什么都管，工农商学兵。5月，在党的八大二次会议上，陆定一在发言中说："毛泽东和刘少奇同志谈到几十年以后我国情景时，曾经这样说：那时我国的乡村中将是许多共产主义的公社，每个公社有自己的农业、工业，有大学、中学、小学，有医院，有科学研究机关，有商店和服务行业，有交通事业，有托儿所和公共食堂，有俱乐部，也有维持治安的警察等。若干个公社围绕着城市，又成为更大的共产主义公社。前人乌托邦的梦想将被实现，并将被超过。"这基本上勾画出毛泽东建设社会主义、向共产主义过渡的蓝图，是毛泽东在探索我国社会主义建设道路中所提出的第二种构想。

7月16日出版的《红旗》第4期，刊登了陈伯达的讲演稿——《在毛泽东同志的旗帜下》，第一次向全国公开了毛泽东关于人民公社的基本构想。随后，人民公社化运动在全国迅速兴起。到9月底，全国农村基本上实现了人民公社化。

1958年11月，在党的八届六中全会上，毛泽东曾指示印发《张鲁传》，作为会议文件，供与会者参阅。毛泽东在文前加上按语说，张鲁祖孙三世以神道治病，有点像我们人民公社免费医疗的味道。道路上饭铺里吃饭不要钱，最有意思。开了我们人民公社公共食堂的先河。我国从汉末到今一千多年，情况如天地悬隔。但是从某几点看来，例如，贫下中农的一穷二白，还有某些相似，所以这个《张鲁传》值得一看。

有人依据毛泽东的上述批示，认为毛泽东通过人民公社向共产主义社会过渡的设想，是一种农业空想社会主义的流露。这种指责是十分错误的。笔者认为，上述批示反映了知识渊博的毛泽东，是在历史上寻找建立人民公社成功的可能因素，来印证他依据马克思主义同我国实践相结合创造的人民公社，适合于中国国情。

毛泽东在向人们推荐《张鲁传》的同时，还多次宣传介绍了《马、恩、列、斯论共产主义》这本书。由此可以看出，毛泽东是希望广大党员干部能够以马克思列宁主义为指导，同我国的实践经验相结合，去创造性地建设社会主义、过渡到共产主义社会。毛泽东对于这本书的评价是："一曰很有启发，二曰相当不足。"这反映了他既以马克思主义经典著作为指导，又不迷信经典的可贵探索精神。令人遗憾的是，毛泽东关于我国社会主义建设的第二个构想及其实践，是一次不成功的探索。

　　1966 年 5 月 16 日，中共中央政治局扩大会议通过了《中国共产党中央委员会通知》。在此前 10 天，毛泽东看了解放军总后勤部关于进一步搞好农副业生产的报告后，于 5 月 7 日给林彪写了一封信，即《五七指示》。这两个历史性的文件，前者是发动"文化大革命"的宣言书，要"破"，要"砸烂一个旧世界"；后者是毛泽东所设想的社会主义建设的理想蓝图，要"立"，要"创造一个新世界"。这是毛泽东晚年对于建设社会主义的基本构想，也是他的第三种构想。

　　毛泽东这一构想的主要内容：首先是由限制到逐步消灭商品经济。1974 年 12 月，毛泽东在同周恩来的一次谈话中说："我国现在实行的是商品制度，工资制度也不平等，有八级工资制，等等。这些只能在无产阶级专政下加以限制。所以，林彪一类如上台，搞资本主义制度很容易。"在这里，毛泽东把商品经济错当成资本主义复辟的土壤。这是他规划《五七指示》蓝图时的重要指导思想之一。

　　其次是限制按劳分配主张平均主义。毛泽东很看重革命战争年代实行供给制的成功经验，他认为取消供给制，实行薪金制，是一种退步；按劳分配会导致"两极分化"，是产生资本主义的土壤和温床。

　　最后，由人为地消灭社会分工而逐步"消灭三大差别"。他希望各行各业、各个单位，都要像解放军那样办成大学校。每个大学校都以一业为主，兼营其他行业，进而消灭三大差别。

　　上述《五七指示》的三个方面，在人民公社蓝图里都能找到相同的内容。因此，毛泽东说《五七指示》"已经不是什么新鲜意见、创造发明，多年以来，很多人已经是这样做了，不过还没有普及"。开展"文化大革命"，就是为了普及毛泽东的这种构想，把全国都办成红彤彤的毛泽东思想的大学校。为此，他奋斗不息。然而，却留下了沉痛的教训，从反面为建设有中国特色的社会主义理论提供了实践依据。正如邓小平同志所说：过去的成功是我们的财富，过去的错误也是我们的财富。

　　毛泽东所提出的三种构想，无论正确或错误，都是我们党的宝贵思想财富，都为我们党在新的历史时期开拓新历程、选择正确的起点提供了依据。

载《世纪风采》（中共江苏党史工委）1994 年第 6 期

毛泽东与邓小平：开创有中国特色的社会主义建设道路

从 1956 年 4 月，毛泽东在《论十大关系》一文中提出，要走一条中国自己的社会主义建设道路，直至 1992 年 10 月党的第十四次代表大会决定，要用有中国特色社会主义理论武装全党，经过近 40 年的探索，我国人民终于找到了社会主义建设的正确道路。

在历史的长河里，40 年的时光只不过是短暂的一瞬间。然而，中国人民却经历了凯歌行进的喜悦，曲折发展的艰辛，"大动乱"的磨难，改革开放的欢欣鼓舞。

马克思主义产生在一百多年前的西欧资本主义国家，对于社会主义建设的理论原则，只能是推断性地预言。因此，在今天用来指导我们社会主义建设，必须要有新的突破、创新和发展；中国原是落后的半殖民地半封建社会的农业大国，要跃过资本主义发展阶段的痛苦，建设社会主义现代化，是极其艰难而伟大的事业。所以，由于理论上的不足和原来基础上的薄弱，把马克思主义同中国实际相结合，找到一条适合我国情况的社会主义建设道路，没有几代人的艰辛探索是不可能的。

有中国特色社会主义的理论，是马克思主义在当代的新发展，是指导我国建设社会主义现代化的思想武器。它凝结着毛泽东与邓小平——两代马克思主义者的艰辛、智慧、胆略和坚忍不拔的毅力。

一

什么是社会主义？这是探索一条社会主义建设道路，首先必须弄明白的前提。

　　毛泽东领导我们建设社会主义之初，社会主义正在从无数革命先辈矢志追求的崇高目标，变为现实的奋斗目标。那时，人们对于社会主义还缺乏感性认识，更谈不上经验了。大家对于社会主义的理解，只能够来自马克思主义传统理论，来自苏联"老大哥"。当时在群众中流传着一句话："苏联的今天，就是我们的明天"。中国人民对于社会主义苏联，无限地向往。

　　马克思、恩格斯在一百多年前，依据当时私有制、商品经济、雇佣劳动给资本主义社会所带来的罪恶，预言在未来共产主义社会第一阶段——社会主义社会，已经废除一切私有制，已经取消商品经济，实行集中统一的计划经济制度；人们逐步摆脱奴隶般地服从社会分工，可以随时选择、改换自己的工作。劳动由谋生的手段，逐步变成了人们的生活需要。他们还预见到，在共产主义社会第一阶段，按劳分配作为资产阶级权利（原来翻译为资产阶级法权），还不得不保留；只有到了共产主义社会高级阶段，才能实行按需分配的原则。列宁、斯大林领导建立的社会主义，基本上符合马克思、恩格斯上述的理论原则。那个时候，依照马克思主义传统理论建立起来的社会主义国家，经济发展速度一般都超过资本主义国家。

　　毛泽东依据传统社会主义理论原则，考虑得比较多的是：如何建立完全的公有制，如何建立集中统一的计划经济体制，如何限制资产阶级权利，逐步由按劳分配向按需分配过渡，如何使人们摆脱必须服从社会分工的被动奴隶地位，真正变成劳动的主人。中国是落后的农业大国，把上述传统社会主义理论原则同中国这一实际情况相结合，毛泽东提出了人民公社的设想。人民公社的特点是"一大二公"：由四五千以至上万户农民组织在一个大公社里，统一劳动和分配，工（业）、农（业）、商（业）、学（校）、兵（民兵）样样齐全，实行政社合一，逐步由按劳分配向按需分配过渡，逐步打破社会分工，人人都变成生产劳动的多面手。人民公社集中反映了毛泽东对于社会主义的认识和理解。

　　由于人民公社"大"和"公"，都超出了生产力的实际水平，后来又退回到以生产队为基本经营、核算单位，实际上是退回到初级农业合作社的规模。1966年5月，毛泽东在著名的"五·七指示"里，要求全国各行各业都办成亦工亦农，亦文亦武，又要批判资产阶级的社会组织，办成限制社会分工和商品生产、限制按劳分配和物质利益原则的社会组织。与人民公社大体相同。它反映了毛泽东在晚年，仍然坚持自己对于社会主义的认识和理解。

毛泽东过多地注意从生产关系和上层建筑方面建立社会主义制度，并把这方面的建设，当成神圣不可侵犯的马克思主义原则，忽视了生产力的发展；脱离了经济建设这个中心，以阶级斗争为纲，去捍卫这些所谓的马克思主义原则。而这些，又被康生发展成为批判"唯生产力论"，被张春桥鼓吹为"宁要社会主义草，不要资本主义苗"，严重破坏了经济建设，影响提高人民生活水平。

邓小平对于社会主义的认识和理解，并不仅仅是来自马克思主义理论原则。他提出"学马列要精，要管用"；社会主义建设"不是靠本本，而是靠实践、靠实事求是。"

本着实事求是的原则，邓小平提出社会主义的理论原则是：一、"离开了经济建设这个中心，就有丧失物质基础的危险"。二、"贫穷不是社会主义。我们坚持社会主义，要建设对资本主义具有优越性的社会主义，首先必须摆脱贫穷"；三、提出"计划经济不等于社会主义，资本主义也有计划；市场经济不等于资本主义，社会主义也有市场。计划和市场都是经济手段"；四、明确"社会主义的本质，是解放生产力，发展生产力，消灭剥削，消除两极分化，最终达到共同富裕"。

邓小平更多的是从社会的基础——物质生产，认识和建设社会主义，符合马克思主义唯物史观。邓小平对于社会主义的认识和理解，是对传统社会主义理论原则的突破和创新。

邓小平对于社会主义的认识和理解，固然反映出他的智慧、才能和胆略，但从历史唯物论的观点看问题，里面凝聚着毛泽东的经验教训，包含着毛泽东探索的艰辛和曲折。

二

如何建设社会主义？这是建设社会主义的途径和方法问题。

毛泽东在《论十大关系》一文中提出：要调动一切积极因素，包括"把党内党外、国内国外的一切积极的因素，直接的间接的积极因素，全部调动起来，把我国建设成为一个强大的社会主义国家"。那么，如何调动这些积极因素呢？

开展群众运动。在革命战争年代，我们党依靠群众运动，取得了伟大的胜利。我们党的干部，也培养出了做群众工作的一套经验，而且，在抗日战争时期，我们党有大生产运动的经验，即通过群众运动开展经济生产的成功经验。这些很自然地会使毛泽东和大多数干部，沿用群众运动的办法去搞经济建设。

开展群众运动，固然是调动一切积极因素的一种方法，但是，用来搞社会主义经济建设则是不适应的。因为，第一，群众运动只能调动一时热情，不可能持久；第二，群众运动会出现违背经济客观规律的现象，如"大跃进"运动。

政治挂帅。毛泽东认为，建设社会主义是神圣而崇高的事业，必须要无产阶级政治挂帅；在社会主义建设时期，在意识形态方面还存在着两种世界观的斗争，无产阶级要按照自己的世界观改造世界，资产阶级也要按照自己的世界观改造世界，在这方面，社会主义和资本主义两条道路的斗争还没有真正解决。因此，必须无产阶级政治挂帅，才能保证我们的社会主义建设不脱离马克思主义轨道。他说过："没有正确的思想，就等于没有灵魂""政治工作是一切经济工作的生命线""灿烂的政治之花，必将结出丰硕的经济之果"。所以，毛泽东搞经济建设，主张工业学大庆，农业学大寨，全国学习解放军；限制按劳分配，反对物质利益原则，认为那样会把人们带到资本主义邪路上去。

"政治工作是一切经济工作的生命线"的观点，无疑是正确的。我国的经济建设，决不能偏离社会主义方向。但是，夸大意识形态方面的阶级斗争，由限制资产阶级权利而束缚商品生产、限制按劳分配、反对物质利益原则，必然会大大影响一切积极因素的调动。

正确处理人民内部矛盾，也是毛泽东用来调动一切积极因素的基本方法之一。在社会主义建设时期提出正确处理人民内部矛盾的理论，确实是毛泽东对于马克思主义的一个重要突破，一次重大发展。然而，这还只能是从政治思想的角度去调动人们的积极因素。而且，在阶级斗争扩大化的情况下，强调正确处理人民内部矛盾，并不能使人们的积极因素得到正常发挥。

此外，毛泽东也提出过要按客观经济规律办事。但是，由于种种客观和主观上的原因，那时所说的社会主义经济规律，主要是指"有计划、按比例"的规律，并且把商品经济当成资产阶级权利残余，处处加以限制。这种做法，本身就是违背了社会主义商品经济的规律，不能不影响经济建设的发展。

毛泽东对于我国社会主义建设的探索、认识，不乏有真理的光芒，可是，终究没有找到正确的途径和方法。在总结社会主义建设正反两方面经验的基础上，邓小平提出了关于我国经济建设途径和方法的主张，主要有两点：

一是改革开放。改革是一种革命，"革命是解放生产力，改革也是解放生产力"。改革，就是从传统社会主义模式中解放出来，就是依据生动活泼的实践，发展马克思主义，创造出比资本主义国家更高生产力水平的社会主义（自 60 年代后，按照传统理论原则建立起来的社会主义，经济发展普遍落后于西方资本主义国家）；开放，就是要大胆学习人类在资本主义社会创造的一切优秀成果，打消姓"资"还是姓"社"的顾虑，只要有利于发展社会主义社会生产力，只要有利于增强社会主义国家的综合国力，只要有利于提高人民的生活水平，都可以学习、借鉴。邓小平还强调："不坚持社会主义，不改革开放，不发展经济，不改善人民生活，只能是死路一条"。

实践证明并将继续证明，只有改革开放，突破传统社会主义模式，借鉴外国现代化建设的优秀成果，才能创造出比资本主义国家更高生产力水平的社会主义，创造出有中国特色的社会主义。改革开放，是我国建设社会主义现代化的正确途径。

二是建立社会主义市场经济。历史证明，资本主义发展阶段可以超越，但商品经济发展阶段，对于要实现现代化的任何国家和民族，都是不可逾越的。社会主义市场经济的建立，真正找到了调动一切积极因素的正确方法和途径。它可以把人们的社会主义劳动积极性，通过长远和眼前的物质利益，通过经济生产和精神文明建设，有机地结合起来，使人们长久地保持劳动热情。

社会主义市场经济目前尚在建立的过程中，但已经出现了不少带头致富的共产党员和先进人物。这是资本主义市场经济不可能出现的新事物，反映了社会主义市场经济的本质特征。虽然，现在也出现了不少资本主义市场经济初期曾经出现过的丑恶现象，但是，随着社会主义法制的健全和制约，随着社会主义精神文明的建设，随着党的建设加强和党风的逐步好转，随着社会主义市场经济的发育和成熟，一切丑恶的现象都会得到有效控制和处理。

经过两代马克思主义者的大胆探索，终于找到了我国社会主义现代化建设的正确途径和方法。

三

社会主义建设应当确立怎样的奋斗目标？这是社会主义经济发展的战略目标和战略部署的问题。

马克思、恩格斯从来没有明确规定实现共产主义的时间，而且那时就急切盼望共产主义的到来。然而，他们那个时代，既没有电灯、电话，也没有火车、汽车、飞机，仍是个工业不算发达的资本主义社会。马克思、恩格斯流露在经典著作中的这种想法，不能不影响后来的马克思主义者。

自第二次世界大战后至50年代末期，传统理论指导下建立的社会主义，经济发展速度一般都大大超过西方资本主义国家。由此，兴起了赶超资本主义、实现共产主义的热潮。苏联提出15年赶上美国，并进入共产主义；中国提出15年赶上英国，要通过人民公社早日进入共产主义。因此，赶上英国、实现共产主义，就成了我国社会主义建设的目标。随后，兴起了"大跃进"运动。

毛泽东总结了"大跃进"运动的经验教训，提出："中国人口多，底子薄，经济落后，要使生产力很大地发展起来，没有一百多年的时间，我看是不行的"。他在读苏联《政治经济学》教科书的批注中说，由资本主义过渡到共产主义，要经历"不发达的社会主义"和"比较发达的社会主义"两个阶段，可能后一阶段比前一阶段需要的时间更长，我们现在还处于"不发达社会主义"阶段。1964年12月，在第三届人大一次会议上，周恩来在政府工作报告中明确指出："要在一个不太长的历史时期内，把我国建设成为一个具有现代农业、现代工业、现代国防和现代科学技术的社会主义强国，赶上和超过世界先进水平"。

毛泽东把赶上和超过世界先进水平作为战略目标，预计大约需要一百多年的时间，把社会主义划分为若干发展阶段，我国处于"不发达社会主义"阶段，要实现四个现代化，等等。这些正确的认识，为党在新时期制订出科学的战略目标和战略部署，提供了依据。

在毛泽东探索的基础上，在毛泽东正反两方面经验的基础上，又经过改革开放的新实践经验的检验、补充，1987年党的第十三次代表大会确定了"三步走"的经济发展战略目标，即从党的十一届三中全会至下个世纪中叶，大体上分为三个阶段：第一阶段，是到1990年，实现国民生产总值比1980年翻一番，解决人们的温饱问题。从整个发展战略来看，这十年是准备阶段；第二阶段，是到2000年，力争使国民生产总值在原来的基础上再翻一番，使人民生活达到小康水平。从整个发展战略来看，这十年是极为关键和重要的阶段；第三阶段，是到21世纪中叶（即2050年），使人均国民生产总值达到中等发达国家水平，人民生活比较富裕，基本上实现了现代化。此外，邓小平还提出"国民经济发展隔几年上一个台阶"的思想。

实践的结果：1988年，我国国民生产总值达到14015亿元人民币，比1980年国民生产总值4470亿元，翻了一番（扣除了物价上涨因素）。1993年国民生产总值突破30000亿元大关（达到28000亿元，就又翻一番了，但由于物价上涨因素，故而没有宣布实现第二个翻番）。我国经济发展进入了建国以来少有的迅速发展时期。

1993年我国钢铁年产量达到8800万吨，跃居世界第二位，超过了美国年产量8700万吨。为此，俄罗斯《真理报》1994年2月1日，刊登了题为《这才叫"大跃进"》的文章。文章指出：1958年中国出现了"大跃进"，要15年赶上英国。35年后的今天，我们蓦然发现中国确实存在着"大跃进"。

我国人民经过长期的探索、奋斗，毛泽东生产"大跃进"的理想，正在成为现实。

自70—80年代，西方资本主义各国的经济发展，普遍超过了社会主义国家，社会主义、马克思主义面临着严峻的挑战。而中国共产党人集两代马克思主义者探索之经验，提出了改革开放的总方针，确立了建立社会主义市场经济的目标，使我国的社会主义建设出现了益然生机。美国前任总统尼克松，早在1988年就预见到：由于中国有邓小平的改革开放，"我们孙辈的世界将有三个超级大国，而不是两个——美国、苏联和中华人民共和国"。今天，更多的外国政治家、经济学家已经看到了这一点，都不否认中国将要成为经济上的"超级大国"这一事实。然而，他们当中却很少有人看到中国的改革开放，中国的经济崛起，将意味着社会主义伟大事业新的兴起。

1991年苏联东欧社会主义各国发生了历史性的剧变，而中国却能够在艰难时期勃发出一股新的力量，使马克思主义、社会主义重新焕发出旺盛的生命力。因为，中国有毛泽东、邓小平两代马克思主义者的艰辛探索。

载《南京大学学报》（哲社版）1994年第4期

十一届三中全会以来政治体制改革述评[①]

王河/董建萍

值此纪念党的十一届三中全会胜利召开 20 周年之际，回顾与总结我国政治体制改革的历史进程和历史经验，对于贯彻十五大精神，高举邓小平理论的旗帜，继续推进政治体制改革，建设社会主义法治国家，具有重要意义。

一 十一届三中全会是我国政治体制改革的起点

我国的政治体制，是从革命战争年代脱胎而来、在社会主义改造时期借鉴苏联模式基础上确立起来的。它适应于大规模的群众运动和高度集中的计划经济。随着 1956 年我国社会主义制度建立、全面建设社会主义时期的到来，这种高度集权的政治体制与经济、政治、文化等各方面发展不相适应的情况逐步暴露出来。因此，在党的"八大"前后，我们党对于改革政治体制曾作出过有益的探索，提出了一些正确的观点和主张。但是，由于人们对于政治体制改革还缺乏深刻的认识，所以提出来的一些正确观点和主张，转瞬即逝，没有能够具体实施、落实。随后，1957 年反右派斗争，1958 年经济建设上的"大跃进"和人民公社化运动，以及阶级斗争扩大化不断升级直至"文化大革命"爆发，这种高度集权的政治体制得以膨胀和发展，严重制约着我国社会主义现代化建设。至此，改革原有的政治体制已成为推动我国社会主义现代化建设事业继续前进的一场

---

① 本文发表于《资料通讯》（杭州）1998 年第 09 期，第 1—9 页；期刊名称：《体制改革》，复印期号：1998 年 11 期。

伟大革命，1978年召开的党的十一届三中全会是这场伟大革命的起点。

1978年9月18日，邓小平在听取鞍山市委负责同志汇报时，第一次提出："现在我们的上层建筑非改不行。"同年10月11日，邓小平在全国工会第九次代表大会致词中指出：实现四个现代化是一场伟大的革命。"这场革命既要大幅度地改变目前落后的生产力，就必然要多方面地改变生产关系，改变上层建筑，改变工农业企业的管理方式和国家对工农业企业的管理方式，使之适应于现代化大经济的需要""各个经济战线不仅需要进行技术上的重大改革，而且需要进行制度上、组织上的重大改革"。在这里，更加明确地提出了要改变生产关系、上层建筑和管理方式，要进行制度上和组织上的改革。

很显然，在三中全会前夕，党中央在酝酿把工作重点转移到经济建设上来的同时，也开始考虑提出政治体制改革的任务。1978年12月13日，邓小平在中央工作会议闭幕会上作了题为《解放思想，实事求是，团结一致向前看》的著名讲话。在这篇讲话中，邓小平指出：只有思想解放了，我们才能正确地以马列主义、毛泽东思想为指导，"正确地改革同生产力迅速发展不相适应的生产关系和上层建筑"。在论及与生产力发展不相适应的上层建筑时，邓小平尖锐地指出："党内确实存在权力过分集中的官僚主义"。这种官僚主义常常以"党的领导"的面貌出现，"是真正的管、卡、压"；在体制上存在着"党政不分、以党代政"的现象，"加强党的领导，变成了党去包办一切、干预一切"，等等。为了克服这些弊端，邓小平指出："要切实保障工人农民个人的民主权利，包括民主选举、民主管理和民主监督""为了保障人民民主，必须加强法制。必须使民主制度化、法律化，使这种制度和法律不因领导的改变而改变，不因领导人的看法和注意力的改变而改变。"真正做到"有法可依，有法必依，执法必严，违法必究。"邓小平还设想：将来"国家和企业、企业和企业、企业和个人等等之间的关系，也要用法律的形式来确定；它们之间的矛盾，也有不少要通过法律来解决。"这里，邓小平不仅指出了原有政治体制的弊端，而且政治体制改革是为了建设社会主义法治国家的大思路已经十分清晰。

党的十一届三中全会肯定并吸收了邓小平这篇讲话的精神，指出：实现四个现代化，要求大幅度地提高生产力，也就必然要求多方面地改变同生产力发展不适应的生产关系和上层建筑，改变一切不适应的管理方式、活动方式和思想方式。全会还分析了我国政治体制存在的弊端，提出需要着手改革的主要问题是：（1）下放经济管理权限，精简经济行政机构；（2）解决党政不分、以党代政、以政代企的现象；（3）实行分级分工分人负责和实行考核、奖惩、升降等制度；（4）调动人民的积极性，切实保障人民的民主权利；（5）加强社会主义法制建设，使民主制度化、法律化；（6）健全民主集中制和集体领导的原则。

虽然当时人们还没有使用"政治体制改革"的提法，但我国政治体制改革实际上是从三中全会开始的。邓小平后来也说过，政治体制改革的任务，在三中全会时就提出来了。

二　政治体制改革在拨乱反正、总结历史经验和改革开放的起步中形成主题

粉碎"四人帮"之后，特别是 1978—1980 年，我国政治体制发展的基本特点是：拨乱反正，初步纠正了"文化大革命"时期畸形的政治体制，恢复了正常的社会政治秩序。这主要表现在以下三个方面：

1. 党和国家的领导机制逐步得到恢复。

1978 年五届人大一次会议通过了第三部《中华人民共和国宪法》。从此恢复了人大常委会的日常工作，恢复了人民代表大会是国家最高权力机关的职能。1979 年五届人大第十一次常委会通过并公布了《关于省、自治区、直辖市可以在 1979 年设立人民代表大会常务委员会和将革命委员会改为人民政府的决议》。从此在"文化大革命"中形成的"革命委员会"行政体制宣告结束。

十一届三中全会选举了以陈云为第一书记的中央纪律检查委员会，"文化大革命"中被完全破坏的党内监督机制得到恢复和完善。1980 年 2 月召开的十一届五中全会，讨论并通过了《中国共产党章程》修改草案。章程草案对于党的民主集中制作了比较完善的规定，对于党的干部制度作出了一系列新规定，包括废除干部领导职务实际上存在的终身制。1980 年 4 月，中央政治局会议通过了《关于丧失工作能力的老同志不当十二大代表和中央委员候选人的决定》。7 月，中央发出《关于坚持"少宣传

个人"的几个问题的指示》。8月，中央书记处作出决定：在今后二三十年内，一律不挂现任中央领导人的像，以利于肃清个人崇拜的影响。

2. 共产党领导下的多党合作和政治协商制度及工、青、妇群众团体基本恢复。

1978年2月24日—3月8日，全国政协五届一次会议胜利召开，恢复了人民政协的工作。1979年6月15日，邓小平在五届政协二次会议开幕词中指出："我国各民主党派在民主革命中有过光荣的历史，在社会主义改造中也作了重要的贡献。这些都是中国人民所不会忘记的。现在它们都已经成为各自所联系的一部分社会主义劳动者和一部分拥护社会主义的爱国者的政治联盟，都是在中国共产党领导下为社会主义服务的政治力量"。这是对各民主党派和工商联在我国政治生活中的地位和性质作出的科学概括和表述。从此，各民主党派和工商联不再被认为是"资产阶级"的了。1979年10月19日，邓小平在接见出席各民主党派和工商联代表大会的全体代表时指出："长期共存、互相监督"是一项长期不变的方针。"在中国共产党的领导下，实行多党派的合作，这是我国具体历史条件和现实条件所决定的，也是我国政治制度中的一个特点和优点。"这表明我们党重新恢复了多党合作的方针。

1978年9月—10月，中国妇女第四次全国代表大会、中国工会第九次全国代表大会、共青团第十次全国代表大会先后在北京举行。从此，全国妇女联合会、全国总工会、共青团中央的日常工作恢复正常，开始发挥各自的职能作用。

3. 社会主义民主和法制建设得到恢复和加强。

粉碎"四人帮"之后，我国的公、检、法机关相继恢复、重建，并开展工作。1979年2月五届人大常委会第六次会议决定，设立全国人大常委会法制委员会。6月17日至7月1日，五届人大二次会议讨论通过了《中华人民共和国全国人民代表大会和地方各级人民代表大会选举法》《中华人民共和国地方各级人民代表大会和地方各级人民政府组织法》《中华人民共和国检察院组织法》《中华人民共和国法院组织法》《中华人民共和国刑法》《中华人民共和国刑事诉讼法》《中华人民共和国中外合资经营企业法》等七个重要法律文件。这表明我国人民民主向制度化、法律化迈出了重要一步。1980年五届人大常委会通过了《中华人民共和国律师暂行条例》，从而使 1957 年夭折的律师辩护制度得到恢复。

"文化大革命"结束之后，恢复原来的政治体制，"是建立安定团结政治局面的必要保障。没有安定团结生动活泼的政治体制，搞四个现代化就不行。"① 那时，深受十年动乱之苦的人们，渴望安定团结，希望恢复"文化大革命"之前的社会秩序，以便能够集中精力，加快经济建设，尽快把我国建设成为现代化的社会主义强国。同时，为什么我们国家会发生"文化大革命"这样的灾难？如何才能避免"文化大革命"的灾难在我们国家重演？这些深层次的问题，也引起了人们的思考。

1980 年 8 月，意大利著名女记者奥琳埃娜·法拉奇在采访邓小平时，直言不讳地说："我看不出怎样才能避免或防止再发生诸如'文化大革命'这样可怕的事情"。邓小平回答说："这要从制度方面解决问题。我们过去的一些制度，实际上受了封建主义的影响，包括个人迷信，家长制或家长作风，甚至包括干部职务终身制。我们现在正在研究避免重复这种现象，准备从改革制度着手。我们这个国家有几千年封建社会的历史，缺乏社会主义的民主和社会主义的法制。现在我们要认真建立社会主义的民主制度和社会主义法制。只有这样，才能解决问题。"

邓小平等中央领导同志提出改革国家领导体制问题，不是没有考虑到经济的因素，不是没有考虑到与经济体制改革和现代化建设相适应的问题。但在当时的历史条件下，他们更多地还是着眼于如何从领导制度上防止"文化大革命"这类灾难重演，保持党和国家的长治久安。

有些人在总结历史经验时，把发生"文化大革命"的责任归咎于它的发动者和领导者毛泽东个人。然而，邓小平认为："不是说个人没有责任，而是说领导制度、组织制度问题更带有根本性、全局性、稳定性和长期性"。② 他指出："我们过去发生的各种错误，固然与某些领导人的思想、作风有关，但是组织制度、工作制度方面的问题更重要。这些方面的制度好可以使坏人无法任意横行，制度不好可以使好人无法充分做好事，甚至会走向反面。即使像毛泽东同志这样伟大的人物，也受到一些不好的

---

① 《邓小平文选》第 2 卷，第 189 页。
② 同上书，第 333 页。

制度的严重影响，以至对党对国家对他个人都造成了很大的不幸。"① 斯大林生前曾经犯过"肃反"扩大化的严重错误。毛泽东曾经说过，像斯大林这样严重破坏社会主义法制的事件，"在英、法、美这样的西方国家不可能发生。"② 令人遗憾的是，毛泽东虽然认识到这一点，但是由于没有在实际上解决领导制度问题以及其他一些原因，仍然导致了"文化大革命"十年浩劫。

因此，解决领导制度的问题，历史地落在了邓小平肩上。1980 年 8 月 18 日，邓小平在中共中央政治局扩大会议上发表了题为《党和国家领导制度的改革》的重要讲话。他指出：从党和国家的领导制度、干部制度方面来说，"主要的弊端就是官僚主义现象，权力过分集中的现象，家长制现象，干部领导职务终身制现象和形形色色的特权现象。"他还对这些弊端的危害及形成的原因逐条加以分析。这在马克思主义经典著作中尚属首次。邓小平这篇讲话虽然是谈党和国家领导制度的改革，但这恰恰是我国高度集权的政治制度改革的关键问题，它不能不涉及我国政治制度改革的各个方面。因此，这篇讲话对于我国政治制度的改革具有重要的指导意义。

对于党和国家领导制度的改革，中央经过多次酝酿，开始起步。1980年 2 月召开的党的十一届五中全会，为了改变权力过分集中于少数人甚至于个人的状况，决定重新设立中央书记处。这既是对"文化大革命"取消书记处的非正常状况的改变，也是党的领导体制的一项重大改革。1980年 9 月人大三次会议，既是为了解决权力过分集中、党政不分的问题，也是为了解决好交接班问题，让比较年轻的同志走上第一线，决定华国锋不再兼任国务院总理（当然还有其他方面的原因），邓小平、陈云、李先念、徐向前、王震不再兼任副总理。1982 年 1 月，中央政治局召开会议讨论中央机构精简问题。邓小平在会上作了《精简机构是一场革命》的重要讲话，提出中央机关要精简 1/3，全国仅机关大约要精简四五百万人。1982 年 2 月 20 日，中共中央颁布了《关于建立老干部退休制度的决定》。

---

① 《邓小平文选》第 2 卷，第 333 页。

② 同上。

自 1978 年 12 月十一届三中全会之后，我们党在拨乱反正、总结历史经验的同时，探索建设有中国特色的社会主义道路也就开始起步了。

1981 年 6 月十一届六中全会通过了《关于建国以来党的若干历史问题的决议》，标志着我们党拨乱反正的历史任务胜利完成。从研究政治体制改革的历史视角来看，决议首次提出："逐步建设高度民主的社会主义政治制度，是社会主义革命的根本任务之一"。此后，我国社会主义现代化建设的目标，不再只是经济建设的"四个现代化"，而且包括政治制度上的高度民主、精神思想方面的高度文明。

随着城市经济体制改革试点逐步扩大，职工代表大会或职工代表会议在各企业事业单位普遍成立。"职工代表大会或职工代表会议有权对本单位重大问题进行讨论，作出决定，有权向上级建议罢免本单位的不称职的行政领导人员，并且逐步实行选举适当范围的领导人。"[①] 有准备有步骤地改变党委领导下的厂长负责制、经理负责制，经过试点，逐步推广，分别实行工厂管理委员会、公司董事会、经济联合体的联合委员会领导和监督下的厂长负责制、经理负责制。

1982 年 9 月 1 日至 11 日，中国共产党召开了第十二次全国代表大会。这次大会明确：政治体制改革的任务是努力建设高度的社会主义民主。社会主义民主要扩展到政治生活、经济生活、文化生活和社会生活的各个方面，发展各个企业事业单位的民主管理，发展基层社会生活的群众自治。大会提出：进一步发展国内各民族之间平等、团结、互助的社会主义民族关系，是我国社会主义民主建设的一项重要内容。在少数民族地区实行区域自治政策。大会还把我们党正确处理与各民主党派的方针，由原来的"长期共存、互相监督"，增加了"肝胆相照、荣辱与共"，形成了十六字方针；把新时期的统一战线扩展到全体社会主义劳动者、拥护社会主义的爱国者和拥护祖国统一的爱国者，包括台湾同胞、港澳同胞和海外侨胞。

在党的文献中，十二大首次使用了"政治体制改革"的用语。十二大标志着我国政治体制改革在拨乱反正、总结历史经验和改革开放的起步中形成了主题。

---

① 《邓小平文选》第 2 卷，第 340—341 页。

三　政治体制改革在全面改革开放和现代化
　建设中形成初步的总体构想

我国的改革是从农村实行包产到户开始的。"把权力下放给基层和人民，在农村就是下放给农民，这就是最大的民主。我们讲社会主义民主，这就是一个重要内容。"① 这就说明，包产到户不仅是经济民主，而且还包括政治民主的内涵。事实也正是如此，农村的包产到户，不仅大幅度提高农业生产力，而且还促进上层建筑的变革。1982 年 9 月党的"十二大"之后，改革开放和现代化建设在我国全面展开。当年年底，全国有 80% 的农民实行了包产到户。1983 年，12702 个人民公社宣布解体。1984 年，又有 39830 个人民公社解体。1985 年，所余的 249 个人民公社也不复存在。至此，人民公社及其下属生产队在我国彻底解体。代之而起的是61766 个乡镇政府和 847894 个村民委员会。我国农村基层组织机构发生了一场前所未有的大变革。

1982 年开始的党和国家行政机构的精简工作，至 1984 年结束。这次行政机构的改革，取得了一定成效。这表现在以下两个方面：一是领导职位数量有所精简。党中央 13 个部委的正副部长、主任减少 40%，正副局长减少 13.8%。国务院所属 41 个部委的正副部长、主任共减少 65%，正副司局长共减少 40%。副总理由 13 名减为 2 名（但新设国务委员，与副总理同级）。国务院部委、直属机构和办公机构由 100 个合并为 61 个。工作人员的编制缩减 1/3 左右。省级领导班子成员的人数减少 35%，在党委和政府交叉兼职的减少 63.8%。地、州和省部委厅局一级的领导成员减少 36%。县委常委、正副县长比原来的总人数减少 18%；二是领导班子的年龄和知识结构有所调整，十二大通过的党章规定的干部队伍"革命化、年轻化、知识化、专业化"的标准，得到比较好的落实。

但是，由于行政机构的改革情况复杂，涉及面广，牵扯到许多人的利益，所以，这次机构改革没有能够紧紧抓住转变职能这个关键，致使改革

---

① 《邓小平文选》第 3 卷，第 252 页、361 页、313 页、332 页、311 页、382—383 页、307页、361 页、355 页、285 页。

没有能够走出"精简——膨胀——再精简——再膨胀"的怪圈。至 1986 年底，国务院部委办直属机构又由 61 个增加到 72 个。行政机构的改革，仍然没有找到比较好的办法和途径。

党的十二大提出了全面建设社会主义现代化的宏伟纲领。十二大之后，我国的改革开放和社会主义现代化建设全面展开。1984 年 10 月，党的十二届三中全会通过了《关于经济体制改革的决定》。这标志着我国改革的重点由农村转移到了城市；经济体制改革进入到了一个新的发展阶段。

我国的政治体制适应于过去高度集中的计划经济，不适合于发展社会主义市场经济。原有的计划体制的主要弊端是：政企职责不分，条块分割，国家对企业统得过多过死，忽视商品生产、价值规律和市场的作用，分配中平均主义严重。结果造成了企业缺乏应有的自主权，企业吃国家的"大锅饭"、职工吃企业的"大锅饭"，严重压抑了企业和广大职工的积极性、主动性、创造性，使本来应该生机盎然的社会主义经济在很大程度上失去了活力。因此，为了建立和发展社会主义商品经济的新体制，"确立国家和企业、企业和职工这两方面的正确关系，是以城市为重点的整个经济体制的本质内容和基本要求。"① 政治体制改革，党政分开、政企分开，政府把经营自主权下放给企业，直接关系到经济体制改革的成败。而 1982—1984 年的党政领导机构的改革、精简，没有能够转变领导机关的职能，政企没有能够分开，企业仍然没有经营的自主权。因此，政治体制改革拖了经济体制改革的后腿。

1986 年 6 月 10 日，邓小平在听取经济情况汇报时说："现在看，不搞政治体制改革不能适应形势。""我们要精兵简政，真正下放权力，扩大社会主义民主，把人民群众和基层组织的积极性调动起来。现在机构不是减少了，而是增加了。设立许多公司，实际是官办机构，用公司的形式把放给下面的权又收了上来。机构多、人多，就找事情干，就抓住权不放，下边搞不活，企业没有积极性了。"6 月 28 日，邓小平在中央政治局常委会上又说："政治体制改革同经济体制改革应该相互依赖，相互配合。只搞经济体制改革，不搞政治体制改革，经济体制改革也搞不通，因为首先遇到人的障碍。事情要人来做，你提倡放权，他那里收权，你有什

---

① 《十二大以来重要文献选编》中卷，第 566—567 页。

么办法？从这个角度来讲，我们所有的改革最终能不能成功，还是决定于政治体制的改革。"

1986 年 9—11 月，关于政治体制改革问题邓小平发表了四次重要谈话。这些谈话，就政治体制改革的必要性、紧迫性，政治体制改革的目的、内容、目标以及原则等，都提出了许多重要的思想。邓小平希望中央经过一年时间的准备，到 1987 年召开十三大能拿出一个政治体制改革的蓝图。根据邓小平的要求，1987 年 10 月中央拿出了一个《政治体制改革总体设想》，并于十二届七中全会讨论通过，决定将其主要内容写入十三大报告。

1987 年 10 月 25 日党的十三大召开。邓小平说，这次大会的主要内容有两个：第一，把政治体制改革提到议事日程上来；第二，使我们领导层更年轻一些。① 十三大报告第五部分是我们党政治体制改革在全面改革开放和现代化建设中形成的初步的总体构想。包含以下主要内容：

第一，政治体制改革的必要性和紧迫性。

经济体制改革的展开和深入，对政治体制改革提出了愈益紧迫的要求。发展社会主义商品经济的过程，应该是建设社会主义民主政治的过程。不进行政治体制改革，经济体制改革不可能最终取得成功。

第二，政治体制改革的目的。

政治体制改革的目的，同经济体制改革的目的一样，都是为了更好地发展社会生产力，充分发挥社会主义的优越性。具体地说，在经济上赶上发达的资本主义国家；在政治上创造比这些国家更高更切实的民主；并且造就比这些国家更多更优秀的人才。这 3 条，应该是检验政治体制改革和经济体制改革成效的依据。

第三，政治体制改革的对象。

主要是权力过分集中，官僚主义严重以及封建主义的影响。

第四，政治体制改革的原则。

1. 建设社会主义民主政治同发展社会主义商品经济一样，是一个逐步积累的渐进过程，决不能急于求成；2. 我们的现代化建设面临着复杂的社会矛盾，需要安定的社会政治环境，决不能搞破坏国家法制和社会安定的"大民主"；3. 人民代表大会制度，共产党领导下的多党合作和政治

---

① 《十三大以来重要文献选编》上卷，第 1 页。

协商制度，按照民主集中制的原则办事，是我们的特点和优势，决不能丢掉这些特点和优势，照搬西方的"三权分立"和多党轮流执政。

第五，政治体制改革的长远目标。

建立高度民主、法制完备、富有效率、充满活力的社会主义政治体制。

第六，政治体制改革的近期目标。

1. 实行党政分开；2. 进一步下放权力；3. 改革政府工作机构；4. 改革干部人事制度（当前的重点是建立国家公务员制度）；5. 建立社会协商对话制度；6. 完善社会主义民主政治的若干制度（包括人民代表大会制度，共产党领导下的多党合作和协商制度，发挥工会、共青团和妇联等群体团体的作用，健全民主选举制度，基层民主生活制度化，少数民族区域自治制度）；7. 加强社会主义法制建设。

十三大认为，政治体制改革的近期目标是有限的。但是达到了这个目标，就能为社会主义民主政治奠定良好的基础。然而，后来的实践证明，完成这些有限的近期目标也是十分不容易的。我国的政治体制改革具有复杂性、艰巨性、长期性的特点，在当时还没有被人们普遍深刻地认识到。

四　政治体制改革面临严峻考验

十三大之后，党中央加快了政治体制改革的步伐。1988 年 4 月 9 日，七届人大一次会议通过了国务院机构改革方案。这次改革的目标是：转变职能、精干机构、精减人员、提高行政效率，克服官僚主义，逐步理顺政府同企事业单位和人民团体的关系、政府各部门之间的关系以及中央政府同地方政府的关系。

通过改革，国务院部委由原有的 45 个减为 41 个，直属机构从 22 个减为 19 个，办事机构由 4 个调整为 5 个，国务院原有机构 72 个，调整为 65 个。国务院非常设机构从 75 个减到 44 个。机构改革后的国务院人员编制比原来减少 9700 多人。①

---

① 刘智峰主编：《第七次革命》（1998 年中国政府机构改革备忘录），第 305 页。经济日报出版社，1998 年 4 月出版。

　　与 1982 年的精简机构相比，这次机构改革第一次明确提出"以转变政府管理职能为关键……按政企分开的原则，把直接管理企业的职能转移出去，把直接管钱、管物的职能放下去，把决策、咨询、调节、监督和信息等职能加强起来，使政府对企业由直接管理为主逐步转到间接管理为主。"由于 1989 年春夏之交北京发生动乱，改革暂停了下来。

　　机构改革之所以成为政治体制改革的一大难题，是因为它直接关系到我国经济体制改革能否继续深入下去，关系到我国社会主义现代化建设事业能否成功。机构精简能否走出不断精简、不断膨胀的怪圈，成为政治体制改革面临的严峻考验之一。

　　政治体制改革面临的严峻考验之二：1989 年春夏之交北京发生政治风波和 1991 年苏联、东欧社会主义国家发生历史性剧变。面对国际上和国内否定共产党的领导，否定社会主义制度的逆流，中国改革开放的总设计师邓小平发表了许多重要谈话。这些谈话归纳起来有以下几个方面的内容，也可以说我国的政治体制改革有以下几个方面比较明显的特点：

　　第一，"中国的问题，压倒一切的是需要稳定。没有稳定的环境，什么都搞不成，已经取得的成果也会失掉"；在国际上"要放出一个信号：中国不允许乱，""我跟美国人讲，中国的最高利益就是稳定。"邓小平还警告西方发达国家，如果它们坚持干涉别国内政，干涉别国的社会制度，那就会形成国际动乱。中国一乱，难民不是百万、千万而是成亿地往外面跑，首先受影响的是现在世界上最有希望的亚太地区。这就会是世界性的灾难。①

　　邓小平说过："在政治体制改革方面，最大的目的是取得一个稳定的环境"。② 1988 年开始的政府行政机构的改革，在 1989 年春夏之交北京发生动乱之后暂停下来，政府转变职能的改革没有能够贯彻到底，与服从"稳定"这个大局有着一定的联系。1993 年开始的政府行政机构的改革，也不能不考虑社会"稳定"这个大局。

---

　　①　《邓小平文选》第 3 卷，第 252 页、361 页、313 页、332 页、311 页、382—383 页、307 页、361 页、355 页、285 页。

　　②　同上。

第二，"我们的政治体制改革是有前提的，即必须坚持四项基本原则。"① 1989 春夏之交北京发生的动乱说明，"是否坚持社会主义道路和党的领导是个要害。""现在我们要顶住这股逆流，旗帜要鲜明。因为如果我们不坚持社会主义，最终发展起来也不过成为一个附庸国，而且就连想要发展起来也不容易。"② 因此，我国的政治体制改革，绝不是放弃四项基本原则，而是在坚持四项基本原则的前提下所进行的改革。党政分开，下放权力，等等。绝不是放弃共产党的领导，而是在新时期更好地坚持和改善党的领导。政治体制改革不是对社会主义制度的否定，而是对社会主义制度的完善。

第三，"在政治体制改革方面有一点可以肯定，就是我们要坚持实行人民代表大会的制度、而不是美国式的三权鼎立制度。"③ 以往邓小平曾经论述过，共产党的领导，人民代表大会制度，共产党领导下的多党合作制度，少数民族区域自治，以及民主集中制，等等。都是我们的政治优势。政治体制改革，是要进一步完善这些制度，更好地发挥这些优势，更好地体现社会主义政治制度的优越性，绝不是丢掉这些优势。搞三权鼎立、两院制、多党竞选，一定会出现"文化大革命"中那样"全面内战"的混乱局面。中国一乱，"什么人权、民权问题，都管不住这个问题。"④

第四，面对着国内的动乱和国际上苏东历史性剧变，邓小平虽然强调坚持社会主义，防止和平演变，但是，他认为"最根本的因素，还是经济增长速度，而且要体现在人民的生活逐步地好起来。"⑤ 1992 年初邓小平的南方谈话，使人们的思想又一次解放。它对于我们党进一步深化经济体制改革，紧紧抓住经济建设这个中心不动摇，避免回到"以阶段斗争为纲"的老路上去，起了重大的指导作用。它指引着我国人民继续沿着十一届三中全会以来改革开放和现代化建设道路前进。

这个时期的政治体制改革虽然面临种种严峻考验，但是，社会主义法

---

① 《邓小平文选》第 3 卷，第 252 页、361 页、313 页、332 页、311 页、382—383 页、307 页、361 页、355 页、285 页。

② 同上。

③ 同上。

④ 同上。

⑤ 同上。

制建设却有很大的发展。1989 年 4 月 4 日，七届人大二次会议通过了《中华人民共和国行政诉讼法》。这是我国第一部维护和监督行政机关依法行使行政职能的法律文件，标志着我国政府行政职能开始进入法制化轨道。1989 年 10 月 31 日，七届人大常务委员会十次会议通过了《中华人民共和国集会游行示威法》。这一法律文件不仅保障公民依法行使集会、游行、示威的权利，而且还维护社会安定和公共秩序，为避免再次发生类似"六·四风波"之类的事件提供了法律保障。1992 年邓小平南方谈话和党的十四大之后，立法工作大大加强。从 1979 年至党的十五大，我国制定法律和有关法律问题的决定 323 部，其中十四大以后的几年里，就制定 113 部，以宪法为核心的社会主义法律体系正在形成，社会主义市场经济法律体系初具规模。我国的经济体制改革、政治体制改革、精神文明建设、以及对外开放等都开始制定了相关的法律文件。法制建设的加强，大大深化了人们的认识，为党的十五大提出建设社会主义法治国家的基本方略，提供了依据。

五　继续推进政治体制改革

1997 年 9 月召开的党的第十五次全国代表大会，在政治体制改革和民主法制建设问题上的一个重要突破，就是提出了建设社会主义法治国家的基本方略。这是我国民主法制建设的重要里程碑。它主要表现在以下几个方面：

第一，建设社会主义法治国家，是对建设有中国特色社会主义民主政治这一目标认识上的深化。历史经验告诉我们：从原则上、根本制度上确立社会主义民主固然是非常重要的，但还必须从实际上、具体制度上解决社会主义民主实现的途径和保障机制，否则，社会主义民主不但难以实现，而且还有可能遭到极大的破坏。我们党自十一届三中全会开始经过 20 年的探索，终于认识社会主义法治是社会主义民主的实现途径和保障机制，确立了建设社会主义法治国家的基本方略，从而为我国社会主义民主政治的建设指明了具体的方向。

第二，实行依法治国方略是我们党的执政方式的历史性重大变革，反映了党在认识执政的规律和特点方面取得了新的飞跃。江泽民在十五大报告中指出："依法治国，就是广大人民群众在党的领导下，依照宪法和法律规定，通过各种途径和形式管理国家事务，管理经济文化事业，管理社会事务，保证国家各项工作都依法进行，逐步实现社会主义民主的制度化、法律化，使这种制度和法律不因领导人的改变而改变，不因领导人的看法和注意力的改变而改变。"这一概括，精辟而深刻，反映了我们党的领导方式将由"人治"步入"法治"。

第三，依法治国的关键在党。首先要依法治党，建设一个具有完备制度作保障的健全的民主集中制的党，同时党要改善自身的领导方式，处理好党与权力、行政、司法组织以及其他社会组织的关系，领导和支持人民当家作主。国家政治生活的民主化、法治化，有赖于执政党内政治生活的民主化、法治化。依法治国必须首先从依法治党做起。用党内民主来推动社会民主，用依法治党来推动依法治国。

因此，十五大提出：加强立法工作，提高立法质量，到2010年形成有中国特色社会主义法律体系。

江泽民在十五大报告中指出，继续推进政治体制改革应当遵循的原则有五点：1. 必须有利于增强党和国家的活力；2. 保持和发挥社会主义制度的特点和优势；3. 维护国家统一、民族团结和社会稳定；4. 充分发挥人民群众的积极性；5. 促进生产力发展和社会进步。

江泽民在报告中指出当前和今后一段时间，政治体制改革的主要任务包括五个方面：1. 健全民主制度；2. 加强法制建设；3. 推进机构改革；4. 完善民主监督制度；5. 维护安定团结。在谈到健全民主制度时，第一次提出"尊重和保障人权"。

总之，十五大使得我国政治体制改革、建设社会主义法治国家，进入了一个新境界，达到了一个新高度。

1998年2月下旬，党召开的十五届二中全会强调："机构改革，是深化经济体制改革、发展社会主义市场经济的客观要求，是密切党和政府与人民群众联系的迫切需要，是党和国家领导制度改革的一项重要任务，也是政治体制改革的重要内容。"3月10日，九届人大一次会议通过了《关于国务院机构改革方案的决定》。这次机构改革的目标是：建立办事高效、运转协调、行为规范的行政管理体制，完善国家公务员制度，建设高素质专业化行政管理干部队伍，逐步建立适应社会主义市场经济体制的有中国特色的行政管理体制。这次机构改革的重点是：除国务院办公厅外，现有 40 个组成部门，减少为 29 个。新组成的 29 个部门，分为四种类型：一、宏观调控部门；二、专业经济管理部门（只进行行业管理、调整、引导，不再直接管理企业）；三、教育科技文化、社会保障和资源管理部门；四、国家政务部门。这次机构改革的难点是：用三年时间，机关干部编制总数减少一半。也就是说，目前中央、国务院机关共有 48000 人，将有 24000 人分流；全国党政机关 800 万人，将有 400 万人下岗，离开干部队伍。

改革开放特别是十四大以来，我国政府机构改革取得一定进展，积累了经验，但由于历史条件的制约和宏观环境的局限，政府机构存在的诸多问题，虽经多次改革，仍未得到根本性的解决，机构设置与社会主义市场经济发展的矛盾日益突出。这次国务院机构改革，按国务院秘书长罗干的说法还"只是一个过渡性质的方案"，但全国人民抱以极大的期望，希望我国机构改革能有突破性的进展，希望我国行政机构改革能走出不断精简又不断膨胀的怪圈。

1998 年 6 月，九届人大常委会第三次会议审议通过了《中华人民共和国村民委员会组织法》（修订草案）。这一法律的施行，民主选举工作将在中国农村加大力度，全面推进。截至 1997 年底，全国农村共有村委会 905804 个，村委会干部 3788041 名。同月，《人民日报》刊登了 4 月份中共中央办公厅、国务院办公厅《关于在农村普遍实行村务公开和民主管理制度的通知》。民主选举制度，加上村务和财务公开制度，再加上由村民自己民主决策、民主管理、民主监督制度，等等。由多种制度组成的村民自治制度，是适合我国农村经济发展、体现社会主义民主本质的农村基层政治制度。它的实施与完善，必将极大地调动我国亿万农民的社会主义建设的积极性，必将促进我国社会主义民主政治的建设与发展。

农村村民自治制度，是十一届三中全会以来政治体制改革所取得的一项重大成果。

1998 年 7 月底，中共中央组织部、国家人事部联合发出《关于党政机关推行竞争上岗的意见》，对于党政机关竞争上岗的程序和方法作如下规定：一、公布职位；二、公开报告；三、资格审查；四、考试；五、演讲答辩；六、民主测评；七、组织考察；八、决定任命。目前，全国已有28个省、自治区、直辖市和部分中央国家机关试行过竞争上岗。实践证明，这是干部选拔任用方式的一项改革，是构建干部竞争激励机制的重要组成部分，对于促进机关干部能上能下、能进能出和优秀人才脱颖而出，克服选人用人方面的不正之风，提高干部队伍的整体素质，具有十分重要的作用。

党政机关推行竞争上岗，是党管干部方式上的重大改革，即由部门、领导人的直接管理逐步转变为通过机制和制度管理干部。虽然竞争上岗还有待于在实践中不断充实、完善，形成合理的机构和制度，然而，从长远的观点看问题，它的全面实施将有助于从根本上消除干部队伍中的官僚主义、封建主义影响残余等弊病。

从1978年十一届三中全会至今，我国的政治体制改革已经历了20个年头。回顾20年来历史进程，有以下初步经验：

第一，必须明确政治体制改革是社会主义制度的自我完善。这也是政治体制改革的社会主义性质和方向问题。主要表现在两个方面，一方面应当明确我国的政治体制改革，必须坚持四项基本原则，建设有中国特色的社会主义民主政治，必须从中国的实际出发，决不能照抄照搬西方的政治模式；另一方面，也必须分清我国政治制度的优势和政治体制中的弊端，只有这样，才能兴利除弊，才能既坚持政治体制改革的社会主义方向，又克服原有体制中种种弊端，建设社会主义的法治国家。

第二，政治体制改革与经济体制改革，应当是相互协调发展，统一为发展社会主义生产力服务，都应该是一个循序渐进的过程。我国社会主义现代化建设的总体布局是：以经济建设为中心，坚定不移地进行经济体制改革、政治体制改革和精神文明建设。政治体制改革为发展生产力服务，必须经过经济基础这个环节，所以它必须与经济体制改革相互配合，协调进行。

经济体制改革只能是随着实践的发展而不断深化，只能是一个循序渐进的发展过程。与经济体制改革协调进行的政治体制改革，无疑也只能是一个随着实践的发展而不断深化的过程，也只能是一个循序渐进的发展过程。正是从这个意义上说，邓小平指出，政治体制改革"这个任务，我们这一代人也许不能全部完成，但是，至少我们有责任为它的完成奠定巩固的基础，确立正确的方向。"① 在政治体制改革中躁冒进，在社会主义民主政治建设中急于求成，脱离了与经济体制改革的协调发展，在社会主义市场经济体制尚未建立之前，先行建立起立于其上的高度民主体制，不仅仅是一种脱离实际的空想，而且还会带来灾难性的后果。事实说明，苏联戈尔巴乔夫政治上的民主化、公开化，只能带来社会经济发展的大倒退。

第三，明确在保持政治稳定的前提下，发展民主政治，不过分追求形式上的民主。如果追求西方的民主形式，搞三权分立、多党竞选，一定会带来社会动乱。如邓小平所说："如果我们现在十亿人搞多党竞选，一定会出现'文化大革命'中那样'全面内战'的混乱局面。"② 诚然，三权分立、多党竞选等民主制度，对于欧美等资本主义国家的经济发展、社会进步曾经起过重大推动作用。但是，照搬到中国来，则不合国情，而且从人类社会发展的总趋势看，比三权分立、多党竞选更合理、更高层次的民主机制，有待于人们去发现、去创建。

---

① 《邓小平文选》第2卷，第189页、333页、340—341页、343页。

② 《邓小平文选》第3卷，第252页、361页、313页、332页、311页、382—383页、307页、355页、285页。

周恩来对于发展社会主义条件下
私有制经济的探索与思考

江泽民同志在党的十五大报告中指出："非公有制经济是我国社会主义市场经济的重要组成部分。对个体、私营等非公有制经济要继续鼓励、引导，使之健康发展。"这一科学地反映我国社会主义经济建设客观规律的正确认识，来之不易。它既包含了十一届三中全会以来改革开放的经验总结，又包含了前辈人的艰辛探索，其中就包含着周恩来的无畏探索。

1956年党的八大前后，一方面生产资料私有制社会主义改造即将完成，我们党全面领导社会主义建设的伟大任务正摆在面前；另一方面苏共二十大反映出苏联社会主义建设确实存在着严重错误与问题。在毛泽东的领导下，中国共产党人开始探索、寻求一条适合于自己国情的社会主义建设道路。在毛泽东的倡导下，中国共产党人努力把马克思主义同中国社会主义建设实践相结合，党内出现了一股活泼、民主、实事求是的春风。1956年12月，毛泽东提出："可以消灭了资本主义，又搞资本主义"，私人可以"开夫妻店，可以雇工"，还"可以开私营大厂""华侨投资一百年不要没收"。

在毛泽东的带动下，中央其他领导人也对私有制经济发表了一些颇有见地的谈话。1957年4月6日和12日，周恩来在他主持的国务院第44次和第46次会议上提出："大概工、农、商、学、兵，除了兵以外，每一行都可以来一点自由，搞一点私营的"。工业方面，"除了铁路不好办外，其他的都可以采用这个办法"，小盐厂、小煤窑，集体、个人都可以办。三轮车、摊贩都可以是个体的。甚至于私人可以办小学，"文化也可以搞一点私营的。这样才好百家争鸣嘛！"周恩来认为，各行各业都搞一点私营的，不仅不会破坏社会主义公有制经济，而且还"可以帮助社会主义的发展"。很显然，周恩来在领导经济工作的实践中，不仅认识到私有制经济应该广泛存在，而且从私有制经济与公有制经济竞争、矛盾、对立中，看到了统一、协调、共同发展的本质特征。

1958 年开始，由于"左"倾思想的影响，我国的私有制经济、个体经济几近无存。然而，周恩来仍然坚持自己对私有制经济的正确认识。1961 年 9 月，他在一次同外宾谈话中表示，社会主义时期的生产关系，除了全民所有制和集体所有制，"还有第三种补充性质的个人所有制，如小商小贩或手工业者，或单独的个人中医诊所"。他还说，"在社会主义时期，我们党和国家的政策和指导思想是一切为了有利于生产关系的改进、生产力的发展和物质财富的增加"。[①]

"文革"期间，极"左"思潮盛行，到处"割资本主义尾巴"，私有制经济早已成为声讨、批判的"靶子"。但是，1972 年 2 月 1 日周恩来同巴基斯坦总统布托单独会谈时，仍坚持说，如果在地方有些小煤矿、小铁矿，可以在一定时期内允许私人经营，这有好处。例如可以搞些小的钢厂，可以在地方上生产些小农具，这样就不要由国家来负担了。如果一切都由国家来管，非常容易产生官僚主义，苏联就是一个证明。周恩来还表示，社会主义国家不总结经济方面的经验，这一点上对不起世界人民。有经验不总结、不介绍，不对头，这还赶不上法国和美国的资产阶级大革命，他们还把他们资本主义经营方法介绍给了世界。周恩来还意味深长地说，介绍经验也不要只介绍成功的，还要介绍失败的，"不要自以为一切都好，天下第一"。[②] 这里，周恩来不仅批评了老子"天下第一"的极"左"派们，而且已经意识到，在对待私有制经济的问题上，我们有许多失败的经验教训需要认真总结，以告诫后人。

周恩来如此执着地坚持我国社会主义经济成分应该包括私有制经济，是基于他对基本国情的深刻认识，基于他对我国生产资料社会主义改造和人民公社化运动的反思。1962 年 4 月 18 日，他在政协会议上中肯地指出："我们过去有一段时间设想得太容易一点，以为经过社会主义三大改造，好像社会主义改造很快就能完成""而且还有一部分人，认为很快地

---

① 《周恩来年谱》中卷，第 435 页。
② 《周恩来年谱》下卷，第 511 页。

就能从集体所有制转到全民所有制。现在看来这些想法是不恰当的。我们这样一个经济落后的国家，人口这么多，地区这么辽阔，民族这么多，尽管民主革命进行得彻底，社会主义改造进行得顺利，但是，整个社会主义改造是不可能一下子就完成的。因为它的经济水平比较低，在这样的经济水平的基础上，上层建筑不可能那样快地完整地改造好，总是参差不齐，不平衡现象总是长期存在的。社会主义改造要随着整个社会主义建设的进展才能相应地完成，如果说我们中国实现现代化需要几十年的时间，那么，整个社会主义社会完全建成，就得花更长时间"，总之，"一定要有一个比较长期的想法"。① 周恩来对于我国社会主义时期私有制经济的认识，如此深邃，至今仍闪烁着马克思主义的光芒。

50 年代后期，面对着社会主义各国经济建设蒸蒸日上、资本主义世界被经济危机所困扰的状况，社会主义国家普遍产生了赶超资本主义强国、急于向共产主义社会过渡的冒进情绪。中国共产党在成绩面前也普遍产生了骄傲自满、不谨慎的情绪，提出要用 15 年的时间赶上超过英国，轻率地发动了经济建设上的"大跃进"和人民公社化运动。违背经济建设客观规律的"大跃进"和生产关系盲目追求"一大二公"的人民公社化运动，给我国经济建设带来了灾难性的后果。

周恩来对于我国国情、农村个体生产的实际状况，有着客观的认识。他一贯反对农业生产关系过高过大，脱离生产力的实际水平，尊重农民长期从事个体生产的实际状况与习惯，主张保留农民的部分个体生产、私有成分。早在 1956 年 8 月，当合作化运动后期出现强迫命令、建大社的现象时，周恩来就明确表示不赞成这种盲目追求过高过大的生产关系的做法。他说："现在有的社已经扩大到 5000 户、5 万亩地、50 个生产队，比工厂还大，我怀疑是否搞得好。"另外，周恩来认为我国农民长期处于"人力畜力耕作的时代"，有着"个体耕作的习惯"，成立合作社要集体劳动，农民"是不是有秩序有纪律，同对个体生产一样有兴趣？"都"是值得注意的"。周恩来还认为，习惯于个体生产的农民，组织起来集体生产，粮食"增产不能很快"，所以，应该保留农民"一些个体生产""允

---

① 《周恩来选集》下卷，第 395—396 页。

许农民搞家庭副业"，这"对改善农民的生活是有利的"。① 1960 年 11 月，中共中央发出了由周恩来亲自主持制订的《关于农村人民公社当前政策问题的紧急指示信》。《紧急指示信》的核心是纠正"共产风"，把农业生产管理规模退回到高级社程度（至 1961 年 9 月，又确定退回到初级社程度），并明确恢复农民部分私有成分，如恢复自留地和家庭副业，恢复农村的集市贸易。

1961 年在大兴调查研究之风的形势下，周恩来还努力探索适合农业生产力水平的经营管理形式、分配制度、所有制成分，4 月 3 日，周恩来在他主持的国务院全体会议上说："人民公社在整社后要实行包工、包产、包成本，超产奖励的'三包一奖'制度，使它在所有制方面更加切合实际。"16 天后，他给毛泽东写信，推荐"三包一奖"的分配制度，随信附上四川省委有关这一问题给中央的一个会议简报和省委批转的南充地区关于一个公社和大队贯彻执行"三包一奖"办法和决算分配经验的两个报告。周恩来在信中还写道，除了包产奖励的办法，"其他按劳动等级或工作定额 1 分，都为群众所不赞成"。

"包产到户"，实际上解决了周恩来在合作化运动后期就开始注意的问题，即长期从事个体生产的农民组织起来集体劳动，"是不是有秩序有纪律，同对个体生产一样有兴趣？"在所有制不变的情况下，以家庭为生产单位，联产承包，既适应我国农村"人力畜力耕作"的生产力水平，又尊重农民个体劳动的习惯，因而极大地调动了农民的生产热情、劳动积极性。因此，经过长期探索、思考，周恩来对"包产到户"的支持是十分坚定的。1962 年 8 月在北戴河中央工作会议上，毛泽东发表了关于"阶级、形势、矛盾"的谈话，说农村"包产到户"会产生阶级分化，会产生新的剥削阶级。毛泽东还严厉地批评了积极推行"包产到户"的中央农村工作部部长邓子恢刮"单干风"。然而，周恩来在讨论时，却委婉地说农民现在主张单干的不多，"包产到户"要分清界限，不都是单干，有些取得成绩也是主要的②，仍然在万分艰难的情况下肯定了"包产到户"。

---

① 《周恩来年谱》上卷，第 610 页。
② 《周恩来年谱》中卷，第 492 页。

　　在社会主义经济建设中，应该如何正确对待外国资本主义经济，这是周恩来在探索我国社会主义建设道路的过程中，始终关注、思考的重要问题。随着我国对外贸易工作的不断发展，不断遇到新的情况，周恩来对于这个问题的认识也就不断深化。

　　建国之初，虽然我国宣布愿意同世界上一切国家进行经济、文化交往，但由于美国带领西方发达国家对我实行经济封锁，我国主要是同苏联等社会主义国家开展贸易。当时，党内产生的错误思想是过多依赖苏联的经济支援。对此，周恩来强调"我们要争取苏联的帮助，但要去掉依赖思想"，我们搞建设，"那就要靠我们自己想办法，主要是自力更生"。①60 年代初，中苏关系破裂，国际关系开始出现新的动荡、组合。周恩来及时地把对外贸易的重点和引进技术的工作转向西方国家。他在二届人大四次会议上说，苏联撕毁合同，撤退专家以后，我们在设备器材方面不能再从苏联和东欧的一些社会主义国家进口了，而不能不转到国际市场上，这就需要在外贸工作上展开一个新的局面。1962—1966 年，我国从西方国家引进了大小成套设备 20 余项，主要是一批急需的石油、化工、冶金、电子和精密机械等技术和设备，总计约 3 亿美元。在这一时期，周恩来针对党内存在的"左"倾思想，多次强调：现在"世界上没有一个国家能够生产自己所需要的一切""我们所说的自力更生，绝不是自给自足，闭关自守"（《周恩来年谱》中卷，599 页）。1972 年在毛泽东的领导下，打开了中美关系的大门，我国对外关系的格局发生了重大变化。周恩来抓住有利时机，花费 51.4 亿美元，先后从西方国家引进大批成套生产设备，其中包括：13 套大化肥、4 套大化纤、3 套石油化工、10 个烷基苯工厂、43 套综合采煤机组、3 个大电站、武钢一米七轧机等。在这一新形势下，周恩来请陈云出来协助他抓外贸工作，专门研究资本主义国家的经济状况。此时，原来比较落后的台湾在经济上迅速发展，引起了周恩来的注意。1972 年 4 月 9 日，周恩来在接见广东省党、政、军负责人和参加广交会有关部门、单位的代表时说：现在我们出口数量不大，质量这么差，怎么向国家交代？怎么向人民交代？还说：为什么台湾能搞，我们搞不了？过去能搞，现在搞不出来？我们对此非常难过。不要以为外贸有点发

---

① 《周恩来经济文选》，第 329 页。

展，就骄傲了。我们这样一个伟大的国家、伟大的人民，出口比台湾才多10亿，不值得骄傲。[①]

在这里，周恩来似乎看到了搞社会主义建设也可以办特区、引进外资办企业。这是值得我们十分珍贵的思想认识。

载《业绩、思想、风范——纪念周恩来诞辰100周年文集》，江苏人民出版社，1982年2月；《中共浙江省委党校学报》1999年第6期。

---

① 《周恩来年谱》下卷，第518页。

中国共产党八十年光辉历史的基本总结

一、八十年艰难曲折的历史证明：中国共产党是为了解放、保护、发展先进社会生产力的，努力使自己成为先进社会生产力发展要求的代表。

1. 中国共产党自诞生之日起，就代表着中国先进社会生产力发展的要求。

在半殖民地半封建社会的中国，大机器工业生产代表先进的社会生产力。由于近代中国大机器工业生产属于殖民主义、封建买办性质，民族资本主义举步维艰，难以生存、发展，所以工人阶级理所当然是大机器工业生产的坚强代表。中国工人阶级由鸦片战争至1919年五四运动，经过将近80年的发展、壮大，已有200多万产业工人，并且在五四运动中显示出正在由"自在阶级"走向"自为阶级"，有接受马克思主义和建立先锋队组织的内在要求，因此有了中国共产党的诞生。所以，中国共产党自诞生之日起就是先进社会生产力发展要求的代表。

2. 国共两党的政治大较量，实质上是代表中国先进社会生产力同落后腐朽的生产关系、上层建筑之间的冲突、斗争。新民主主义革命的胜利，为中国先进社会生产力的发展，创造了最基本的前提条件。

毛泽东认为，"让自由资本主义经济得着发展的机会"，用以反对帝国主义和封建主义制度，"这是目前中国的最革命的政策，反对和阻碍这个政策的施行，无疑是错误的。"[1] 1945年，毛泽东在党的七大报告中明确指出："拿资本主义的某种发展去代替外国帝国主义和本国封建主义的压迫，不但是一个进步，而且是一个不可避免的过程。它不但有利于资产

---

[1] 《毛泽东选集》第3卷，人民出版社1991年6月版，第793、1060页。

阶级，同时也有利于无产阶级，或者说更有利于无产阶级"①。中国共产党领导的新民主主义革命，实质上就是为了砸碎腐朽反动的生产关系和上层建筑，解放中国的生产力，促进先进社会生产力的发展。新民主主义革命的胜利，为中国先进社会生产力的发展，创造了最基本的前提条件。

3. 我们党执政时期的历史经验证明：能否代表先进社会生产力发展的要求，不能只凭主观愿望，不仅仅是依靠艰苦奋斗的作风，关键是生产关系是否适应于生产力发展水平，是否尊重客观经济规律，是否懂得科学技术是第一生产力。

毛泽东曾经说过，"一五"计划我国的经济建设是"照抄"外国的②。"二五"计划他想走一条我们自己的社会主义建设道路，发展速度要大大超过建国初期的头 8 年。于是，毛泽东提出了"三面红旗"（即总路线、大跃进、人民公社），发动了经济建设上的"大跃进"运动。"大跃进"运动从本意上说是希望代表中国先进社会生产力发展要求的，而且毛泽东和全党、全国人民都始终保持那么一股子艰苦奋斗的作风，但是，由于生产关系远远超出了生产力发展水平，由于违背了客观经济规律，由于不尊重科学知识，盲目提倡破除迷信，打掉自卑感，奋发努力，结果普遍出现了违背科学知识虚报粮食产量的浮夸风，小麦一亩高产到 1 万多斤，水稻一亩高产到 13 万多斤，山芋一亩高产到 40 万—50 万斤。原本希望快一些让人民群众过上好日子，结果却给人民的生活造成了极度的困难。

4. 中国共产党只有努力使自己成为中国先进社会生产力发展要求的代表，才能领导全国人民创造出高度发达的社会生产力，才能建设社会主义现代化。

社会主义的本质就是"解放生产力、发展生产力"，并且在此基础上"消灭剥削，消除两极分化，最终达到共同富裕"。这也是在经济文化落后的国家建设社会主义的首要任务。如果我们党不努力使自己成为先进社会生产力发展要求的代表，怎么能够领导人民"解放生产力、发展生产力"呢？又怎么能够解决因经济落后建设社会主义所遇到的种种困难呢？

---

① 《毛泽东选集》第 3 卷，人民出版社 1991 年 6 月版，第 793、1060 页。
② 《建国以来毛泽东文稿》第 9 册，中央文献出版社 1996 年出版，第 213 页。

解决当代中国的一切问题都要靠发展，大力发展生产力是中国共产党最根本的任务，并且由党在社会主义初级阶段基本路线中作出了明确的规定。因此，我们党只有努力使自己成为先进社会生产力发展要求的代表，才能完成自己神圣的历史使命，领导全国人民建设社会主义现代化。

二、八十年艰苦曲折的历史证明：中国共产党是为了建设、促进、发展先进文化，努力使自己成为中国先进文化前进方向的代表。

1. 中国共产党自诞生之日起，就代表着中国先进文化前进的方向。

"一定的文化（当作观念形态的文化）是一定社会的政治和经济的反映，又给予伟大影响和作用于一定社会的政治和经济。"① 自 1840 年鸦片战争失败之后，中国便一步一步沦为半殖民地半封建社会。为了挽救国家与民族的危亡，各个阶级的代表人物都纷纷提出自己的主张。首先是林则徐、魏源等有作为的封建地主阶级知识分子提出"师夷长技以制夷"的主张，认为只要我们学习西方国家制造枪炮、兵舰的先进技术，就可以抵御列强的入侵。由此逐步兴起了洋务运动。然而 1894 年甲午战争的失败，宣告了洋务派"富国强兵"的梦想破灭了。农民阶级在 1851—1864 年曾经兴起了太平天国运动。太平天国提出纲领性文献是《天朝田亩制度》，试图以农业小生产的平均主义来代替封建剥削制度。这不仅在实践上难以实施，而且也是与中国大机器工业发展的方向相悖，因此它的失败带有必然性。在学习西方的过程中孕育出来的民族资产阶级，其先进分子先是主张学习日本，走变法图强的道路，结果失败了；其先进分子又主张学习美国，走资产阶级革命的道路，结果又失败了。正当中国人民在黑暗中摸索的时候，苏联十月革命一声炮响，给中国送来了马克思列宁主义。中国的先进分子"用无产阶级的宇宙观作为观察国家命运的工具，重新考虑自己的问题。"② 从此有了中国共产党，有了中国共产党"只有社会主义才能救中国、发展中国"的唯一正确的救国方案。所以，中国共产党从诞生之日起就是中国先进文化前进方向的代表。

2. 国共两党的政治大较量，从文化层面上分析是中国先进文化同落后腐朽的反动文化之间的斗争、较量。新民主主义革命的胜利，也是新民

---

① 《毛泽东选集》第 2 卷，人民出版社 1991 年 6 月版，第 663、697、697—698 页。

② 《毛泽东选集》第 4 卷，人民出版社 1991 年 6 月版，第 1471 页。

主主义文化战胜帝国主义、封建主义、官僚资本主义的旧文化。

自五四运动以后，"中国产生完全崭新的文化生力军，这就是中国共产党人所领导的共产主义的文化思想，即共产主义的宇宙观和社会革命论。"① 在国民党统治时期，"这支生力军在社会科学领域和文学艺术领域中，不论在哲学方面，在经济学方面，在政治学方面，在军事学方面，在历史学方面，在文学方面，在艺术方面（又不论是戏剧，是电影，是音乐，是雕刻，是绘画），都有了极大的发展。""这支文化新军的锋芒所向，从思想到形式（文字等），无不起了极大的革命。其声势之浩大，威力之猛烈，简直是所向无敌。"② 从 1929 年起，国民党政府相继颁布《宣传审查条例》《出版法》等法律、条例，对书籍刊物的编辑、出版和发行施以种种限制，并杀害了李伟森、柔石、胡也频、殷夫、冯铿、洪灵菲等一批左翼作家。国民党当局还培植一批御用文人，竭力宣扬封建文化和法西斯文化，诋毁马克思主义和进步文化。国共两党的斗争，也是两种文化的斗争、较量。其结局是国民党蒋介石人心丧尽，人民大众把中国的希望寄托在共产党身上。

3. 我们党执政时期的历史经验证明：由于中国农业文明几千年，在这样的文化土壤上培育社会主义先进文化将会产生困扰与风险。

在"文化大革命"初期，曾经兴起大破"四旧"、大立"四新"的红卫兵运动。在"文化大革命"中，毛泽东提出要"斗私、批修"。当时人民日报发表社论提出："斗私、批修""很精辟、很科学地概括了无产阶级文化大革命的基本内容，概括了整个社会主义历史时期批判资产阶级的基本内容。"③ 当时一些人认为，剥削阶级的利己主义——"私"字，是滋长资本主义的天然土壤，是产生修正主义的重大因素，是瓦解社会主义公有制经济和颠覆无产阶级专政的思想毒菌。于是，林彪鼓吹"狠斗私字一闪念""灵魂深处爆发革命"，到处召开"活学活用毛泽东著作讲用会""早请示，晚汇报"，跳"忠"字舞……用封建宗教迷信的形式去宣传共产主义思想，宣传先进文化，真可谓是历史的悲剧。中国封建社会

① 《毛泽东选集》第 2 卷，人民出版社 1991 年 6 月版，第 663、697、697—698 页。

② 同上。

③ 人民日报社论：《"斗私、批修"是无产阶级文化大革命的根本方针》，1967 年 10 月 6 日。

几千年，在这样的文化土壤上培育先进文化会产生困扰和危险，这是我们必须警惕的。在中国建设、发展先进文化，必须从反对封建主义文化入手，这是"文化大革命"留给我们的沉痛教训。

4. 中国共产党只有努力使自己成为中国先进文化前进方向的代表，才能领导全国人民创造出高度的社会主义民主和高度的社会主义精神文明，才能建设社会主义现代化。

民主对中国人民来说不仅仅是一个口号，民主是一种国家政治制度，是社会主义现代化政治制度的本质，真正体现人民自己当家作主；根植于物质文明基础之上的精神文明，是现代化社会的重要标志之一，是人民在改造、发展社会的同时自身进步的结晶。中国特色的社会主义现代化，理所当然地包括高度的社会主义民主和高度的社会主义精神文明。在中国封建社会几千年的基础上建设高度的社会主义民主和高度的社会主义精神文明，任务是极其艰巨的。中国共产党只有努力使自己成为中国先进文化前进方向的代表，才能担此重任，领导全国人民建设社会主义现代化。

三、八十年艰难曲折的历史证明：中国共产党是为了人民利益而努力奋斗、工作的，努力使自己成为最广大人民根本利益的代表。

1. 中国共产党自诞生之日起，就是中国最广大人民根本利益的代表。

1840 年鸦片战争之后中国社会各阶级的代表人物都曾经提出过自己的救国方案，但是，无论"洋务运动"、洪秀全的"天朝田亩制"，还是康有为、梁启超的戊戌变法、孙中山的辛亥革命，都是从维护本阶级的利益出发的，唯有中国共产党是站在无产阶级的立场上，从中国最广大人民根本利益出发，提出自己的救国主张。马克思曾经指出：无产阶级只有解放全人类，才能最后解放自己。同样，在半殖民地半封建社会的中国，无产阶级只有解放全国人民，才能最后解放自己。所以，中国共产党自诞生之日起就是最广大人民根本利益的代表。

2. 新民主主义革命时期，代表最广大人民的根本利益，就是领导人民大众进行反对帝国主义、封建主义、官僚资本主义的英勇斗争。

近代中国经济和社会发展几乎处于停滞状态，而阻碍中国社会进步和发展的主要原因是帝国主义、封建主义的黑暗统治，因此，帝国主义同中华民族、封建主义同人民大众之间的矛盾是中国社会的主要矛盾。国民党蒋介石政府是中国现代史上代表帝国主义、封建主义利益的最后一个反动政权，以蒋、宋、孔、陈四大家族为代表的官僚资本主义，同帝国主义、封建主义沆瀣一气，残酷地压迫和剥削广大人民。因此，代表中国最广大人民的根本利益，就是领导全国各族人民进行反对帝国主义、封建主义、官僚资本主义的英勇斗争，推翻国民党的反动统治。无数优秀共产党人和革命战士，在这场伟大的革命斗争中献出了自己的宝贵的生命。他们以自己的鲜血和生命证明了，中国共产党是人民大众根本利益的忠诚代表。

3. 在社会主义建设时期，代表最广大人民的根本利益主要表现在两个方面：一是领导人民创造出日益增多的物质文化财富，以提高人民生活水平和生活质量；二是领导人民建立起高度民主的社会主义法治国家，真正体现劳动人民自己当家作主。

邓小平曾经指出："贫穷不是社会主义，社会主义要消灭贫穷。不发展生产力，不提高人民的生活水平，不能说是符合社会主义要求的"。因此，"社会主义的首要任务是发展生产力，逐步提高人民的物质和文化生活水平。"① 没有民主，就没有社会主义，就没有社会主义现代化。江泽民同志在党的十五大报告中指出："共产党执政就是领导和支持人民掌握管理国家的权力，实行民主选举、民主决策、民主管理和民主监督，保证人民依法享有广泛的权利和自由，尊重和保障人权。"社会主义民主从本质上说，就是人民群众自己当家作主。中国共产党的重要任务就是领导人民建立起高度的社会主义民主政治制度，真正体现劳动人民自己当家作主，这也是社会主义优于资本主义的具体表现。如果人民是国家社会的主人只是"停留"在口号上，没有一整套制度、机制、法律来实施、保障人民的民主权利，那就不是真正合格的社会主义，那就违背了党全心全意为人民服务的宗旨。

4. 共产党只有努力成为先进社会生产力发展要求的代表，只有努力成为先进文化前进方向的代表，才能成为最广大人民根本利益的代表。

在贫困落后的中国建设富裕、民主、文明的社会主义现代化，是中国共产党极其艰难而伟大的历史任务。完成这一神圣使命，不能只凭主观愿望，更不能只靠一股子政治热情，而是要有领导经济、文化发展和社会现代化建设的真正本领，要有真才实学。因此，中国共产党在自身建设中，

① 《邓小平文选》第3卷，人民出版社1993年10月版，第116页。

一方面要继承党的优良传统和作风，发挥自己的政治优势，不断提高自己的政治素质；另一方面要学习、学习、再学习，努力掌握经济、政治、文化等诸方面的优秀先进文化成果，真正成为中国先进文化前进方向的代表；要勇于实践创新，真正成为中国先进社会生产力发展要求的代表，才能成为中国最广大人民根本利益的代表。

载《党史研究与教学》（福建省委党校），全国中文核心期刊，2001年第 4 期。

第三部分　党的建设理论研究

对非公有制企业党建工作
若干问题的思考

一 党组织在非公有制企业的地位和作用

在非公有制企业开展党的工作，根本目的就是为了引导非公有制经济健康发展，巩固党在这一日益扩大的经济领域的执政基础。

作为党建工作的新领域，党组织处于什么地位，应当和能够发挥哪些作用？这是非公有制企业党建工作中遇到的一个核心问题。

党组织是在"企业中"发挥政治核心作用，还是在企业职工中发挥政治核心作用？这是非公有制企业党组织功能定位的两种主要意见分歧。一些非公有制企业党组织曾经采用在"企业中"发挥政治核心作用的定位，但是往往容易照搬国有企业党组织的做法，要参与企业重大问题决策，包括企业经营方针、发展规划、年度计划和重大技术改造、技术引进方案、财务预决算、资产重组和资本运作中的重大问题，中层以上管理人员的选拔使用和奖惩，企业的重要管理制度的制定、修改，涉及广大职工切身利益的重要问题等决策。这实际上是很难做到的，在实际工作中常常会引起私营企业主的反感、不配合。还有一些非公有制企业党组织采用在"企业职工中"发挥政治核心作用的定位，在实践中也取得了比较好的效果。但是，江泽民同志在"七一"讲话中，把私营企业主科学定位为"有中国特色社会主义事业的建设者"，而党组织如仅在"企业职工中"发挥政治核心作用，很难包括社会主义建设者的私营企业主。因此，需要进一步作出调整，以便使党组织在非公有制企业中的定位更准确、更科学。

我们认为，党组织应当是非公有制企业的政治核心地位，这个定位同国有企业党组织定位貌似相同，但实质不同。党组织在国有企业的政治核心地位，是一种制度性安排。1997 年 1 月，中共中央发出了《关于进一步加强和改进国有企业党的建设工作的通知》，明确规定党组织要参与企业重大决策、管理企业干部。而非公有制企业产权是私营企业主的，企业重大决策和管理人员的任用均为业主的合法权益，是受法律保护的，党组织应予尊重。所以，非公有制企业党组织根本不可能像国有企业党组织一样，对于其政治核心地位和作用作出制度性规定和安排。因此，非公有制企业党组织在企业中的政治核心作用是一个通过自己工作、不断争取的动态目标。

在实际生活中，党组织在非公有制企业中的地位和作用差异很大：有的在企业开展文体活动很活跃；有的对企业文化建设有贡献；有的在解决劳资纠纷上有作为；有的在帮助困难职工上起了很大作用；有的为维护职工群众合法权益做了大量工作；有的与企业主对着干，被企业主解雇；有的对企业主言听计从，成了企业主的附庸；有的积极参与企业的生产经营。积极开展各种丰富多彩的活动，把党员推向生产的主战场，调动职工群众的生产劳动的积极性，成为企业须臾不可脱离的政治核心。事实证明，有作为才能有地位。党组织在非公有制企业的政治核心地位，应该是自己努力工作、不断争取的目标。党组织在非公有制企业的地位问题，实际上是党组织同企业、企业主、职工群众的关系问题。党组织如果能够凭着党员们优秀的生产经营才能，积极参与企业的生产经营，带领职工群众投身于企业的发展，并且能够站在国家、企业和职工总体利益的基点上协调矛盾，使企业主和职工共同为建设有中国特色的社会主义作出贡献，那么，对于企业来说，党组织就是不可或缺的政治核心。对于私营企业主来说，党组织也应当站在政治核心的地位，比企业主站得更高、看得更远，要站在党的基本理论、基本纲领、基本路线的高度，站在党的方针政策和国家法律法规的立场上，用"团结、教育、帮助、引导"的方式方法，纠正私营企业主中存在的不良倾向，使他们通过自身的不断努力，成为合格的社会主义建设者。在必要时，要敢于同企业主的不良行为作斗争，以利于企业更加健康地发展。如果党组织能够切实维护职工群众劳动、生活和民主的权益，通过工会、妇联、共青团工作，改善职工的劳动、生活条件，保障合理的工资报酬，保障职工参与企业生产经营的民主权利，在职工群众遇到困难时能够及时得到党组织的关心与帮助，并且努力把职工群众培育成为有理想、有道德、有文化、有纪律的社会主义新人，那么，党组织就是企业职工的政治核心。

私营企业的党组织负责人和党员虽然受雇于企业主，但是，由于我们党作为执政党具有思想、理论、政治和掌握国家权力的诸多优势，加上我们党在长期领导人民群众进行革命、建设和改革的历史进程中所形成的思想政治工作、群众工作的优势，党组织应当把成为非公有制企业政治核心作为自己的工作目标。

与党组织在非公有制企业的准确定位密切相关的是：党组织在非公有制企业所能发挥的作用。

在这一点上，人们的认识也不尽相同，而且还有一个认识不断深化的过程。

2000年1月中共浙江省委发出的《关于加强非公有制企业党建工作的若干意见》，认为党组织在非公有制企业应当发挥"帮助、促进和监督、协商"作用，并且具体规定了主要任务是：宣传贯彻党的路线、方针、政策，引导、监督企业遵守国家的法律、法规，依法经营；支持经营者依法行使职权，对企业发展的重大问题提出意见和建议；围绕生产经营开展活动，团结带领职工群众完成各项任务，促进企业发展；做好党员教育、管理和发展工作，发挥党员的先锋模范作用；领导工会、共青团等群众组织，维护职工的合法权益，协调各方关系；开展思想政治工作和职工教育工作，培养"四有"职工队伍，推进企业精神文明建设。

2000年9月，中共中央组织部发出《关于在个体和私营等非公有制经济组织中加强党的建设工作的意见（试行）的通知》。该通知认为，党组织在非公有制经济组织中具有以下八项职责：

（1）宣传贯彻党和国家的路线方针政策，引导和监督企业遵守国家的法律、法规，依法经营，照章纳税。

（2）关心企业生产经营的重大问题，提出意见和建议，支持和促进企业发展。

（3）加强党员的教育管理，做好发展党员工作，发挥党员的先锋模范作用。

（4）做好职工思想政治工作，团结和依靠职工群众，关心和维护职工的合法权益。

（5）加强社会主义精神文明建设，建设有理想、有道德、有文化、有纪律的职工队伍。

（6）协调企业内部各方面的关系，坚持原则，化解矛盾，维护企业和社会的稳定。

（7）领导工会、共青团等群众组织，支持他们依照法律和各自章程独立自主地开展工作。

（8）完成上级组织交办的任务。

虽然上述两个文件带有探索、试行的性质，但在当时对于指导、规范党组织在非公有制企业开展工作起了重要作用。在执行这两个文件过程中，感到为难的是：党组织难以监督企业遵守国家的法律、法规，依法经营，照章纳税。对此，要在实践中探索。

2001年江泽民同志"七·一"讲话之后，温州市委组织根据讲话的精神，明确党组织在非公有制企业的作用为"模范、凝聚、参与、引导"四个方面：模范作用，就是要求党员按照"三个代表"的要求，围绕企业生产经营，充分发挥先锋模范作用；凝聚作用，就是要求党组织充分发挥政治优势，协调关系，化解矛盾，凝聚人心；参与作用，就是要求党组织集思广益，对关系国家、企业、职工利益的问题建言献策，提出意见和建议；引导作用，就是要求党组织积极开展思想政治工作，切实做好非公有制企业领导人员和其他职工的教育引导工作，建立高素质的"四有"职工队伍。我们认为，尽管温州市委组织的提法还可以进一步完善，但反映了人们对于党组织在非公有制企业作用的认识又前进了一步。

我们在调查中也发现，温州的神力集团、科尔泵业股份有限公司，台州的东港工贸集团等党组织，都在企业发挥监督作用，并且形成了具体的监督机制。浙江的一些优秀民营企业家，如徐冠巨、南存辉、胡成中等人也都表示要自觉接受党组织的监督。但是，目前在广大非公有制企业发挥党组织的监督作用，还是比较困难的。并且，党组织在发挥监督作用时要注意同"团结、帮助、引导、教育"私营企业主的方针相统一。这样更有利于开展党建工作。总之，对"监督"究竟如何具体操作实施，有待进一步探索和实践。

我们认为，根据江泽民同志"七·一"讲话的精神，党组织在非公有制企业的作用应当增加一条：即用"团结、帮助、引导、教育"的方式方法，使私营企业主做好"三个结合"，即把自己企业的发展与国家的发展结合起来；把个人富裕与全体人民的共同富裕结合起来；把遵循市场法则与发扬社会主义道德结合起来，做一个合格的社会主义建设者。

二　非公有制企业党建工作呼唤制度创新

非公有制经济快速增长，是浙江省经济和社会发展的一个亮点。努力开展并加强非公有制企业党建工作，也是浙江省基层党建工作的一个亮点。自中共浙江省委〔2000〕3号文件《关于加强非公有制企业党建工作的若干意见》贯彻之后，非公有制企业党建工作得到了比较快的发展。正是由于非公有制企业党建工作的迅速发展，成为浙江省非公有制经济得以迅速而且健康发展的重要原因之一。当然，由于在非公有制企业开展党建工作毕竟是党建工作的新领域，所以，必然会出现许多新情况、新问题需要我们去研究解决。据温州市调查，非公有制企业党组织发挥作用好的约占31%，较好的占33%，一般和较差的约占36%。据宁波市对2810名非公有制企业职工问卷调查，认为目前党员发挥作用好的占17.5%，较好的占41.8%，一般和较差的占40.75%。由此可见，虽然非公有制企业党组织好的和比较好的占大多数，但是，党组织软弱涣散和党员不能发挥先锋模范作用的情况仍然比较普遍。

造成非公有制企业党组织软弱涣散和党员资源严重浪费的根本性原因是我们党原有的组织机构、工作机制和规章制度，已经不能适应于现在的新形势、新情况。长期以来，我们党在革命战争年代形成了一整套的组织机构、工作机制和规章制度，比较好地体现了民主集中制原则，确实表现了我们党坚强的战斗力。但是，随着新中国诞生，特别是社会主义制度在我国建立之后，就应该随着党的工作中心转移，党的组织机构、工作机构和规章制度都应发生根本性的变革：由革命党转变成执政党，由领导革命的党转变成为领导建设的党。然而，令人遗憾的是，我们党没有能够及时地完成这个体制和制度的变革。

邓小平早在1962年就曾经严肃指出："如果搞得不好，特别是民主集中制执行得不好，党是可以变质的"。我们原有党的组织体制和制度，是在革命战争年代形成的，后来又经过"以阶级斗争为纲"和计划经济时期，比较多地强调党内权力的集中，损害了党内民主，党员在党内生活中的主体地位没有得到切实有效的保证。虽然党内民主也曾经是我们党的一个好的传统，但是，"这些好的传统没有坚持下来，没有形成严格的完善的制度"。说到底，没有及时地把我们党的组织体制和制度从"战斗命令制"彻底转变为"工人民主制"（列宁语）。如果党内民主机制、制度得到健全和完善，党员的民主权利不只是在政治原则上，而是在实际党内生活中得到切实的制度保障，党的体制和制度真正由"战斗命令制"转变成"工人民主制"，党员的个人品格和才能普遍获得自由地发展、提高，那么，基层党组织战斗堡垒作用的发挥、党员的先锋模范作用的发扬，将会由"被动"转向"主动"，基层党组织和党员有了内在的精神动力（这是单凭思想教育无法做到的），非公有制企业党组织和广大基层党组织软弱涣散的现象就会被消除。如果党的基层组织是处于主体地位，普通党员能够进行民主式的自我教育、管理，在党的基本理论和基本路线指导下普通党员的品格和才能都得到自由发展、提高，而从根本上改变由上级主管部门领导负责教育、管理，改变了党员经常处于服从的"被动地位"，那么义乌小商品市场3万名党员可以在上级指导下自己组织起来，实现民主式的自我教育和管理；全浙江一二十万名小商品市场和非公有制企业的"隐形"党员，也可以在上级指导下自己组织起来，实行民主式的自我教育、自我管理，宝贵的党员资源也就不会白白浪费。

在改革开放之初，邓小平同志就提出了以扩大党内民主为主要内容的制度建设，"更带有根本性、全局性、稳定性和长期性"。江泽民同志在党内会议上多次强调要不断改进党的执政方式和领导方式，不断推进党的制度建设和创新。江泽民同志2002年5月31日在中央党校省部级干部进修班毕业典礼讲话中又进一步指出：我们党"一定要把思想建设、组织建设、作风建设有机结合起来，把制度建设贯穿其中，既立足于经常性工作，又抓紧解决存在的突出问题。"我们应当抓住非公有制经济组织"隐形"党员这一突出问题，抓住制度建设与创新这个环节，进一步加强非公有制企业党组织的思想建设、组织建设、作风建设。

《党政论坛》（上海市委党校），中国共产党类核心期刊2002年第12期

非公有制企业党组织功能的准确定位及其实现方式

王　河

从当前的情况看，在非公有制企业要不要建立党组织、如何建立党组织的问题已经得到基本解决，目前的焦点是：党组织功能的准确定位及其实现方式，即如何实事求是地设定党组织的地位，如何使其真正发挥作用。

1. 党组织是在"企业中"发挥政治核心作用，还是在"企业职工中"发挥政治核心作用，这是非公有制企业党组织功能定位的两种主要意见分歧。一些非公有制企业党组织曾经采用在"企业中"发挥政治核心作用的定位，但是往往容易照搬国有企业党组织的做法，要参与企业重大问题决策，包括企业经营方针、发展规划、年度计划和重大技术改造、技术引进方案、财务预决算、资产重组和资本运作中的重大问题，中层以上管理人员的选拔使用和奖惩，等等，这实际上是很难做到的，在实际工作中常常会引起私营企业主的反感、不配合。还有一些非公有制企业党组织采用在"企业职工中"发挥政治核心作用的定位，在实践中也曾取得了比较好的效果。但是，江泽民在"七·一"讲话中，把私营企业主科学定位为"有中国特色社会主义事业的建设者"，而党组织在"企业职工中"的政治核心作用，很难包括社会主义建设者的私营企业主。因此，需要进一步作出调整，以便使党组织在非公有制企业中的定位更准确、更科学。

党组织应当处于非公有制企业的政治核心地位。这个定位同国有企业党组织定位貌似相同，但实质不同。党组织在国有企业的政治核心地位，是一种制度性安排。1997 年 1 月，中共中央文件明确规定党组织要参与企业重大决策、管理企业干部等。而非公有制企业产权是私营企业主的，企业重大决策和管理人员的任用均为企业主的合法权益，是受法律保护的，党组织无权干预。因此，党组织在其中的政治核心作用，只能是一个通过自己工作不断争取的动态目标。

党组织在非公有制企业的地位问题，实际上是党组织同企业、企业主、职工群众的关系问题。党组织如果能够凭着党员们优秀的生产经营才能，积极参与企业的改革与生产经营，充分发挥先锋模范作用，带领职工群众投身于企业的改革和生产经营之中，促进企业的发展，并且能够站在国家、企业和职工总体利益的基础上协调矛盾，使企业主和职工共同为建设有中国特色的社会主义作出贡献，那么，对于企业来说，党组织就是不可或缺的政治核心；对于私营企业主来说，党组织也应当成为政治核心，因为它比企业主站得更高、看得更远。在必要时，党组织要敢于同企业主的不良行为作斗争。但是，这种斗争的目的是为了企业更加健康的发展，其根本目的与企业主的目标不应当是对立的。如果党组织能够切实维护职工群众的权益，通过工会、妇联、共青团工作改善职工的劳动、生活条件，保障职工合理的工资报酬，保障职工参与企业生产经营管理的民主权利，在职工群众遇到困难时能够及时给予关心与帮助，并且努力把职工群众培育成为有理想、有道德、有文化、有纪律的社会主义新人，那么，党组织必然会成为企业职工的政治核心。

私营企业的党组织负责人和党员虽然受雇于企业主，但是，由于我们党是执政党，具有思想、理论、政治和掌握国家权力的诸多优势，加上我们党在长期领导人民群众进行革命、建设和改革的历史进程中所形成的思想政治工作、群众工作的优势，党组织应当把成为非公有制企业政治核心作为自己的工作目标。

浙江方远公司是年产值达5亿多元的台州市最大的民营建筑企业，拥有3000多职工。该公司50名中层管理人员中，党员有41人，占82%；在282名科技人员中，党员有42人，占15%。该公司建立了公司领导与党委领导联席会议制度，保障党组织参与企业重大决策。浙江九洲药业股份公司，年产值超过5亿元，销售收入近3亿元。该公司70多名党员，个个都是生产骨干、技术标兵、攻关能手、理财行家、管理精英。公司党委5名成员，人人都担任公司或分厂、分公司的主要领导。浙江温州正泰集团公司前党委书记吴炎（已病逝）以自己模范的工作和高尚的情操，被集团董事长、著名民营企业家南存辉尊称为人生的师长、企业的舵手、知己的战友、集团的内当家。温州神力集团有 25 名党员担任公司中层以上管理干部，占中层以上管理干部 69.4%；其中副总裁、副总工 4 人，占集团决策层人员 50%。浙江台州的东港工贸集团有限公司，其重大问题决策，包括管理干部的任免，均先由集团党委讨论，再交公司实施。上述典型事例表明，党组织通过自己卓越的工作、优秀的业绩，完全可以成为非公有制企业的政治核心。

2. 与党组织在非公有制企业的准确定位密切相关的是：党组织在非公有制企业中所能发挥的作用。在这一点上，人们的认识也不尽相同，而且还有一个不断随着实践发展认识深化的过程。

2000 年 9 月，中共中央组织部发出《关于在个体和私营等非公有制经济组织中加强党的建设工作的意见（试行）的通知》（以下简称《通知》）。该《通知》认为，党组织在非公有制经济组织中具体有以下八项职责：（1）宣传贯彻党和国家的路线方针政策，引导和监督企业遵守国家的法律、法规，依法经营，照章纳税；（2）关心企业生产经营的重大问题，提出意见和建议，支持和促进企业发展；（3）加强党员的教育管理，做好发展党员工作，发挥党员的先锋模范作用；（4）做好职工思想政治工作，团结和依靠职工群众，关心和维护职工的合法权益；（5）加强社会主义精神文明建设，建设有理想、有道德、有文化、有纪律的职工队伍；（6）协调企业内部各方面的关系，坚持原则，化解矛盾，维护企业和社会的稳定；（7）领导工会、共青团等群众组织，支持他们依照法律和各自章程独立自主地开展工作；（8）完成上级组织交办的任务。

上述文件，虽然因为在非公有制企业开展党建工作是新领域，带有探索、试行的性质，但对于指导、规范党组织在非公有制企业开展工作起了重要作用。在执行这个文件过程中，人们普遍感到为难的是：党组织难以监督企业遵守国家的法律、法规，依法经营，照章纳税。不少同志认为，这应是政府有关职能部门的工作任务。企业内部的党组织是由企业主雇佣的党员职工组成，让他们去监督企业缺少法律依据，企业主完全可以拒绝提供有关生产经营和税收情况的资料；让他们去监督企业，他们受雇佣的身份难以保证监督的顺利实施。此外，"监督"的做法，在实行的过程中比较容易同江泽民对非公有制经济人士提出的"团结、帮助、引导、教育"的方针相悖。

其实，中组部的这个文件的提法是"引导和监督"企业遵守国家的法律、法规，依法经营，照章纳税。党的十六大通过的新党章，又重申了这个提法。看来广大非公有制企业党组织要不断提高自身素质，用引导与监督相结合的方式方法，让企业遵守国家的法律和法规。在"监督"的前面加上"引导"，把党组织对于企业遵守国家法律法规的监督，同政府有关职能部门的监督区别开来，而且这种监督和"团结、帮助、引导、教育"的方针相统一。这样，才能使非公有制企业广大党组织对于企业遵守国家法律法规的监督变得比较切实可行。

笔者认为，根据江泽民"七·一"讲话和党的十六大精神，党组织在非公有制企业的作用应当增加一条：用"团结、帮助、引导、教育"的方法，使私营企业主做好"三个结合"，即把自己企业的发展与国家的发展结合起来，把个人富裕与全体人民的共同富裕结合起来，把遵循市场法则与发扬社会主义道德结合起来，做一个合格的社会主义建设者。

3. 党的组织体制和形式与党的组织在非公有制企业更好地发挥作用密切相关。

非公有制企业"隐形"党员数量比较大，已是不争的事实。据中央义乌小商品城委会的同志介绍，目前义乌小商品市场共有党支部17个（含新疆、内蒙古、兰州三个分市场支部），在册党员232名，历年来共发展党员72名。但是，实际上有党员3万人。因为不好管理，不好领导，那么多的党员，万一出了问题谁负责任？因此，没有哪一级党组织愿意把这3万党员组织关系接收下来，建立组织。

造成非公有制企业党组织软弱涣散和党员资源严重浪费的根本性原因是：我们党原有的组织机构、工作机制和规章制度，已经不能适应现在的新形势、新情况。长期以来，我们党在革命战争年代形成了一整套的组织机构、工作机制和规章制度，比较好地体现了民主集中制原则，确实体现了我们党坚强的战斗力。但是，随着中华人民共和国诞生，特别是社会主义制度在我国建立之后，随着党的工作重心的转移，党的组织机构、工作机构和规章制度都应发生根本性的变革：由革命党转变成执政党，由领导革命的党转变成为领导建设的党。然而，令人遗憾的是，我们党没有能够及时地完成这个体制和制度性转变。

根据党内民主的政治原则，全体党员是党的主体、主人，党的一切权力属于党员，在党内生活中应由党员群众当家作主；各级领导机关及其领导者的权力来源于不同范围的党员，或者说是由不同范围的党员授予的。不论是担负领导职务的党员还是普通党员，在党内政治生活中是完全平等的，都平等地享有一切应当享有的权利，履行一切应当履行的义务。党内民主的政治制度，具体说是指党员大会和代表大会、党委会制度、选举制度、报告制度、罢免制度、监督制度等等一系列党内制度，以保障党内民主政治原则落到实处。

党内民主和党员在党内生活中的主体地位，还意味着党员个人有相对独立自由的发展空间，以便个人品格和能力的提高，以便更好地发挥自己的先锋模范作用。如果每一位普通党员都获得了"自由发展"，个人的品格和才能都得到极大的提高，那么，我们党的先进性才能获得形成和发展的前提条件。正如马克思、恩格斯所言，"每个人的自由发展是一切人的自由发展的条件"[1]。如果每位党员个性不同的积极性受到压抑，个人品格和才能得不到很好的提高，那么，党的工人阶级先锋队的先进性也难以形成和发展，并且从根本上否定了党员在党内生活的主体地位，否定了党内民主的基本原则。

邓小平早在1962年就曾经严肃指出："如果搞得不好，特别是民主集中制执行得不好，党是可以变质的。"[2] 我们原有党的组织体制和制度，是在革命战争年代形成的，后来又经过"以阶级斗争为纲"和计划经济时期，比较多地强调党内权力的集中，损害了党内民主，党员在党内生活中的主体地位没有得到切实有效的保证。虽然党内民主也曾经是我们党的一个好传统，但是，"这些好的传统没有坚持下来，也没有形成严格的完善的制度"[3]。说到底，是没有及时地把我们党的组织体制和制度从"战斗命令制"彻底转变成为"工人民主制"。

---

① 《马克思恩格斯选集》第1卷，人民出版社1995年版，第294页。

② 《邓小平文选》第1卷，人民出版社1993年版，第303页。

③ 《邓小平文选》第2卷，人民出版社1994年版，第330页。

如果党内民主机制、制度得到健全和完善，党员的民主权利不只是在政治原则上，而是在实际党内生活中得到切实的制度保障，党的体制和制度真正由"战斗命令制"转变成为"工人民主制"，党员的个人品格和才能普遍获得"自由发展"、提高，那么，基层党组织战斗堡垒作用的发挥，党员的先锋模范作用的发挥，将会由"被动"转向"主动"。基层党组织和党员有了内在的精神动力（这是单凭思想教育无法做到的），非公有制企业党组织和广大基层组织软弱涣散的现象就会被消除。如果党的基层组织是由处于主体地位普通党员实行民主式的自我教育、管理，那么在党的基本理论和基本路线指导下，普通党员的品格就能得到"自由发展"、提高，而从根本上改变由上级主管部门负责领导、教育、管理，改变了党员经常处于服从的"被动地位"；那么，义乌小商品市场3万多名党员可以在上级指导下自己组织起来，实现民主式的自我教育和管理，宝贵的党员资源也就不会白白浪费。

在改革开放之初，邓小平就提出了以扩大党内民主为主要内容的制度建设，"更带有根本性、全局性、稳定性和长期性"。江泽民同志在中国共产党第十六次全国代表大会上的报告中又进一步指出："党内民主是党的生命"；我们党"一定要把思想建设、组织建设、作风建设有机结合起来，把制度建设贯穿其中，既立足于经常性工作，又抓紧解决存在的突出问题"，并且还明确指出，要"适应新形势，探索党员管理工作的新机制新方法"。我们应当抓住非公有制经济组织"隐形"党员这一突出问题，抓住制度建设与创新这个环节，切实加强非公有制企业党组织的思想建设、组织建设、作风建设。

原文出处：《理论探讨》（哈尔滨）2003年第3期，第96—98页；复印转载期刊名称：《中国共产党》2003年第8期。

发展非公有制经济与坚持
社会主义发展方向

王 河

虽然党的十五大就提出了非公有制经济是社会主义市场经济的重要组成部分，党的十六大又提出必须毫不动摇地鼓励、支持和引导非公有制经济，但是，由于长期以来人们只是把公有制经济作为我国社会主义的物质基础、经济基础，因此，至今仍有一部分人忧虑个私、外资等非公有制经济一天天发展壮大，会动摇我国社会主义的发展方向。本文就此发表管见。试图能从马克思主义和我国社会主义的实践两个方面来说明这个问题。

一

认为社会主义只应当发展公有制经济，对非公有制经济存在种种忧虑，可以说是从马克思那里来的。马克思是在对资本主义私有制无情批判的基础上提出建立共产主义公有制的。然而，马克思对当时资本主义私有制的批判，主要的或者说仅限于那个时代英国等西欧资本主义私有制的分析批判，同我们今天发展社会主义初级阶段的非公有制经济有很大的不同，不能照抄照搬，不能把一个半世纪前马克思对英国等西欧资本主义私有制分析批判所得出的结论，套用到今天社会主义初级阶段的非公有制经济上。因为这种做法，本身就违背了马克思主义与时俱进的科学精神。

以今天的私营经济同当年马克思分析批判的英国等西欧资本主义私有制经济相比较，至少有以下几个方面的区别：

　　一是企业主的来历不同。当年英国等西欧国家的资产阶级，是从中世纪的农奴中产生的城关市民等级中发展形成的，其间经历了行会师傅、中间等级几个世纪的演变，最终成为工业中的"百万富翁"——资产阶级。虽然从理论逻辑上分析，那时的企业主——资产阶级大部分是来源于劳动人民，但是，经历五六个世纪的演化过程，使得实际上进入资产阶级的只能是极少数富有的市民阶层，是占有他人劳动成果的剥削者。而当代的私营企业主，以全国个私经济最发达的浙江省为例：70.5%来自于工人、农民、军人和干部，8.8%来自于个体工商户，12.5%来自于国有、集体企业的供销员。因此，可以说90%以上的私营企业主原来就是社会主义劳动者。这同由原来的剥削者构成的资产阶级有本质上的区别。

　　二是原始资本的来源不同。当年西欧资本主义国家资本的原始积累是："……剥夺大量人手中的传统的生产资料和生存资料并把他们突然抛向劳动市场……"[①] 在资本主义初期，原始资本的形成，是统治阶级剥削阶级运用直接暴力手段（如英国的圈地运动）和残酷剥削的手段，剥夺生产者，使小生产者同生产资料、生存资料相分离。因此，马克思曾经愤怒地指出："对他们的这种剥夺的历史不是臆造出来的，而是用不可磨灭的血与火的文字载入人类编年史的"[②] "资本来到世间，每个毛孔都滴着血和肮脏的东西。"[③] 而今天的私营企业原始资本的来源，以浙江省为例：来自企业主个人的占58.3%，亲朋好友投资占26.5%，银行贷款占7.3%，乡镇集体投资、群众个人集资、海外投资等占7.9%。在私营企业主个人投资来源中，个人劳动收入占84.9%，继承家业所得占12%，股票收益占3.1%。[④] 由此可见，在浙江私营企业的原始积累中，绝大部分是劳动所得；在私营企业主个人原始投资中，属劳动所得至少在84.9%以上，其余虽然属于非劳动收入，但亦非掠夺或剥削所得，应属于合法合理收入范畴。这就是说，西方资本主义国家的资本原来就具有剥削的本性，而今天私营企业的资本原来就不具备剥削的本质。

---

　　① 马克思：《资本论》第1卷，中国社会科学出版社1983年版，第770、769、823、615页。

　　② 同上。

　　③ 同上。

　　④ 同上。

　　三是企业利润的去向不同。当年西方资本主义国家工厂的"剩余价值是资本家的财产，它从来不属于别人"①"花在工人身上的费用，几乎只限于维持工人生活和延续工人后代所必需的生活资料"。②而今天的私营企业所获利润大部分用于扩大再生产和公益事业。从浙江省两次抽样调查的情况来看，1995年私营企业所获利润用于扩大再生产的加权平均数占72.6%，其中积累率在49%以下的企业占9.8%，积累率在50%—79%的占36%，积累率80%—100%的企业占54.2%；1999年私营企业所获利润用于扩大再生产的加权平均数占51.2%，其中积累率在49%以下的企业占14.5%，积累率在50%—79%的企业占62.6%，积累率在80%—100%的企业占22.9%。为了体现私营企业内部公益性和企业法人的自我积累能力，目前浙江大约有一半的私营企业还从所得利润中提取公益金和公积金，其中提取公益金和公积金在10%以上的企业大约分别占11.3%和17.2%。除此之外，在私营企业的利润分配中还有一部分用于社会捐赠和应付各种摊派。在浙江省，这部分支出加权平均大约分别占赢利的1.22%和1.87%。综合考虑以上情况，如果再扣除依法向国家纳税的部分，目前大部分私营企业在利润分割中，大部分用于扩大再生产和公益事业，真正用于分红的比例并不是很大。另据有些私营业主介绍，他们自开业以来还从来没有分过红。

　　企业利润的去向表明今天私营企业的生产，有利于发展社会主义社会的生产力，有利于增强社会主义国家的综合国力，有利于提高人民的生活水平。

　　我们从以上私营业主的来历、原始资本的来源以及企业利润的去向等三个方面加以比较，今天的私营企业同马克思主义经典作家批判的资本主义私营工厂迥然不同。

　　恩格斯是马克思主义的创始人之一，是马克思《资本论》第2、3卷手稿整理编著者。他在《资本论》第1卷发表之后11年，在著名的《反杜林论》一书中写道："政治经济学在本质上是一门历史的科学。它所涉

---

　　①　马克思：《资本论》第1卷，中国社会科学出版社1983年版，第770、769、823、615页。

　　②　《马克思恩格斯选集》第1卷，人民出版社1995年版，第279页。

及的历史性的即经常变化的材料"① "我们所掌握的有关经济科学的东西，几乎只限于资本主义生产方式的发生和发展"② "政治经济学作为一门研究人类各种社会进行生产和交换并相应地进行产品分配的条件和形式的科学，——这样广义的政治经济学尚待创造"。③ 鉴于政治经济学本质上是一门历史的科学，它所涉及的材料"是经常变化的材料"，所以，恩格斯认为马克思主义的政治经济学，"只限于资本主义生产方式的产生和发展"，并不能说明"人类各种社会"的生产与交换。那么，如果我们以马克思对于资本主义发展初期私有制批判的眼光来看待今天社会主义初级阶段的私营经济，显然是违背马克思主义创始人本意的。

二

从我国改革开放和社会主义现代化建设的生动实践来看，非公有制经济具有以下几个方面的作用和特点：

一是促进了国有经济发展，维护了国有经济在社会主义市场经济的主体地位。就浙江省而言，由于地处东南沿海前线，长期以来国家对浙江省的投资很少，制约了国有经济的发展。1952—1978 年，国家投资人均只有 410 元，只相当于全国平均水平的 1/2。浙江的工业化、城市化水平因此也一直落在全国各省市平均水平之后；到 1978 年，浙江的工业总产值在社会总产值中占 54.4%，大大低于全国 61.9% 的平均水平；到 1980年，浙江城镇人口占总人口的 14.9%，也低于全国 19.4% 的平均水平。然而，自 1978 年党的十一届三中全会以后，在国家投资仍然不多的情况下，国有经济及国有控股工业企业却因为非公有制经济蓬勃发展，以年均20.3% 的速度迅速增长；到 1998 年，全省国有企业资产总额和国有资产总额，在各省市名列第 7 位，净资产总额列第 6 位，销售收入列第 5 位，利润总额列第 4 位，总资产报酬率和净资产利润列第 2 位；到 2000 年，浙江省率先在全国完成国有企业扭亏脱困任务，脱困率名列全国第一；到

---

① 《马克思恩格斯选集》第 3 卷，人民出版社 1995 年版，第 489、492、492 页。

② 同上。

③ 同上。

2001 年，全省 16930 家国有企业和城镇集体企业，已有 16365 家进行了以产权改革为核心的多种形式改制，改制面为 96.6%。国有经济在改革和战略性调整中不断壮大；到 2001 年底全省国有及国有控股工业企业实现工业增加值 369 亿元，利税 177.7 亿元。全省城市化率 42%，超出全国城市化率 6%。浙江成为名副其实的国有经济强省。

非公有制经济的快速增长，使国家和地方政府税收不断增多，使浙江省国有企业得到减税、贴息贷款进行技术改造等优惠政策；非公有制经济适应于市场经济的机制和制度，安排大量的下岗工人，为国有企业改革、建立现代企业制度创造了良好的社会环境；大量的民间资本流入国有企业和国有控股企业，不仅壮大了国有经济，而且有利于国有企业产权明晰，促进了现代企业制度的建立。总之，浙江生动的经济实践证明，非公有制经济发展方向是社会主义的，它同社会主义国有经济相辅相成，共同发展；甚至于比清一色的国有、集体经济，更有利于经济的发展。

二是个私等非公有制经济的发展，是逐步趋向资本社会化的方向。虽然非公有制经济在我国社会主义初级阶段将会长期存在，而非公有制经济发展只有 20 来年的时间，然而，它逐步走向资本社会化的方向已经清晰可见。

20 世纪 90 年代中期以来，浙江私营企业正在逐步突破血缘、地域、家族制等传统经济社会关系的束缚，与现代市场经济的产权制度、管理制度、产业组织网络不断融合，出现了资本社会化和管理社会化的发展趋势。从 1996—2000 年，浙江省私营企业中独资企业的比重从 50% 下降到 32%，合伙企业的比重从 14% 上升到 20%。有限责任公司的比重从 36% 上升到 48%，有限责任公司成为私营企业中占主导的企业组织形式。股份有限公司从无到有，总数已达 98 家，其中有两家股份公司已成功上市。浙江省一些知名的私营企业如正泰集团、德力西集团、传化集团在不同程度上出现了扬弃家族制并进行现代企业制度改革的尝试。如正泰集团为了强化技术骨干和管理骨干的自我激励机制和减少其流动性，在集团内部组建股份公司时，吸收近百名骨干参股，股权结构开始向家族之外扩散，股东由原来 10 个变为 106 个，董事长南存辉的股份从原来 60% 下降为 28%。现在集团已有 50 名股东个人资产超过百万元。从浙江私营企业的领导层构成看，独资企业的家族色彩最浓，有限责任公司的领导层初步形成了多元格局。在有限责任公司中，企业领导层管理人员居多的比例（35.48%）超过了家族人员居多的比例（32.17%），技术人员居多的比例（24.01%）也较高，管理人员居多和技术人员居多的比例合计达59.49%。这表明管理人员和技术人员较多参与企业领导层，企业领导层构成逐步社会化、职业化。这样，从独资企业到合伙企业再到有限责任公司，在企业领导层构成中家庭成员居多的现象逐步减少，私营企业管理也开始走向社会化。

据中国社会科学院发表的2003年社会蓝皮书，截至2001年底，全国私营有限责任公司达到137.99万户，占私营企业总数的68.03%；注册资本额16113.2亿元，占全国私营企业注册总额的88.47%。私营股份有限公司289户，注册资本额达127.72亿元。由此可见，随着私营经济的发展壮大，其资本社会化的方向是不容置疑的。从长远的观点看问题，资本社会化是同社会主义现代化大生产的要求相统一的。

三是非公有制经济是我国社会主义的物质基础、经济基础。邓小平在多次谈话中强调必须以经济建设为中心，否则，我们的社会主义制度"就有丧失物质基础的危险"。[①] 改革开放以来，我们的社会主义经济建设取得了辉煌的成就，大大增强了我们社会主义制度的物质基础。其中，非公有制经济作出了不可低估的贡献。

据中国社会科学院发表的2003年社会蓝皮书，至2001年底，全国私营企业202.85万户，注册资本总额18212.2亿元，相当于国有企业注册资本额的38.87%，相当于集体企业注册资本额的168.51%，占全国内资企业注册资本总额116336.4亿元的15.65%；全国私营企业实现产值12317.0亿元，占全部国有及规模以上非国有企业工业总产值95448.98亿元的12.9%；全国私营企业实现社会消费品零售额6245.0亿元，占全国社会消费品零售总额37595.2亿元的16.6%。并且，私营经济还在以高出国有、集体经济几倍的速度持续增长。

马克思对于经济基础曾经作过如下说明："人们在自己生活的社会生产中发生一定的、必然的、不以他们的意志为转移的关系，即同他们的物质生产力的一定发展阶段相适合的生产关系。这些生产关系的总和构成社

---

① 《邓小平文选》第2卷，人民出版社1994年版，第250页。

会的经济结构，即有法律的和政治的上层建筑竖立其上并有一定的社会意识形式与之相适应的现实基础"。① 依据马克思的这一说明，与社会主义初级阶段"物质生产力相适应"的非公有制经济，它同国有、集体、混合所有制等经济成分组成了"生产关系的总和"，构成了"社会的经济结构"，也就是"有法律的和政治的上层建筑竖立其上并有一定的社会意识形式与之相适应的物质基础"。这是不以人们的主观意志为转移。单凭主观愿望，只承认国有、集体和混合所有制中公有制经济成分是我们社会主义的经济基础，否认非公有制经济也是我们社会主义经济基础的有机组成部分，实际上是违背了"经济基础是生产关系的总和"这一马克思主义基本常识。

综上所述，今天社会主义现代化建设的生动实践表明，发展适合于我国生产力水平的非公有制经济，有利于发展壮大国有经济，有利于逐步实现资本社会化，有利于巩固和增强社会主义的物质基础、经济基础，归根到底是有利于坚持社会主义发展方向。反之，如果摒弃了非公有制经济，只发展同我国生产力水平不完全适应的单一的公有制，那么使国有经济失去了帮手和竞争对手，国有经济也会因此失去社会主义经济应有的生机和活力；我国社会主义的物质基础、经济基础会被大大削弱，人民的生活水平难以提高，成为"贫穷的社会主义""发展太慢的社会主义"，反而不利于坚持社会主义发展方向。

原文出处：《中共南京市委党校　南京市行政学院学报》2003 年第 5 期，第 17—20 页；复印转载期刊名称：《社会主义经济理论与实践》，复印期号：2003 年 12 期。

---

① 《马克思恩格斯选集》第 2 卷，人民出版社 1995 年版，第 32 页。

非劳动收入问题论析

王　河

非劳动收入，是十六大理论创新的一个新亮点，引起了人们的关注和讨论。非劳动收入的新概括必将进一步解放思想，放手让一切可以促进生产力发展的要素的活力竞相迸发，以造福于人民。

1. 不沿用"资本剥削"的概念，并不是背离马克思剩余价值的理论，而是把握了与时俱进这一马克思主义最重要的理论品质。今天我们不再沿用"资本剥削"的概念，并不是背离马克思的剩余价值理论，而是把握了马克思主义最重要的理论品质——与时俱进。马克思主义经典作家关于资本主义社会的劳动和劳动价值的理论，揭示了当时资本主义生产方式的运行特点和基本矛盾。现在，我们发展社会主义市场经济，与马克思主义创始人当时所面对和研究的情况有很大的不同。在马克思、恩格斯看来，资本之所以能够成为剥夺工人阶级剩余价值的工具，必须具备两个前提条件：其一，必须存在着一个剥削制度，即资本主义剥削制度；存在着阶级对立、政治压迫的政治制度，以维护资本对工人剥夺的经济制度；其二，必须有一个剥削阶级，即资产阶级；存在着一部分人占有生产资料，另一部分人被剥夺生产资料而一无所有的两极分化。很显然，只有在资本主义剥削制度、资产阶级存在的"基本条件"和"前提"下，才能够使生产资料具有资本剥削的"特殊性质"，它不同于奴隶社会、封建社会的经济剥削。

社会主义制度在我国的建立，马克思、恩格斯所指出的剥削存在的两个前提条件都发生了根本性的变化：首先，维护资本剥削或其他剥削关系的政治制度已经不复存在了。1956年生产资料社会主义改造胜利完成之后，资产阶级作为剥削阶级已经被消灭了（自中华人民共和国成立的

1949 年起，这种政治压迫就不存在了）。社会主义初级阶段，资本和劳动的关系从一开始产生就规范在人民民主政权允许的范围和社会主义法律的框架之内，资本和劳动双方都平等地受到人民民主政权和社会主义法律的保护和制约；其次，资产阶级作为阶级已经不复存在了。因此，形成资本主义生产关系早期一部分人占有生产资料，另一部分人被剥夺生产资料而一无所有的两极分化情况也发生了实质性的变化。资本主义社会资本原始积累，"大量的人突然被强制地同自己的生存资料分离，被当做不受法律保护的无产者抛向劳动市场"①。在资本主义社会，资本的产生是资产阶级运用一系列暴力手段，剥夺直接生产者，强迫小生产者和生产资料分离。因此，马克思曾经愤怒地指出："……他们的这种剥夺的历史是用血与火的文字载入人类编年史的"② "资本来到世间，从头到脚，每个毛孔都滴着血和肮脏的东西"③。而社会主义初级阶段的资本积累主要来源于劳动者自己的勤劳与创业，且劳动者的生活资料和生产资料从来没有被剥夺过。目前，中西部涌向东部沿海地区在个私企业打工的广大农民工，按照党和国家的政策都有一块联产承包的土地；国有企业改革下岗的工人，按照党和国家的政策都可以领到维持基本生活的保障金，都不能算是被剥夺了"生存资料"、一无所有的劳动者，而且党和国家积极实施"再就业"工程，保证绝大多数下岗工人能够找到新的工作岗位。改革开放之初，邓小平同志就在《坚持四项基本原则》的著名讲话中指出："我们反对把阶级斗争扩大化，不认为党内有一个资产阶级，也不认为在社会主义制度下，在确已消灭了剥削阶级和剥削条件之后还会产生一个资产阶级或其他剥削阶级。"④ 在改革开放之初刚刚出现雇工现象，社会主义劳动力市场尚处于萌生时期，邓小平同志就反对依据马克思劳动价值理论把雇工现象视为资本剥削而加以制止的教条主义做法，而是主张"再看几年"，并且表示将来"动还是要动，因为我们不搞两极分化。但是，在什么时候动，用什么方法动，要研究"，他还明确表示这种"动也就是制约一

---

① 《资本论》第 1 卷，人民出版社 1975 年版，第 784 页。
② 同上书，第 783 页。
③ 同上书，第 829 页。
④ 《邓小平文选》第 2 卷，人民出版社 1994 年版，第 168 页。

下"，并不是要制止、消除雇工现象①。正是邓小平同志这种严肃、科学的态度，才使我国非公有制经济有了今天的蓬勃发展。不可否认，由于前些年我们党对雇工现象采取了"再看几年"的态度，对社会主义雇工现象的认识还不够深入，各级人民政府对非公有制企业管理还不够到位，围绕着非公有制企业的法律法规的制定也不可能完备，因此，在一少部分非公有制企业中出现了侵犯工人、特别是农民工合法权益的现象。在某种意义上说，这也是非公有制企业发展初期难以避免的情况。但是，随着各级人民政府和社会主义法律法规对非公有制企业的保护、约束、发展的功能逐步齐备，资本主义原始积累时期的丑恶现象已不可能在我国重复出现。

2. 非劳动收入是对私营企业主等新的社会阶层合法收入的新概括，比"资本剥削"更合理更科学地说明了他们的实际收入

目前私营企业主的收入大体分为三个部分：资本回报（包含风险回报）、管理企业的劳动收入、占有企业职工的部分劳动。（1）关于资本回报。由于资本主义剥削制度不复存在，资产阶级已经被消灭，资本对工人的剥削关系也就不复存在了。社会主义劳资双方是一种新型的平等关系。在社会主义市场经济条件下，资本、技术等生产要素同工人的辛勤劳动同样是不可缺少的，它们在发展生产、促进社会繁荣所发挥的作用，相互之间是不可替代的。特别是在社会主义初级阶段，资本、技术等生产要素尚属稀缺资源，因此，允许和鼓励资本、技术等生产要素参与收益分配，极大地鼓励了富裕起来的劳动群众投资办企业、办公司，对加快我国社会主义现代化建设产生了深远的影响。很显然，私营企业主的资本回报同马克思所论述的"资本剥削"已经发生了本质上的变化，如果再把私营企业主的资本回报视为剥削，显然是脱离了实事求是的原则。而非劳动收入，比较客观地承认社会主义国家平等权利的公民在收入时还存在不平等的现象（也可以视为剥削现象的残余），因为有利于社会生产力的发展，所以应当得到法律的保护；（2）关于管理企业的劳动收入。目前，理论界特别是经济学界的学者，都认为马克思劳动价值理论的劳动范畴应当扩大，不必再局限于只有工人的劳动才能够创造价值，主张私营企业主对企业的管理也是一种劳动，是一种复杂劳动，对于劳动价值的形成也起到了重要

① 《邓小平文选》第 3 卷，人民出版社 1993 年版，第 216 页。

作用，理应得到报酬。私营企业主对企业的投资、经营、管理等劳动，同工人、农民、知识分子的劳动一样，应当受到社会的尊重。因此，他们的劳动应当得到报酬。那种否认或轻视私营企业主劳动的观点是十分错误的、有害的。我们认为，在"三个代表"重要思想指导下，完整、准确地把握马克思劳动和劳动价值理论，正确理解并把它运用到社会主义市场经济实践中去，有重要的现实意义。在以公有制为主体、多种所有制共同发展的基本经济制度下，应当在全社会高举劳动的旗帜，更新劳动观念，承认和尊重一切为我国社会主义现代化建设做出贡献的劳动，最广泛、最充分地调动一切积极因素，不断为中华民族的伟大复兴增添新力量，这对开创中国特色社会主义新局面至关重要；（3）关于占有企业职工的劳动。可以将其看做是资本回报的一部分。由于在社会主义初级阶段社会化大生产的形成还需要一个较长的历史过程，市场经济体制和制度及相关的法律法规还很不规范、很不完善，资本、技术等生产要素相对稀缺，而劳动力又相对富余，所以，现阶段私营企业从事体力劳动的工人，不能得到合理报酬的现象还比较普遍，他们的一部分劳动被私营企业所占有。这种占有他人劳动的现象，尚带有某种剥削的性质，但在政策上仍然可以划入非劳动收入的范畴，而不必称之为剥削。因为，资本剥削必须具备的马克思、恩格斯应用这一概念时的两个前提条件已经不复存在了，因此，它并不是马克思所使用资本剥削概念完整意义上资产阶级对工人阶级的剥削，而是平等的社会主义公民在劳动分配中一种不平等的现象，也可以说是一种残余的剥削现象。把这种残余的剥削现象视为完整意义上的资本剥削，不仅违背了实事求是的科学精神，而且不利于广大劳动人民投资办企业、办公司，发展社会主义生产力。同时，我们必须清醒地看到，现阶段国有、集体等企业也同样占有企业职工的部分劳动。因此，把企业资本的积累与扩大时占有职工的部分劳动称之为资本剥削，对于社会主义建设是十分不利的。

综上所述，私营企业主的收入是由经营管理企业的复杂劳动、资本回报和占有工人部分劳动所构成，其中包括劳动收入和合法的非劳动收入。如果我们考虑到私营企业主的收入大部分是用来扩大企业再生产，一部分用来做公益事业或社会捐赠，少部分用于家庭生活消费这一基本事实，其家庭生活消费在年均10万元、15万元、20万元或30万元（当然不排斥也有极少数私营企业主过度消费，但这不属于我们研究的一般情况的范围)，那么，应当说私营企业主的劳动收入已经可以支付其生活消费。其非劳动收入部分，即资本回报等则基本上用于扩大企业再生产、再投资和公益事业、社会捐赠，继续为扩大和提高社会整体生产规模、增加社会财富、增加劳动就业岗位和发展社会公益事业、慈善事业做贡献，是一种民有社会化的资本，是为建设中国特色社会主义服务的。综上所述，我们没有必要坚持把这种非劳动收入称之为"剥削"。

3. 非劳动收入的新概括，必将进一步解放思想，放手让一切可以促进生产力发展的要素的活力竞相迸发出来，以造福于人民

回顾半个世纪以来我国社会主义建设的曲折历史，我们曾经把土地改革以后勤劳致富的农民，起早贪黑辛勤劳动攒钱买了几亩土地、牲口、大车等基本农业生产资料的农民，划定为新富农；在"社会主义教育运动"中把卖绿豆芽、黄豆芽攒了几个钱，盖了几间瓦房的农民，划定为新生的资产阶级分子；把"三自一包"（即自留地、自由市场、自负盈亏和包产到户）当做党内"走资派"复辟资本主义的修正主义纲领。这样把剥削的概念泛化的结果，使劳动人民失去了勤劳致富的权利，失去了通过辛勤劳动创造幸福生活的权利，失去了合理合法追求个人物质利益的权利，一句话，从经济上失去了民主的权利。劳动人民是国家的主人、社会的主人，一旦失去了经济的依托和支撑，主人翁的地位只能是停留在理论上、口号上，我们党也将因此而失去执政的阶级基础和群众基础。社会主义市场经济最本质的特征就是工人阶级政党领导下的民本经济。广大人民群众在工人阶级政党的领导下自我创业，发展经济，是我国社会主义市场经济发展的基本动力、基本源泉。

由于长期以来社会主义在我国广大人民群众中已经深入人心，人们普遍对压迫、剥削等概念持对立、排斥态度。虽然在建国初期刘少奇曾经提出过"剥削有功"的说法，然而，广大群众对剥削仍然抱有戒心、警惕。非劳动收入的新概括，不仅把劳动人民办企业同资本家开工厂从本质上区别开来，实事求是地反映了私营企业主等新社会阶层收入的实际情况，而且必将进一步解放人们的思想，打消不必要的顾虑，放手让一切劳动、知识、技术、管理和资本的活力竞相迸发，让一切创造社会财富的源泉充分涌流，以造福于人民。目前，全国民间资金总量已经超过了10万亿元人

民币，相当于国有资产总额。按照党的十六大精神，现在政策允许除国家公务员之外人人都可以投资于企业发展，这将极大地促进社会生产力的发展，推进全面建设小康社会。

在党的十五大提出"把按劳分配和按生产要素分配结合起来"的基础上，江泽民同志在十六大报告中进一步指出："确立劳动、资本、技术和管理等生产要素按贡献参与分配的原则，完善按劳分配为主体、多种分配方式并存的分配制度""要尊重和保护一切有益于人民和社会的劳动。不论是体力劳动还是脑力劳动，不论是简单劳动还是复杂劳动，一切为我国社会主义现代化建设作出贡献的劳动，都是光荣的，都应该得到承认和尊重""一切合法的劳动收入和合法的非劳动收入，都应该得到保护""放手让一切劳动、知识、技术、管理和资本的活力竞相迸发，让一切创造社会财富的源泉充分涌流，以造福于人民"。这些以马克思主义为指导，以亿万人民参与的社会主义市场经济生动实践为依据，以中国最广大人民根本利益为出发点和归宿，所得出的真理性的新思想、新观点、新论断，正在构建着中国共产党人的社会主义市场经济新理论，从而把马克思主义政治经济学推向一个崭新的发展时期。

原载《哈尔滨市委党校学报》2003年第6期，第13—15页；复印转载期刊名称：《社会主义经济理论与实践》，2004年第1期。

私营企业主具有双重社会属性

　　在改革开放的新的历史时期，私营企业已经是社会主义市场经济的重要组成部分，私营企业主是一个既不同于资本主义国家的老板，也不同于我国民族资产阶级的新兴的社会群体。他们青少年时期受过党的教育，绝大多数原来是社会主义劳动者，其中一部分是共产党员、革命军人、机关干部、知识分子，是党的以经济建设为中心和"让一部分人先富起来"的政策造就出来的新的社会群体。可以说，如果没有改革开放的富民政策，就不会有私营企业主这一社会群体。私营企业主既不能简单地划定为剥削阶级，又不能认定是单纯的社会主义劳动者。他们既是劳动者，又是有产者；既参加企业管理和劳动，又占有雇工的剩余劳动。他们同现阶段的工人、农民、知识分子既有联系，又有区别。在社会主义初级阶段生产力还比较落后，人民生活水平还比较低的情况下，私营企业主同受雇员工之间既存在互利、合作的关系，又存在着某种程度上的剥削关系；是一个既是社会主义劳动者，又占有剩余劳动的双重属性的社会群体，而社会主义劳动者是其主要（基本）属性。

　　江泽民总书记在十五大报告中指出："依法保护合法收入，允许和鼓励一部分人通过诚实劳动和合法经营先富起来，允许和鼓励资本、技术等生产要素参与收益分配"。这就是说：一、私营企业主的收入只要是合法的，就受到社会主义法律的保护；二、私营企业主投入企业的资本应当参与收益分配。因此，除了私营企业主参与企业管理的合理报酬，再加上资本投入的合法合理分配，其占有雇工剩余劳动的那一部分就相对较少了，是社会主义初级阶段所能允许的某种程度上的剥削（也有人认为私营企业主的收入就是管理企业所付出劳动的报酬和资本的合理回报，不存在剥削。社会主义初级阶段收益分配只有"合法"或"不合法"，不存在"剥削"的问题）。

我国尚处于社会主义初级阶段，生产力水平还比较低，人民生活还不富裕，雇佣劳动制度是合乎雇佣工人同私营业主双方意愿的一种生产要素组合方式，难以为其他形式所替代。所以，某种程度上的剥削现象是难以避免的。

需要说明的是：由于社会条件的不同，社会主义初级阶段以资本参与收益分配同资本主义社会资本家获取剩余价值有着本质区别。这主要表现在四个方面：一是分配依据的资本的主要来源不同。马克思在《资本论》中揭露，资本家的原始积累是由征服、压迫、劫掠、杀戮，简言之，由暴力形成的。而在社会主义初级阶段，按资分配的资本主要由劳动者自己的劳动积累构成；二是按资分配的性质不同。马克思在《资本论》中揭露，资本家获取的是剩余价值。而社会主义初级阶段是劳动者节俭和劳动积累贡献的合理补偿；三是按资分配在整个社会分配中所处的地位不同。在资本主义社会按资本分配居于主导地位，而社会主义初级阶段居于主导地位的是按劳分配，按资分配处于非主导的合法地位；四是按资分配的作用和后果不同。马克思在《资本论》中揭露，资本是残酷剥削、压迫工人的工具，而在社会主义初级阶段按资分配不可能造成政治压迫和残酷的经济剥削，而且有利于市场经济的发育成熟，可以提高资源的配置效率，有利于生产力的发展，有利于人民生活水平的提高。因此，不能把社会主义初级阶段的按资分配简单等同于资本主义社会的剥削。关于资本参与收益分配的提法，是我们党根据社会历史条件的变化，对马克思剩余价值理论的继承和发展。

私营企业主是一个既是社会主义劳动者，又是占有剩余劳动的双重属性的社会群体，而社会主义劳动者是其主要（基本）属性，在政策上可以视为社会主义劳动者。这也是目前各级党组织和政府所实行的政策，因此各级政府依据私营企业主的实际表现，可以评选他们成为劳动模范。

原载《党建文汇》2000 年第 12 期（该刊为中国共产党类核心期刊，该文获该刊 2000 年优秀论文一等奖）

试析私营企业主阶层是
中国特色社会主义建设者

党的十六大报告把私营企业主等新的社会阶层广大人员称为中国特色社会主义事业的建设者。为什么这些非公有制经济组织人士被看作是中国特色社会主义事业的建设者而不是剥削者？对此，许多同志仍心存疑虑，本文就此发表自己的一些见解。

一　私营企业主阶层是中国特色
社会主义建设者的理论依据

众所周知，马克思、恩格斯在缜密剖析西欧资本主义社会的基础上，认为未来的共产主义社会第一阶段即社会主义社会应当实行生产资料公有制；取消商品经济，实行有计划的产品经济；虽然在劳动产品分配中还保留按劳分配，但这是旧社会遗留下来的"资产阶级权利"，等等。然而，正如恩格斯所谈到的那样，共产主义不是学说，而是运动，它不能从原则出发，而应从事实出发。当我们从中国所面临的生动的"运动""事实"出发时，就会发现，我国的社会主义并不是建立在资本主义社会化大生产基础上的，必须经过社会主义市场经济来发展社会化大生产，因为，只有在社会化生产力的基础上才能建立起生产关系社会化的公有制。用邓小平的话说，我们的社会主义是"不合格的社会主义"，我国现在和今后很长的一个历史时期都将处于社会主义初级阶段。从社会主义初级阶段的基本国情出发，邓小平以马克思主义为指导。创立了有中国特色的社会主义理论。这一理论从社会主义本质出发，认为只要是有利于解放生产力，发展生产力，消灭剥削，消除两极分化，最终达到共同富裕的，无论是公有制经济还是非公有制经济都可以发展。依据这一理论，衡量社会主义的标准应该看"是否有利于发展社会主义社会的生产力，是否有利于增强社会主义国家的综合国力，是否有利于提高人民的生活水平"①。这一理论实践的结果，使我国经济增长处于世界领先地位，显示了社会主义社会的生机与活力，展示了社会主义制度的优越性。

党的第三代领导集体以邓小平理论为指导，以我国社会主义初级阶段的生动实践为依据，认为在当代中国的现实条件下，非公有制经济不属于资本主义性质，而是社会主义市场经济的重要组成部分，必须毫不动摇地鼓励、支持和引导非公有制经济的发展；认为在非公有制经济组织工作的新的社会阶层广大人员，通过诚实劳动和工作，通过合法经营，为发展社会主义社会的生产力和其他事业作出了贡献。他们与工人、农民、知识分子、干部和解放军指战员团结在一起，他们也是中国特色社会主义事业的建设者。因此，邓小平理论是判定新的社会阶层人员是中国特色社会主义建设者的最基本的理论依据。

有人认为，依据马克思的劳动价值理论，只有劳动才能够创造价值，资本本身是不可能创造价值的，资本对于劳动价值的占有就是剥削。因此，他们把私营企业主所获得的资本回报视为剥削，也有人据此把私营企业主看作新生的资产阶级，进而否认非公有制企业的社会主义性质。对此，我们同样要从处于社会主义初级阶段的中国的具体实际出发，深化对社会主义社会劳动和劳动价值理论的研究和认识。

在马克思、恩格斯看来，资本成为剥夺工人阶级所创造的剩余价值的工具，必须具备两个前提条件：其一，必须存在阶级对立、政治压迫的资本主义政治制度，以维护资本对工人阶级剥夺的经济制度；其二，必须存在剥削阶级，即资产阶级；存在着一部分人占有生产资料，另一部分人被剥夺生产资料而一无所有的两极分化。马克思曾经指出："自由劳动者有双重意义：他们本身既不像奴隶、农奴等那样，直接属于生产资料之列，也不像自耕农等那样，有生产资料属于他们，相反地，他们脱离生产资料而自由了，同生产资料分离失去了生产资料。商品市场的这种两极分化，造成了资本主义生产的基本条件。资本关系以劳动者

---

① 《邓小平文选》第3卷，人民出版社1993年版，第372页。

和劳动实现条件的所有权之间的分离为前提。资本主义生产一旦站稳脚跟，它就不仅保持这种分离，而且以不断扩大的规模再生产这种分离。因此，创造资本关系的过程，只能是劳动者和他的劳动条件的所有权分离的过程，这个过程一方面使社会的生活资料和生产资料转化为资本，另一方面使直接生产者转化为雇佣工人。"恩格斯也指出："剩余劳动，即超出劳动者维持自身生活所必须的时间以外的劳动，以及这种剩余劳动的产品被别人占有，即对劳动的剥削，是到目前为止一切阶级对立中运动的社会形式的共同点。但是，只有当这种剩余劳动的产品采取了剩余价值的形式，当生产资料所有者找到了自由的工人——不受社会束缚和没有自己的财产的劳动者——作为剥削对象，并且为生产商品而剥削工人的时候，只有在这个时候，在马克思看来，生产资料才具有资本的特殊性质。"（引文中着重号均为笔者所加）很显然，只有存在资本主义剥削制度和资产阶级这两个"基本条件"和"前提"时，生产资料才具有资本剥削的"特殊性质"。①

社会主义制度在我国建立以后，马克思、恩格斯所指出的剥削存在的两个前提条件都发生了根本性的变化。首先，自 1949 年中华人民共和国成立起，维护资本剥削或其他剥削关系的政治制度就已经不复存在；其次，1956 年，在生产资料的社会主义改造胜利完成之后，资产阶级作为剥削阶级也已经被消灭。在社会主义初级阶段，资本和劳动的关系从一开始就被规范在人民民主政权允许的范围和社会主义法律的框架之内，资本和劳动双方都平等地受到人民民主政权和社会主义法律的保护和制约。②

由于上述两个"不复存在"，那么，资本主义生产关系所造成的那种一部分人占有生产资料，另一部分人被剥夺生产资料而一无所有的两极分化情况，也就发生了实质性的变化。在资本主义社会，资本的原始积累是资产阶级运用一系列暴力手段剥夺直接生产者，强迫小生产者与生产资料分离，"是用血与火的文字载入人类编年史的"。而在社会主义初级阶段，资本的积累主要来源于劳动者自己的勤劳与创业，且劳动者的生活资料和生产资料从来没有被剥夺过。改革开放之初，邓小平就已经指出："我们

① 马克思：《资本论》第 1 卷，人民出版社 1975 年版，第 782—783 页。
② 《马克思恩格斯选集》第 3 卷，人民出版社 1995 年版，第 552—553 页。

反对把阶级斗争扩大化，不认为党内有一个资产阶级，也不认为在社会主义制度下，在确已消灭了剥削阶级和剥削条件之后还会产生一个资产阶级或其他剥削阶级。"① 他的这一论断与马克思、恩格斯关于资本剥削关系存在的两个前提条件的思想，是完全一致的。

马克思虽然创立了劳动和劳动价值的理论，但是他并不认为劳动是人们创造物质财富的唯一源泉。马克思在《资本论》第一卷第一章中曾经写道："劳动不是它所生产的使用价值即物质财富的唯一源泉，如威廉·配第所说，劳动是财富的父亲，土地是财富的母亲。"马克思还在《哥达纲领批判》一文中批判了拉萨尔"劳动是一切财富和一切文化的源泉"的观点，指出："劳动不是一切财富的源泉。自然界同劳动一样也是使用价值（而物质财富就是由使用价值构成的！）的源泉。"② 由此可见，财富（使用价值）的源泉同价值的源泉虽然有联系，但在马克思主义政治经济学里并不是同一的概念。党的"十六大"确立的劳动、资本、技术和管理等生产要素按贡献参与分配的原则，是指生产要素按照在生产财富即使用价值中的贡献大小参与分配，而不是指生产要素在创造价值中的贡献，这并没有违背马克思的劳动价值理论。

恩格斯是马克思主义的创始人之一，他在著名的《反杜林论》一书中写道："政治经济学在本质上是一门历史的科学。它所涉及的是历史性的即经常变化的材料"③ "我们所掌握的有关经济科学的东西，几乎只限于资本主义生产方式的发生和发展"④ "政治经济学作为一门研究人类各种社会进行生产和交换并相应地进行产品分配的条件和形式的科学，——这样广义的政治经济学尚待创造"⑤。很显然，在恩格斯看来，马克思的政治经济学并不能原封不动地用来说明"人类各种社会"的生产与交换。恩格斯还强调指出："人们在生产和交换时所处的条件，各个国家各不相同，而在每一个国家时，各个世代又各不相同。因此，政治经济学不可能

① 《邓小平文选》第 2 卷，人民出版社 1994 年版，第 168 页。

② 《马克思恩格斯选集》第 3 卷，人民出版社 1995 年版，第 298 页。

③ 同上书，第 489 页。

④ 《马克思恩格斯选集》第 3 卷，人民出版社 1995 年版，第 492 页。

⑤ 同上。

对一切国家和一切历史时代都一样的。"① 所以，我们今天深化对社会主义劳动和劳动价值理论的研究，正是对马克思主义劳动和劳动价值理论最好的继承和创新。

二　私营企业主阶层作为中国特色社会主义建设者的现实表现和历史作用

据国家工商行政管理总局的统计资料，直至 2001 年 6 月底，全国登记的私营企业主（即私营企业投资者）为 425.5 万人，已经成为一个相对独立的社会阶层。分布广、人员多、发展快、流动大、约束小，是目前这一阶层的特征。构成这一阶层的主体，也由过去的农民和城镇待业人员，发展到包括从党政机关、国有企事业单位、大专院校、科研单位分流出来的原行政干部和中高级知识分子，以及从海外归来的留学人员。这个阶层在价值取向、思想观念、利益要求、政治愿望和生活方式等方面，都有别于一般的产业工人、农业劳动者、知识分子，也不同于原民族工商业者，具有鲜明的特点。在现实生活中，这个阶层呈现出较复杂的情况，既蕴含着大量的积极因素，也存在着某些消极现象。

由于私营企业主阶层目前尚处于发育成长期，我国社会也处于转型时期，对于社会主义市场经济体制的有效监管和调控机制尚处在建立健全的过程中，各级政府对私营企业及其生产经营状况的统计、管理均比较薄弱，所以，私营企业生产经营和人员的思想状况还难以准确掌握。但是，私营企业主阶层毕竟已经形成，社会上的人们对这个新生的社会阶层的现实表现是有议论和评价的。根据我们的了解，可以把对这一阶层的评价分为优秀、一般、较差三种，大致情况如下：

优秀。这是指私营企业主阶层中比较成熟的那一部分人。这部分人能够正确理解我国的社会主义性质、中国共产党的领导地位和自己及企业所处的社会地位与社会责任，因此，能够合法经营、照章纳税，尊重工人的合法权益，积极支持自己企业中的党组织和工会开展工作；热衷于社会公益事业，捐款捐物支援贫困地区，建设希望工程，积极参与西部大开发；

---

① 《马克思恩格斯选集》第 3 卷，人民出版社 1995 年版，第 489 页。

在生活中不奢侈浪费、过度消费，不讲排场、摆阔气，作风正派、生活态度严谨；注意时政和科学文化知识的学习，不断努力提高自己。这一部分人是私营企业主阶层中的优秀分子，大约占这一阶层人数的5%—10%。有加入中国共产党愿望的私营企业主主要在这一部分。在私营企业较为发达的浙江，省委组织部于2002年进行的一次问卷调查表明，有96.1%的人表示可以吸收私营企业主中的优秀分子入党，这说明这个阶层中优秀分子的现实表现已经得到了社会的普遍承认。

就浙江的情况而言，改革开放之初一部分农民投资办企业，主要目的是脱贫致富，不想再受穷。然而，随着企业的发展，社会化的大生产开阔了他们的眼界，增长了他们的知识和能力。通过政治理论的学习，通过参与人大、政协、工商联等组织的活动，在当地党和政府的支持、引导、鼓励下，他们中的许多人思想境界发生了明显的变化，逐渐由只图个人富起来上升到希望为建设社会主义现代化贡献自己的力量。这一部分人基本上做到了江泽民同志提出的"三个结合"，即把自己企业的发展与国家的发展结合起来；把个人富裕与全体人民的共同富裕结合起来；把遵循市场法则与发扬社会主义道德结合起来。所以，他们中有的人虽然已经有上千万元、上亿元的个人家产，但仍能够经受住金钱的诱惑、考验，每天工作、学习10多个小时，仍保持着创业时期那么一种艰苦奋斗的作风，为中国特色的社会主义伟大事业贡献着自己的力量。毫无疑问，私营企业主中的这一部分优秀分子，无愧于中国特色社会主义建设者的光荣称号。我们相信，随着社会主义市场经济体制的健全与成熟，在党和政府的积极鼓励、支持和引导下，私营企业主阶层会逐渐走向成熟，其中的优秀分子也会不断增多，最终将成为私营企业主阶层主流形象的代表。当然，这个过程可能需要30年甚至50年的时间。

一般。这一部分人约占私营企业主阶层人数的50%—60%，是目前这一阶层中的大多数。他们基本上能够做到合法经营、照章纳税，一般能够尊重工人的合法权益，对党组织和工会在自己企业里开展工作也还能抱支持态度。但是，由于我国社会主义市场经济体制尚不够健全、成熟，这一部分私营企业主自身的法制、税收、社会公德等意识，以及现代社会的公民素质也有待于进一步培育提高。他们中一些人有时会逃税漏税；虽然能够为企业的管理、技术人员和工人骨干提供必需的社会保险和较好的工资福利待遇，但对生产一线的职工则不能完全做到这些；有时还会借故不签劳动合同、延长劳动时间，甚至拖欠工人工资，等等。但从本质上看，他们仍是拥护党的改革开放方针、拥护社会主义的。他们经常参与社会公益事业，能保持劳动者应有的道德品质和思想作风。因此从总体上看，这一部分人同我们的社会主义社会是相融洽的，得到了社会上工人、农民、知识分子、党政干部、军人的认可。在前面提到的那次问卷调查中，认为私营企业主阶层是坚定地走建设有中国特色社会主义道路的，在依法经营、照章纳税、尊重职工合法权益等方面表现较好的，均占到70%—80%。这表明，私营企业主阶层中大多数人的现实表现是得到社会承认的。各级党组织应当对他们坚持实行"团结、帮助、引导、教育"的方针，使他们随着企业的发展不断提高自身素质，进一步走向成熟，成为自觉的中国特色社会主义建设者。

较差。这一部分人约占私营企业主阶层的20%—30%。这些人往往原来自身的素质就较差，改革开放初期，依靠投资办企业发了财，于是就挥霍浪费，购置高档轿车、出入豪华酒店；"养小蜜""包二奶"，绯闻不断；有的还赌博、吸毒，败坏社会风气。在生产经营中，他们往往蓄意偷税漏税，不尊重工人的合法权益，不签劳动合同，随意延长劳动时间，经常拖欠工人工资，有时甚至打骂工人。他们中又有一少部分人属于极差（约占私营企业主人数的5%—10%左右）。这类人同党政机关中的腐败分子勾结在一起，行贿受贿、走私贩私、侵吞国家财物、生活奢侈糜烂；极少数人甚至组织黑社会性质的团伙，欺行霸市、横行乡里、非法敛财。显然，私营企业主阶层中表现较差的这一部分人，在许多方面同中国特色社会主义是不相容的，其中极少部分人甚至是对立的。社会上一部分人之所以对私营企业主阶层是中国特色社会主义建设者的地位和作用抱怀疑态度，主要是由于这部分人的不良行为和影响造成的。然而用发展的眼光来看，随着社会主义市场经济体制逐步走向健全、成熟，随着政治体制改革的日益深化，中国特色的社会主义道路将会显示出越来越强大的吸引力和凝聚力，私营企业主中表现较差的这一部分人将随之发生分化，其中的许多人最终也将会成为中国特色社会主义的建设者。历史将证明，这才是他们的光明前途之所在。

总而言之，尽管现阶段私营企业主阶层的现实表现差异极大，但从总体、主流和发展前景来看，他们作为中国特色社会主义建设者的地位将会得到全社会越来越多的人的承认。我们相信中国共产党具备这种管理社会、整合社会、引导社会前进的能力。

私营企业主等新的社会阶层人员作为中国特色社会主义建设者的历史作用是显而易见的。

首先，它为我国生产力的发展作出了贡献。1989—2000 年，全国私营企业实现的产值由 97 亿元增长到 10739.8 亿元，增长了 109.7 倍，平均每年递增 53.4%；实现的社会消费品零售额由 34 亿元增长到 5813.5 亿元，增长了 170 倍，年均增长速度为 59.6%；上缴工商税收由 1.1 亿元增长到 414.4 亿元，增长了 375.7 倍，年均增长速度为 71.5%，这些都远远高于同一时期全国的增长速度。① 实践证明，私营经济的发展对实现我国生产力的跨越式发展发挥了不可替代的作用。

其次，它吸纳了大量从业人员，为国有企业改革和社会安定作出了贡献。1989—2000 年，全国私营企业从业人员由 143.6 万人增加到 2406.5 万人，增长了 15.75 倍，年均增长速度为 30.5%。而同一时期，全国从业人员的年均增长速度为 10.2%。其中，国有单位、集体单位年均增长分别为 -2.4%、-8.2%。仅 2000 年，私营企业就安置国有单位下岗职工 107 万人。浙江省委前任书记张德江同志认为，浙江全省国有及国有控股工业企业年产值由 1978 年全国排名第 23 位提升到 1998 年的第 13 位，主要得益于非公有制经济的蓬勃发展。② 可以说，正是非公有制企业的发展，推动了国有企业改革的深化，使许多国有企业在市场竞争中成长、壮大起来。

再次，它创造了社会财富，提高了人民的生活水平。浙江的群众经济富裕，生活水平大幅度提高，主要得益于非公有制经济的蓬勃兴起。据浙江省统计局公布的数字：2001 年，浙江省城镇居民人均可支配收入首次突破万元，达到 10465 元；农村居民人均纯收入为 4582 元，分别比 1989 年增长了 4.8 倍和 3.5 倍；年均增长率达 15.8% 和 13.4%，

---

　　① 《2002 年：中国社会形势分析与预测》，社会科学文献出版社 2002 年版，第 234—235 页。

　　② 张德江：《在多种所有制经济共同发展中壮大提高——浙江国有企业的改革与发展》，载《人民日报》1999 年 11 月 4 日。

分别比全国高 1.5% 和 1.3%；城镇居民人均可支配收入和农村居民人均纯收入均居全国第 3 位。居民生活质量也有了明显的提高，消费结构基本上改变了长期以来以吃穿等生活资料为主的单一格局，住、用、行、教育和文化娱乐等享受和发展方面的消费支出明显提高，衡量生活质量的恩格尔系数不断下降。所有这些成就的取得，都离不开非公有制经济的发展。

三　把私营企业主阶层定性为中国特色社会主义建设者的重大理论和现实意义

实践证明，把私营企业主阶层定性为中国特色社会主义建设者，把资本的回报确定为非劳动收入，将其与资本主义社会资产阶级对工人阶级的剥削区别开来，使其成为社会主义市场经济条件下合理合法的收入，这是对马克思劳动和劳动价值理论在新的历史条件下的继承和重大发展。围绕这一理论创新，党的"十六大"报告进一步指出："确立劳动、资本、技术和管理等生产要素按贡献参与分配的原则，完善按劳分配为主体、多种分配方式并存的分配制度""一切合法的劳动收入和合法的非劳动收入，都应该得到保护""放手让一切劳动、知识、技术、管理和资本的活力竞相迸发，让一切创造社会财富的源泉充分涌流，以造福于人民"。这些以马克思主义为指导，以亿万人民参与的社会主义市场经济实践为依据，以中国最广大人民的根本利益为出发点和归宿所得出的新思想、新观点、新论断，正在构建着中国共产党人的社会主义市场经济新理论，并进而将马克思主义政治经济学推向一个崭新的发展阶段。

把私营企业主阶层定性为中国特色社会主义建设者，将进一步推进思想的大解放，让一天天富裕起来的劳动人民投资办企业、办公司、买股票，使社会上大量闲散的资金转化为生产经营中的资本，这将有力地促进我国的社会主义现代化建设，也将为广大劳动人民打开又一扇通往富裕之门。

社会主义市场经济从本质上说应当是有利于劳动人民的经济制度，是一种民本经济。农村联产承包责任制实际上是把耕种土地的自主权还给了亿万农民；随着改革的深入，必然要求把投资办企业、办公司的自主权毫无保留地还给人民。当群众有了通过辛勤劳动、艰苦创业创造自己幸福生活的权利时，人民是我们这个国家的主人、社会的主人才算真正落到实处。从这个意义上说，把私营企业主阶层定性为中国特色社会主义的建设者，将产生无比深远的影响。

载《唯实》（中共江苏省委党校）2003 年第 11 期

试论私营企业主是中国特色
社会主义建设者的理论依据

2001 年 7 月 1 日，江泽民同志《在庆祝中国共产党成立八十周年大会上的讲话》中提出：私营企业主是中国特色社会主义建设者，其优秀分子可以加入党的组织。至 2006 年底，全国非公有制企业共有 241.8 万户①、资产总额 22.5 万亿元、年营业收入 20.2 万亿元、年缴纳税收 1.4 亿元。其收入规模已经超过了国有企业（2006 年底全国国有企业营业收入为 16.2 万亿元）。② 虽然改革开放以来非公有制经济对我国经济社会发展起了重大的促进作用，但是，囿于传统社会主义理论的束缚，仍然有些人弄不清楚私营企业主为什么是中国特色社会主义建设者，甚至于分不清楚他们同剥削工人阶级的资本家有什么区别。

私营企业主是中国特色社会主义建设者，非公有制经济是社会主义市场经济的重要组成部分，中国走的是具有自己特色的社会主义发展道路，这三个断语性结论是相互紧密联系的、不可分割的，统一于中国特色社会主义理论体系。如果不能从理论上说明私营企业主是中国特色的社会主义建设者，那么，又怎么能说明非公有制经济是社会主义市场经济重要组成部分，怎么能说明我们走的是社会主义发展道路呢？

一

有人认为，依据马克思的劳动价值理论，只有劳动才能够创造价值，

---

① 国家统计局数据为 494.7 万户。
② 《马克思恩格斯选集》第 3 卷，人民出版社 1995 年版，第 552—553 页。

资本本身是不可能创造价值的，资本对于劳动价值的占有就是剥削。因此，有人把非公有制企业主的资本回报视为剥削，也有人据此把私营企业主当作新生的资产阶级，进而否认非公有制企业是社会主义市场经济的重要组成部分。

江泽民同志《在庆祝中国共产党成立八十周年大会上的讲话》中指出："马克思主义经典作家关于资本主义社会的劳动和劳动价值的理论，揭示了当时资本主义生产方式的运行特点和基本矛盾。现在，我们发展社会主义市场经济，与马克思主义创始人当时所面对和研究的情况有很大不同。我们应该结合新的实际，深化对社会主义劳动和劳动价值理论的研究和认识。"

在马克思、恩格斯看来，资本之所以能够成为剥夺工人阶级剩余价值的工具，必须具备两个前提条件：其一，必须存在着一个剥削制度，即资本主义剥削制度。存在着阶级对立、政治压迫的政治制度，以维护经济上资本对工人阶级剥夺的经济制度；其二，必须有一个剥削阶级，即资产阶级。存在着一部分人占有生产资料，另一部分人被剥夺生产资料而一无所有的两极分化。马克思曾经指出："自由劳动者有双重意义：他们本身既不像奴隶、农奴等等那样，直接属于生产资料之列，也不像自耕农等等那样，有生产资料属于他们，相反地，他们脱离生产资料而自由了，同生产资料分离了，失去了生产资料。商品市场的这种两极分化，造成了资本主义生产的基本条件。资本关系以劳动者和劳动实现条件的所有权之间的分离为前提。资本主义生产一旦站稳脚跟，它就不仅保持这种分离，而且以不断扩大的规模再生产这种分离。因此，创造资本关系的过程，只能是劳动者和他的劳动条件的所有权分离的过程，这个过程一方面使社会的生活资料和生产资料转化为资本，另一方面使直接生产者转化为雇佣工人。"①恩格斯也指出："剩余劳动，即超出劳动者维持自身生活所必需的时间以外的劳动，以及这种剩余劳动的产品被别人占有，即对劳动的剥削，是到目前为止一切在阶级对立中运动的社会形式的共同点。但是，只有当这种剩余劳动的产品采取了剩余价值的形式，当生产资料所有者找到了自由的工人——不受社会束缚和没有自己的财产的工人——作为剥削对象，并且

---

① 《资本论》第 1 卷，第 783 页。

为生产商品而剥削工人的时候，只有在这个时候，在马克思看来，生产资料才具有资本的特殊性质"（着重号是笔者加的）。① 很显然，只有在资本主义剥削制度、资产阶级存在的"基本条件"和"前提下"，才能够使生产资料具有资本剥削的"特殊性质"。

社会主义制度在我国建立，马克思、恩格斯所指出的剥削存在的两个前提条件都发生了根本性的变化：

首先，维护资本剥削或其他剥削关系的政治制度已经不复存在了。1956 年生产资料所有制社会主义改造胜利完成之后，资产阶级作为剥削阶级已经被消灭了（自新中国成立的 1949 年起，这种政治压迫就不存在了）。社会主义初级阶段，资本和劳动的关系从一开始产生，其活动就规范在人民民主政权允许的范围和社会主义法律的框架之内，资本和劳动双方都平等地受到人民民主政权和社会主义法律的保护和制约（诚然，目前社会主义法治尚处于建立健全完备的过程中，这是无法逾越的历史阶段）。

其次，由于维护资本剥削和封建剥削的半殖民地半封建制度不复存在了，资产阶级作为阶级已经不复存在了，那么，形成资本主义生产关系早期那种一部分人占有生产资料，另一部分人被剥夺生产资料而一无所有的两极分化情况也发生了实质性的变化。资本主义社会资本原始积累是："大量的人突然被强制地同自己的生存资料分离，被当作不受法律保护的无产者抛向劳动市场。"② 在资本主义社会，资本的产生是资产阶级运用一系列暴力手段，剥夺直接生产者，强迫小生产者和生产资料分离。因此，马克思曾经愤怒地指出："……他们的这种剥夺的历史是用血与火的文字载入人类编年史的"③ "资本来到世间，从头到脚，每个毛孔都滴着血和肮脏的东西。"④ 而社会主义初级阶段的资本积累主要来源于劳动者自己的勤劳与创业，且劳动者的生活资料和生产资料从来没有被剥夺过。目前，中西部涌向东部沿海地区个私企业打工的广大农民工，按照党和国家的政策都有一块联产承包的土地；国有企业改革下岗的工人，按照党和

---

① 《马克思恩格斯选集》第 3 卷，人民出版社 1995 年版，第 552—553 页。

② 《资本论》第 1 卷，第 784 页。

③ 同上书，第 783 页。

④ 同上书，第 829 页。

国家的政策都可以领到维持基本生活的保障金，都不能算是被剥夺了"生存资料"、一无所有的劳动者，而且党和国家积极实施"再就业"工程，逐步实现绝大多数下岗工人能够找到新的工作岗位。

改革开放之初，邓小平同志就在《坚持四项基本原则》的著名讲话中已经指出："我们反对把阶级斗争扩大化，不认为党内有一个资产阶级，也不认为在社会主义制度下，在确已消灭了剥削阶级和剥削条件之后还会产生一个资产阶级或其他剥削阶级。"① 依据马克思、恩格斯资本剥削关系存在的两个前提条件，邓小平认为在"消灭了剥削制度和剥削条件"的社会主义制度下不可能"产生一个资产阶级或其他剥削阶级"的论断是完全正确的。

马克思虽然创立了劳动和劳动价值的理论，但是他并不认为劳动是人们创造物质财富的唯一源泉。马克思在《资本论》第一卷第一章中曾经写道："劳动不是它所生产的使用价值即物质财富的唯一源泉，如威廉·配第所说，劳动是财富的父亲，土地是财富的母亲"。马克思还在《哥达纲领批判》一文中，首先批判了拉萨尔"劳动是一切财富和一切文化的源泉"的观点，指出："劳动不是一切财富的源泉。自然界（原文就是黑体字）同劳动一样也是使用价值（而物质财富就是由使用价值构成的！）的源泉"。② 由此可见，财富（使用价值）的源泉同价值的源泉虽然有联系，但是在马克思主义政治经济学里并不是同一概念。党的十六大确立的劳动、资本、技术和管理等生产要素按贡献参与分配的原则，是指生产要素按照在生产财富即使用价值的贡献大小参与分配，而不是指生产要素在创造价值中的贡献，并没有违背马克思的劳动价值理论。

恩格斯是马克思主义的创始人之一，是马克思《资本论》第2、3卷手稿整理编著者。他在《资本论》第1卷发表之后11年，在著名的《反杜林论》一书中写道："政治经济学在本质上是一门历史的科学。它所涉及的是历史性的即经常变化的材料"③ "我们所掌握的有关经济科学的东西，几乎只限于资本主义生产方式的发生和发展"④ "政治经济学作为一

---

① 《邓小平文选》第2卷，人民出版社1994年版，第168页。
② 《马克思恩格斯选集》第3卷，第298页。
③ 同上书，第489页。
④ 同上书，第492页。

门研究人类各种社会进行生产和交换并相应地进行产品分配的条件和形式的科学，——这样广义的政治经济学尚待创造"①。很显然，鉴于政治经济学本质上是一门历史的科学，它所涉及的材料"是经常变化的材料"，所以，恩格斯认为马克思主义的政治经济学，"只限于资本主义生产方式的发生和发展"，并不能说明"人类各种社会"的生产与交换。那么，马克思关于劳动和劳动价值的理论，理所当然的不能说明今天我国社会主义市场经济。恩格斯还强调指出："人们在生产和交换时所处的条件，各个国家各不相同，而在每一个国家里，各个世代又各不相同。因此，政治经济学不可能对一切国家和一切历史时代都是一样的。"② 所以，我们今天深化对社会主义劳动和劳动价值理论的研究，正是对马克思主义劳动和劳动价值理论最好的继承和创新。由此可见，依据马克思主义与时俱进的理论品质，是我们判定私营企业主是中国特色社会主义建设者的基本理论依据。

　　毛泽东同志在《关于正确处理人民内部矛盾的问题》一文指出："在我们国家里，工人阶级同民族资产阶级的矛盾属于人民内部。"无论在新民主主义革命时期，还是在生产资料所有制社会主义改造时期，以及社会主义建设时期，把民族资产阶级作为人民内部矛盾处理，是毛泽东思想一个闪光的"亮点"。毛泽东同志在"七大"口头报告中还提出现阶段在我国要"广泛地发展资本主义"，并且说："对于这个问题，在我们党内有些人相当长的时间里搞不清楚，存在一种民粹派的思想。这种思想，在农民出身的党员占多数的党内是会长期存在的。所谓民粹主义，就是要直接由封建经济发展到社会主义经济，中间不经过发展资本主义的阶段。俄国的民粹派就是这样。……他们'左'得要命，要更快地搞社会主义，不发展资本主义。结果呢，他们变成了反革命"。③ 毛泽东同志这些把马列主义同中国具体实践相结合所产生的至今仍闪烁着真理光辉的理论观点，以及由这些理论观点所构成的新民主主义理论，成为今天中国特色社会主义伟大理论的源头。

---

① 《马克思恩格斯选集》第3卷，第492页。

② 同上书，第489页。

③ 《毛泽东文集》第3卷，人民出版社1999年版，第323页。

　　1982 年 9 月，邓小平同志在党的第十二次全国代表大会开幕词中提出了"建设有中国特色社会主义"的科学命题，标志着我们党彻底摆脱了教条主义的精神枷锁，彻底摆脱了传统社会主义对我们的思想束缚，开始走一条符合中国国情的社会主义发展道路。马克思、恩格斯在擘画未来美好的新社会时，鉴于资本主义已经完成了把农业社会发展成为工业化的社会，但是，这个建立在社会化大生产的资本主义社会有许多弊端难以克服。因此，他们在社会化大生产的基础之上设想了能够克服资本主义种种弊端的新的社会制度——社会主义、共产主义。所以，马克思主义的社会主义，从理论上来说应该是高于资本主义的社会形态。这样的社会应当实行生产资料公有制，取消商品经济实行有计划的产品经济，虽然在劳动产品分配中还保留按劳分配，但是按劳分配是旧社会遗留下来的资产阶级权利，等等。然而，如同恩格斯所言："共产主义不是学说，而是运动，它不是从原则出发，而是从事实出发。"从生动的"运动""事实"出发，我国的社会主义并不是建立在资本主义社会化大生产的基础上的，而是建立在半殖民地半封建社会的废墟之上的，落后的个体农业、手工业小生产占据了国民经济的 90%。因此，中国的社会主义还只能是"初级阶段"，同马克思所设想的高于资本主义的社会主义相比较还"不合格"。"初级阶段"的社会主义要完成的历史任务是实现工业化、现代化，要用一百年的时间赶上世界中等发达国家。

　　从我国社会主义初级阶段的基本国情出发，邓小平同志以马克思主义为指导创建了建设有中国特色的社会主义的新理论。这一新理论，从社会主义初级阶段的本质出发，只要是"解放生产力，发展生产力，消灭剥削，消除两极分化，最终达到共同富裕"，公有制经济和非公有制经济都可以发展。依据这一新理论，衡量社会主义的标准不应该是公有制还是私有制、是计划经济还是市场经济，是否在劳动分配中实行按劳分配还是按生产要素分配，而是"三个有利于"，即"是否有利于发展社会主义社会的生产力，是否有利于增强社会主义国家的综合国力，是否有利于提高人民的生活水平。"

　　由于初级阶段的基本国情和实现现代化的历史使命，规定了中国特色社会主义只能以经济建设为中心、一百年不动摇，邓小平同志提出"发展是硬道理""发展是解决中国一切问题的关键"，江泽民同志提出了

"发展是党执政兴国的第一要务"，胡锦涛同志提出科学发展观的第一要义是发展，生产关系所有制（公有制、私有制、混合所有制）、经济运行机制（计划经济、市场经济、政府宏观调控的市场经济）、劳动分配方式（按劳分配、按生产要素分配、按劳分配和生产要素分配并存），都要服从于是否有利于经济社会发展这个大局。所以，改革开放以来，我国的经济增长处于世界领先地位。从改革开放的 1978 年至 2007 年底，中国的经济总量由人民币 3624 亿元增至 24.7 万亿元，浙江省经济总量由 124 亿元增至 18640 亿元，增长幅度达到 60 多倍、100 多倍。同资本主义相比较，确实显示出了社会主义的生机与活力。

浙江省的经济总量从 1978 年全国倒数第 1、2 位跃居到现在第 4 位。浙江的经济发展之所以充满生机活力，得益于非公有制经济蓬勃兴起。大批的农民办企业，形成了颇具浙江特色的"草根经济"。据统计，到 2007 年 6 月，全省共有非公经济组 208 万家，其中非公企业 29 万家，从业人员 1208 万人，非公有制经济总量在全省生产总值中所占比重达到 72%，非公企业对财政收入的贡献率达到 65%。[①] 浙江在计划经济时期由于地处东南前线，国家投资兴办的国有制企业比较少。1952—1978 年，国家投资人均只有 410 元，只相当于全国平均水平的 1/2。然而，随着非公有制经济蓬勃兴起，国有经济也迅速崛起。到 2007 年底，省属国有企业资产总额达 3400 亿元，居全国第 5 位，销售收入总额达 2500 亿元，居全国第 4 位，利润总额达 160 亿元，居全国第 3 位，净资产利润率居全国第 2 位，成为名副其实的国有经济大省。浙江的非公有制经济与国有经济相互促进、共同发展的生动实践证明：社会主义市场经济既不能缺失主体地位的公有制经济，也不可缺失重要组成部分的非公有制经济。误以为只有公有制经济才是社会主义的、非公有制经济是资本主义的，如此僵化的、教条主义的观点是多么脱离中国特色社会主义的伟大实践。

马克思对于经济基础曾经作过如下说明："人们在自己生活的社会生产中发生一定的、必然的、不以他们的意志为转移的关系，即同他们的物质生产力的一定发展阶段相适合的生产关系。这些生产关系的总和构成社

---

① 斯鑫良：《认真学习贯彻党的十七大精神努力把非公企业党建研究工作提高到一个新水平》，2008 年 1 月 10 日。

会的经济结构，即有法律的和政治的上层建筑竖立其上并有一定的社会意识形式与之相适应的现实基础"。① 依据马克思的这一说明，与社会主义初级阶段"物质生产力相适应"的非公有制经济，它同国有、集体、混合所有制等经济成分组成了"生产关系的总和"，构成了"社会的经济结构"，也就是"有法律的和政治的上层建筑竖立其上并有一定的社会意识形式与之相适应的物质基础"。这是不以人们的主观意志为转移。单凭主观愿望，只承认国有、集体和混合所有制中公有制经济成分是我们社会主义的经济基础，否认非公有制经济也是我们社会主义经济基础的有机组成部分，实际上是违背了"经济基础是生产关系的总和"这一马克思主义基本常识。联系我们今天改革开放的生动实践，在经济领域放宽国内民间资本的市场准入领域，在投融资、税收、土地使用和对外贸易等方面采取措施，实现公平竞争；在政治体制改革方面进一步转变政府职能，以适应于社会主义市场经济体制，完善保护私人财产的法律制度，使政府依法加强监督和管理，促进非公有制经济健康发展；提出"要营造鼓励人们干事业、支持人们干成事业的社会气氛""放手让一切劳动、知识、技术、管理和资本的活力竞相迸发，让一切创造社会财富的源泉充分涌流，以造福人民"等等，有利于非公有制经济健康发展的新思想、新观念。这些都表明，改革使非公有制经济逐步成为了社会主义的经济基础，并且在其之上逐步建立起与之相适应的法律、政治制度和意识形态。由此可见，改革使非公有制经济正在逐步从经济制度、政治制度、法律制度以及意识形态全面纳入社会主义现代化建设的方向。

既然非公有制经济是社会主义市场经济的重要组成部分，也是我国社会主义经济基础的重要组成部分，这也就为私营企业主是中国特色社会主义建设者提供了基本的理论依据。

诚如恩格斯所言，"政治经济学本质上是一门历史的科学，它所涉及的是历史性的即经常变化的材料"。①那么，当代的公有制经济、私有制经济给我们提供的是什么样的"变化的材料"呢？凡是实行单一的公有制计划经济的传统社会主义，大多数都是因为经济搞不上去、人民长期"过苦日子"而最终"解体"。正如李瑞环同志所说："原苏联、东欧一些

---

① 《马克思恩格斯选集》第 2 卷，人民出版社 1995 年版，第 32 页。

社会主义国家公有制经济比重都很高，它们的社会主义却垮台了。"因此，"不能认为公有制经济成分越多社会主义制度就越巩固。"反之，以私营经济为经济基础的发达资本主义国家，通过法律、税收、工会等劳动者组织制约私有制经济的种种弊端，当然并不是所有弊病都克服掉了，如两极分化问题仍然比较突出，但毕竟建立起带有社会主义性质的社会福利制度，并且使广大工人阶级由无产者变成为中产阶级，而这些都是实行单一公有制的社会主义难以做到的。20世纪70年代末，王震同志访问考察英国，最后表示说，我看英国搞得不错，物质极大丰富，三大差别基本消灭，社会公正，社会福利也受到重视，如果加上共产党执政，英国就是我们理想中的共产主义。面对公有制经济、私有制经济给我们提供的如此生动的"材料"，我们仍然从本本出发、从传统的观念出发，坚持公有制经济与非公有制经济相互对立的阶级斗争的观念，能算是坚持马克思主义吗？

毛泽东"无产阶级专政下经济革命"的理论，其基本内涵是：在无产阶级专政下，反动阶级、剥削阶级已经不存在了，但在意识形态领域里阶级斗争还是长期存在的，无产阶级同资产阶级两个阶级、社会主义同资本主义两条道路的斗争，还需要一个相当长的时间才能解决。这个斗争主要是在人民内部开展的、在党内开展的，也就是无产阶级世界观同资产阶级世界观的斗争，也就是"公"与"私"的斗争。由此导致"以阶级斗争为纲"，开展"文化大革命"，给我们留下了沉痛的教训。正当我们因为革命、阶级斗争取得了巨大胜利，因而迷信革命、阶级斗争对于历史的推动作用，人为地把人民内部矛盾、党内矛盾扩大为"无产阶级专政下继续革命""以阶级斗争为纲"，而经受了阶级斗争规律惩罚，二三百年的发达资本主义却为了避免阶级斗争、暴力革命，尽力把阶级之间的矛盾、对抗，缩小、缓和为阶层之间的矛盾、差异，把一无所有的无产阶级改变成为社会稳定的中产阶级。这些构成"和平与发展"时代主题密切相关的基本实践材料，也从各个方面为中国特色社会主义理论提供了大量的实践依据。

江泽民提出"三个代表"重要思想，依据邓小平开创的中国特色社会主义理论，认为私营企业主，"通过诚实劳动和工作，通过合法经营，为发展社会主义的生产力和其他事业作出了贡献。与工人、农民、知识分子、干部和解放军指战员团结在一起，他们也是有中国特色社会主义的建设者。"他还说："不能简单地把有没有财产、有多少财产当做判断人们政治上先进与落后的标准，而主要应该看他们的思想政治状况和现实表现，看他们的财产是怎样得来的，以及对财产怎样支配和使用，看他们以自己的劳动对建设有中国特色社会主义事业所作的贡献。"因此，中国特色社会主义理论是判定私营企业主是中国特色社会主义事业建设者的最基本的理论依据。

《中国特色社会主义的形成与发展（论文集）》，中共中央党校党史教研部编辑，中共中央党校出版社 2009 年 12 月版。

关于完善《党政领导干部选拔任用工作条例》的思考

　　2000 年 6 月，中共中央办公厅印发了《深入干部人事制度改革纲要》（以下简称《纲要》）。《纲要》把"建立起能上能下、能进能出、有效激励、严格监督、竞争择优、充满活力的用人机制"作为深化干部人事制度改革的首要目标。中共中央办公厅 2002 年 7 月印发了《党政领导干部选拔任用工作条例》（以下简称《条例》）。《条例》体现了"到 2010 年建立起一套与建设有中国特色社会主义经济、政治、文化相适应的干部人事制度"的基本精神，在深化干部人事制度改革上的力度比较大。但是，实践的结果也表明，这一《条例》还需要进一步补充和完善，才能使《纲要》的基本精神在干部选拔工作中真正得到贯彻落实，以达到预期的目标。

　　我们通过调查研究，特别是同一部分长期从事干部人事工作的同志商榷、探讨，认为《条例》在干部选拔择优机制上有以下几个方面尚待补充和完善：

　　第一，在党政领导干部选拔任用条件中，应当以全面、协调和可持续的科学发展观为依据，制定出体现正确政绩观的考核标准，以便克服"干部出数字""数字出干部"的形式主义、官僚主义，杜绝为追求"政绩"而损害群众利益的种种消极丑陋现象。

　　新的政绩考核标准，应当包括经济、政治、文化和社会的全面发展，体现以人为本的精神；应当包括统筹城乡发展、区域发展、经济社会发展、人和自然和谐发展、国内发展和对外开放；应当包括政府转变职能、推进改革的情况，政府经济调节、市场监管、社会管理和公共服务的能力；应当包括党的自身建设和执政方式的转变、执政能力的培养提高、党风党纪，等等。这些都应当尽可能制订出相关的定性定量相结合的考核指标。如此复杂的考核体系，应由各级党委牵头，由组织部会同相关部门共同制订，并且随着改革不断深入、社会不断进步，还要适时调整考核指标。

制订出正确的考核标准，是正确地选拔任用党政领导干部前提之一。这些年来，慕绥新、马向东、王怀忠等一批靠"政绩"提拔起来的腐败分子之所以得以重用，没有正确的政绩考核标准是重要的原因之一。

此外，应当进一步总结推广党政干部"八小时外"生活圈考察的经验，把党政领导干部工作之外的家庭生活、社区生活中所反映的个人品质、社会道德、群众关系，作为选拔领导干部的条件之一。这样做，可以把那些素质差、缺少社会道德的人，及时地排除在后备干部之列，以维护领导干部队伍的纯洁性。

第二，进一步完善充实民主推荐的程序。

《条例》关于民主推荐的程序比较规范，并且明确规定，个人向组织推荐领导干部人选，如果"不是所在单位多数群众拥护的，不得列入考察对象"。但是，在实际操作过程中，有时会出现"逆淘汰"现象。具备开拓进取精神、能够坚持原则、积极开展工作的干部，因为得罪人多一些，所以民主推荐时票数不多；相反，在工作中墨守成规、不能够坚持原则、实行好人主义的干部，在民主推荐时票数反而比较多；甚至少数腐败分子，因为比较善于伪装，同群众的关系也比较融洽，也会在民主推荐中被群众推荐为提拔的对象。例如，2003年下半年，浙江省绍兴市绍兴县，经过民主推荐新提拔的一位副县长，上任之后才三个月就暴露出原来是一个贪污受贿的腐败分子。

为了避免出现这种"逆淘汰"现象，《条例》又规定："确定考察对象时，应当把民主推荐的结果作为重要依据之一，同时防止简单地以票取人。"这就赋予民主推荐单位党委领导机关和组织部门比较大的酌情处理的权限，以便能够真正把那些求真务实、开拓进取、执政为民的好干部选拔出来。但是，也会给少数作风不正的领导者，把民主推荐纯粹当成是一种形式，搞任人唯亲的宗派主义、小团体主义，甚至于买官卖官。

因此，民主推荐程序还有待于进一步充实完善。首先，应当增加民主推荐的公开性、透明度，让群众对于锐意改革的领导干部多一分了解、多一分支持；其次，也应当对锐意改革的领导干部加强群众观念、密切联系群众的作风教育，明确任何改革都不能脱离群众的支持。

当进一步充实完善民主推荐更具体的办法还没有产生之前，仍然要坚持"防止简单地以票取人"，以便保护、提拔锐意改革创新的领导干部。但为了制止少数作风不正的领导者任人唯亲、买官卖官，仍然要加强对掌握干部使用权的领导干部党性教育，倡导"用好的作风选作风好的人"，同时，加强党内监督、人大监督、新闻媒体和社会监督，尽可能地遏止由此而可能产生的不正之风、腐败现象。

第三，充实完善组织考察工作的意见和建议。

现行的组织考察的规定是比较完备的，从考察的程序、考察组成员的素质和人数、考察范围、考察内容、考察方式，都有比较明确的规定，使得组织考察的程序比以往更加规范化、制度化；使得我们向坚持"用好的作风选人""用好的制度选人"，又前进了一大步。但是，在实际工作中，组织考察工作仍然存在着一些问题或不足。这些问题和不足主要有以下几个方面：

1. 考察内容的规定缺乏具体的标准。在实际考察工作中，具体的标准实际上是以领导人或考察人员的认识为标准。例如，考察对象接受了别人的礼品，如果领导人或考察人员认为属于一般性交往，没有违背"廉"的标准，就会顺利通过考察；反之，就不可能通过考察。因此，应当尽可能地制定出德、能、勤、绩、廉、实绩考察时可操作性强的标准，真正做到"制度选人"。

我们认为，考察内容还应当包括考察对象个人和家庭财产及其来源的真实情况。虽然目前已经有了县处级以上领导干部每年申报个人收入及财产的规定，但在执行中太松懈了，形同虚设，以至于被贪污腐败分子钻空子，出现了"边贪污边提拔"的怪现象。因此，党组织有责任对拟提拔使用的领导干部个人收入和家庭财产及其来源的情况了解清楚，作为是否提拔任用的一个重要依据。如果腐败分子被提拔任用，有关领导、考察人员和组织都应当承担连带责任。

2. 考察的范围还应适当扩大。目前考察范围的规定还是比较广泛的。但是，在考察中仍然可以有倾向性地找一部分领导和群众来了解被考察对象的情况，考察的结果容易是一种意见，不利于全面了解被考察对象的实际情况，使一些工作平庸、甚至于道德品质很差的、以至于腐败分子通过考察关。是否可以明确规定，必须考察一部分同被考察对象在工作中有不同意见的领导和群众，征求他们对被考察对象选拔任用的意见。这样做固然会给考察工作带来许多麻烦，但是考察的结果往往能够比较全面地反映被考察对象的实际情况，便于党委和组织部门作出更准确的判断和决定。当然，这样做也对党委和组织部门的同志工作作风的要求提高了，更要有一个好的作风，才能在复杂的考察工作中选拔出作风好的人。考察范围也可以机动灵活一些，如熟悉被考察对象的人，已经调离了本单位，仍然可以列入考察范围，由考察人员专门去了解被考察对象的情况。

3. 考察组成员的权限尚缺乏规定。现在对考察组成员的自身素质有比较高的要求，规定"考察负责人应当由思想政治素质好、有丰富工作经验并熟悉干部工作的人担任"；人数也有适当的规定，由两人以上组成。但是，对于其权限尚缺乏明确的规定，这容易使考察人员完全听命于领导机关和领导人的意见，常常会在考察之前先有结论，后去考察，使考察工作走过场。如何授予考察人员以权限，这是改革领导干部选拔任用制度中值得探讨的问题，需要我们在实践中去探索。

第四，关于讨论决定的问题。

现在规定："市（地）、县（市）党委、政府领导班子正职的拟任人选和推荐人选，由上级党委常委会提名，党的委员会全体会议审议，进行无记名投票表决；党的委员会全体会议闭会期间，由党委常委会作出决定，决定前应征求全委会成员的意见。"另外还规定："党委（党组）讨论决定干部任免事项，必须有三分之二以上的成员到会，并保证与会成员有足够的时间听取情况介绍，充分发表意见。"这些新的规定，有利于领导干部选拔任用时克服"一言堂"、宗派主义。但是，在实行的过程中又出现了一些新的问题。

据浙江省委组织部调研室统计，2003 年 1—10 月，全省有 28 个市、县（市、区）开展了全委会票决制试点工作，有 12 个单位出台了实施文件。由于常委会的委员、党委会的委员不可能对被提拔使用的对象都有十分具体的了解，只是凭会议上提供的书面文字介绍材料作出判断，进行投票表决，而这些书面文字材料往往是反映组织和领导人的意见的。一般情况下，常委、委员们仍然按照领导的意图投票。只有在很少情况下，个别常委、委员在无记名投票时会表示不同意见，但因为是少数票，也不会起多大的作用。另外，也出现了一些拟提拔的人员，给上级党委会的常委打招呼，一个个托嘱，以便自己在常委讨论时顺利过关的现象。由此，还是有可能产生不正之风、腐败现象。因此，常委会无记名投票制还应当进一步完善，以避免有可能出现的不正之风、腐败现象，并且要作出具体的相关的组织纪律处分的规定。此外，如何对集体表决任用干部失误进行责任追究，如何防止会议内容不泄露出去而加强全委会自身建设，也都是由票决制带来的新问题。

第五，任前公示制度和任职试用期制度。

《条例》规定地（厅）、司（局）级以下领导干部在任职前必须实行公示；非选举产生的地（厅）、司（局）级以下领导干部，任职应实行试用制度。这些都增加了领导干部选拔任用的公开性、透明度，增进了群众参与，推进了人民民主。我们认为，随着社会实践的发展，群众参与意识的增强，可以逐步扩大公示的内容和范围，把拟担任新的领导职务干部个人工作情况、考察情况、家庭情况，向群众公示，欢迎群众监督；公示的范围，也可以逐步扩大。

实行公示制和试用制的领导干部，应由地（厅）、司（局）以下级别逐步上升到省、部级。

第六，关于依法推荐、提名问题。

《条例》规定，党委向人民代表大会或者人大常委会推荐领导干部人选，应当事先向人民代表大会或人大常委会党组和人大常委会组成人员中的党员介绍党委的推荐意见。人民代表大会和人大常委会党的组织和党员，应当认真贯彻党委推荐意见。如果对所推荐人选提出不同意见，党委应当认真研究，并作出必要的解释。如果发现有事实依据足以影响选举或者任命的问题，党委可以建议人民代表大会或者人大常委会按照规定程序暂缓选举、任命，也可以重新推荐人选。

《条例》中上述规定，实际上肯定了人民代表大会对党组织选拔任用领导干部具有监督权。由人民代表投票选举和任命干部，实际上是帮助党委把关，把最合适的人选选拔到领导岗位上来。这样做，可以使党委的一些不合适的决定得到及时的纠正、调整。经过党委推荐、人大选举或任命，就可以把选拔领导干部的工作做得更加圆满、更得民心。在个别地方，党委推荐的领导干部人选在人大没有通过，却又被党委委任在同一部门担任党的领导，在群众中流传说×××干部是"人民不要党要"，造成了十分恶劣的影响。因此，有必要增加新规定，由党委推荐而在人大没有通过的干部，一般情况下不宜任用。

第七，关于公开选拔和竞争上岗问题。

改革创新领导干部择优机制最主要的成果之一是，在实践中创造了公开选拔和竞争上岗的形式。通过报纸电台公布选拔条件，鼓励推荐和自荐，然后经过笔试、面试、综合考察，选拔领导干部，这种"公选制"大大扩大了选拔领导人才的范围，调动了更多的人积极参与，改变了以往"少数人在少数人中选人"的局面。据浙江省委组织部调研室统计，从2000年1月至2003年10月，浙江省的一个市进行公开选拔领导干部61次，选拔任用人数345人；公开选拔后备干部9次，选拔任用人数2121人。"公选制"的方式得到了中央的充分肯定。目前，全国县级以上党政领导机关大多数都曾经试行过"公选制"。

竞争上岗同公开选拔一样，都是在实践中创造的选拔党政领导干部的新方式，所不同的是，公开选拔是面向社会，竞争上岗是在本单位或者本系统内部进行。竞争上岗也得到了中央的充分肯定、支持，全国各地县级以上领导机关也都在普遍试行、推广。

据人事部统计，1999年，全国政府机关竞争上岗人数为15776人，占同年晋升人数的5.95%；2000年，竞争上岗人数为55283人，占同年晋升人数的25.33%；2001年，竞争上岗人数为102118人，占同年晋升人数的41.79%；2002年，竞争上岗人数为18115人，占同年晋升人数的59.8%。竞争上岗在全国范围内广泛开展，积极推进，取得了显著成效。

公开选拔、竞争上岗的最大优点是既坚持了党管干部的原则，又体现了公开、平等、竞争、择优的原则，扩大了群众对干部选拔工作的参与和监督，扩大了群众在干部选拔工作中的民主权利。

2004年4月26日，中共中央组织部颁布了《党政领导干部公开选拔和竞争上岗考试大纲》，使得公开选拔和竞争上岗工作更加程序化、规范化、制度化。

目前公开选拔和竞争上岗的领导职务，一般是副职比较多，因此，有时会出现委任的正职同公开选拔的副职、竞争上岗的副职，在工作中不够协调，个别还会产生比较多的矛盾。我们认为，随着公开选拔和竞争上岗工作规范化、制度化、程序化逐步走上成熟，可以对比较多的正职领导职务进行公开选拔和竞争上岗，正职的级别也应当逐步提高。

第八，关于领导干部择优机制的监督问题。

《条例》规定，在领导干部选拔任用工作中有"十不准"，即：（1）不准超职数配备领导干部，或者违反规定提高干部的职级待遇；（2）不准以书记办公会、领导圈阅等形式，代替党委（党组）会集体讨论决定干部任免；（3）不准临时动议决定干部任免；（4）不准个人决定干部任免，个人不能改变党委（党组）会集体作出的干部任免决定；（5）不准拒不执行上级调动、交流领导干部的决定；（6）不准要求提拔本人的配偶、子女或其他亲属，或者指令提拔秘书等身边工作人员；（7）不准在机构变动和主要领导成员工作调动时，突击提拔调整干部，或者干部在调离后，干预原任职单位的干部选拔任用；（8）不准在选举中进行违反党的纪律、法律规定和有关章程的活动；（9）不准在干部考察中隐瞒、歪曲事实真相，或者泄露酝酿、讨论干部任免的情况；（10）不准在干部选拔任用工作中任人唯亲、封官许愿、营私舞弊，搞团团伙伙，或者打击报复。但是，这些规定还是过于宽泛，没有具体规定什么情况算是违犯了规定，违犯了规定又给予什么样的党纪处分、政纪处分。这样在执行中弹性就很大，既可以处分严厉，也可以处分很轻，甚至于不处分。所以，在领导干部选拔择优的过程中，应当有一个十分具体的纪律和违犯纪律的处分规定，便于监督。

2003 年 12 月 31 日，中共中央向全党印发了《中国共产党党内监督条例》（试行），标志着在社会主义市场经济条件下，我们党加强党内监督的思路逐渐成熟，开始步入制度化、规范化。《党内监督条例》把领导干部选拔任用作为党内监督的重点内容。根据《党内监督条例》的精神，在领导干部选拔择优中，特别应加强对各级领导班子主要负责人的选拔任用的监督。根据《党内监督条例》规定，党的各级纪律检查委员会是党内监督的专门机关。因此，纪委应监督党委和组织部门对领导干部的选拔择优工作，特别是应当加强对各级领导班子主要负责人的选拔工作的监督。我们认为，根据《党内监督条例》的精神，纪委有权查阅选拔领导干部的一切材料，列席有关会议，必要时可以参与选拔主要领导干部的考察工作。

《理论探讨》2004 年第 5 期，黑龙江省委党校，全国中文核心期刊。

领导干部选拔任用制度改革述评

建设高素质干部队伍是加强党的执政能力的关键，而选拔任用领导干部又是建设高素质干部队伍的重要环节。本文对改革原有领导干部选拔任用制度的历史过程进行回顾与述评，旨在促进领导干部选拔任用制度进一步深化改革，更好地建设一支高素质的干部队伍，从而提高党的执政能力。

一

建国以后领导干部选拔任用制度，是我们党在继承新民主主义革命时期领导干部选拔任用制度的基础上，借鉴苏联领导干部选拔任用制度的经验，根据社会主义革命和建设事业的实际需要逐步建立起来的。由于我国社会主义建设事业曾经出现过严重挫折，更由于我们党对于社会主义建设事业一度出现了很大的盲目性，所以，虽然依据原有的领导干部择优机制为我们的各项事业输送了大量优秀领导干部，但这一机制也存在着一些严重弊端。1980 年 8 月，邓小平曾经尖锐地指出："从党和国家的领导制度、干部制度方面来说，主要的弊端就是官僚主义现象、权力过分集中的现象、家长制现象、干部领导职务终身制现象和形形色色的特权现象"并且认为这些弊端"多少带有封建主义色彩"。①

原有的领导干部择优机制是委任制，是在建国初期形成的。1953 年11 月中共中央下发了《关于加强干部管理工作的决定》，把领导干部划分

---

① 《邓小平文选》第 2 卷，第 327，334，333，225，322，325，331 页。

为：军队、文教、计划和工业、财政和贸易、交通和运输、农林和水利、民主党派、政法、党群等九大类。除军队干部外，其他各类干部由中央和地方各级党委按照"下管两级"的原则任用管理，并且编制出由中央、省、市、自治区、地区、县各级党委管理干部的职务名称。从此初步形成了由中央到地方各级党委选拔任用领导干部的委任制。虽然这种选拔任用领导干部的择优机制形成有其历史的必然性，在我们党领导的实际工作中也有其一定的合理性，但是，与党的十一届三中全会以来的改革开放的发展趋势、社会主义现代化建设不相适应，具体分析主要是：1. 缺乏领导人才资源合理配置机制；2. 缺乏领导人才良性竞争机制；3. 缺乏领导人才的科学鉴别机制；4. 缺乏领导人才选拔任用的有效监督机制。人民群众在领导干部选拔任用的过程中的知情权、参与权、选择权、监督权缺失，人民群众在领导干部选拔任用中的民主权利缺乏制度保障。

二

党的十一届三中全会之后，围绕着领导干部制度的改革，邓小平发表了一系列重要讲话。概括起来，主要有以下几个方面的内容：第一，关于领导制度、组织制度更带有根本性、全局性、稳定性和长期性的论述，阐明了改革干部选拔任用制度的重要性。他说："领导制度、组织制度问题更带有根本性、全局性、稳定性和长期性。这种制度问题，关系到党和国家是否改变颜色，必须引起全党的高度重视。"① 第二，关于打破论资排辈的落后观念，创造有利于优秀人才脱颖而出机制的论述，阐明了改革领导干部选拔任用制度的必要性。他说："我们说资本主义社会不好，但它在发现人才、使用人才方面是非常大胆的。它有个特点，不论资排辈，凡是合格的人就使用，并且认为这是理所当然的。从这方面来看，我们选拔干部的制度是落后的。论资排辈是一种习惯势力，是一种落后的习惯势力。"② 邓小平还把改革干部制度、人事制度，"造就出比资本主义国家更多更优秀的人才"，作为"在政治上创造比资本主义国家的民主更高更切

---

① 《邓小平文选》第 2 卷，第 327，334，333，225，322，325，331 页。
② 同上。

实际的民主"的重要标志之一①；第三，邓小平提出了可以用选举、自荐、考试等方式选拔任用领导干部，从而为原来领导干部选拔任用制度的改革指明了具体的途径、方向。他说："有些企业和单位，群众自己选举出的干部，一些毛遂自荐、自告奋勇担任负责工作的干部，很快就作出了成绩，比单是从上面指定的干部合适得多"。②邓小平还明确指出，"改革干部制度，关键是要健全干部的选举、招考、任免、考核、弹劾、轮换制度，对各级各类领导干部（包括选举产生、委任和聘用）职务的任期，以及离休、退休，要按照不同情况，作出适当的、明确的规定。"③ 在邓小平上述重要讲话指导下，领导干部选拔任用择优机制改革取得了明显的进展和显著的成果。

1983 年 7 月召开的全国组织工作座谈会，认真研究讨论了干部管理体制问题。同年 10 月，中央组织部作出《关于改革干部管理体制若干问题的规定》，提出"管少、管活、管好"和分级分类管理的原则。1984 年 7 月，中央决定改革现行干部管理体制，适当下放干部管理权限，确定了"下管一级"的干部管理体制。中央组织部重新修订中央管理干部职务名称表。这一改革扩大了下级党委和企业、事业单位的干部管理权限，有利于解决统得过死的问题，促进了管人与管事相结合，调动了多方面的积极性。

1987 年党的"十三大"对干部制度存在的问题和缺陷作出了分析，提出对国家干部进行合理分解，改变集中统一管理的状况，以建立公务员制度为重点，对干部队伍实行分类管理，形成各具特色的管理制度。"十三大"以后，党政机关、企业、事业单位干部人事制度改革全面展开。党的"十四大"召开前，中央政治局会议通过《中共中央关于加强党的建设，提高党在改革和建设中战斗力的意见》，强调要"坚持党管干部的原则，逐步建立、健全科学的分类管理体制和竞争、激励机制，调动各类干部的积极性，为优秀人才脱颖而出提供制度保证。"

1993 年 8 月国务院颁布《国家公务员暂行条例》，并从当年 10 月 1

---

① 《邓小平文选》第 2 卷，第 327，334，333，225，322，325，331 页。

② 同上。

③ 同上。

日开始实施。与此同时，中央决定党的机关、人大机关、政协机关和人民团体机关参照试行。1995 年，全国人大常委会通过《法官法》和《检察官法》。此后，又相继出台了一系列配套法规，公务员制度、法官制度、检察官制度的框架初步形成。

随着经济体制改革特别是国有企业改革的深入，企业人事制度改革迈出较大步伐。企业干部与行政级别开始逐步脱钩，干部与工人的身份界限也逐步被打破，企业管理人员和专业技术人员的聘用制普遍推行。企业领导人员选拔任用逐步实行委任、民主选举、公开选拔和公开招聘等多种方式。竞争原则和市场机制的引入，考核制度、分配制度的改进，加强了对企业领导人员的激励和监督。事业单位的干部人事制度改革也取得进展。普遍推行专业技术职务聘任制，在专业技术职务评聘中，引入竞争机制，实行辞职辞退制度，促进了人才流动。

1994 年 9 月，党的十四届四中全会通过《中共中央关于加强党的建设几个重大问题的决定》，提出要加快党政领导干部选拔任用等重要制度的改革，强调要"扩大民主、完善考核、推进交流、加强监督，逐步形成优秀人才能够脱颖而出、富有生机与活力的用人机制"。党的"十五大"向全党提出要求，要求进一步加快干部制度改革步伐，扩大民主、完善考核、推进交流、加强监督，使优秀人才脱颖而出，尤其要在干部能上能下方面取得明显进展。几年来，按照十四届四中全会和十五大精神，积极推进干部制度改革，在许多方面取得重大进展。1995 年 2 月，《党政领导干部选拔任用工作暂行条例》的颁布和实施，使党政干部选拔任用工作开始走上规范化制度化轨道；1998 年 7 月，中央组织部、人事部下发《关于党政机关推行竞争上岗的意见》；1999 年 3 月，中央组织部又下发《关于进一步做好公开选拔领导干部工作的通知》，公开选拔领导干部的工作力度因此加大；2003 年 3 月，中组部印发了《全国公开选拔党政领导干部考试大纲（试行）》，标志着全国公开选拔领导干部考试的科学化规范化进入了一个新阶段。在公开选拔面试中，引入了结构化面试、文件筐测验、无领导小组讨论等先进的人才测评方式，面试的测评要素也更加细化科学。

原有的领导干部委任制在实践中有了许多方面的突破和创新，并取得了一定的经验和成果。在这些成功的经验和成果的基础上，2000 年 6 月中共中央办公厅印发了《深化干部人事制度改革纲要》。这是一个改革干部人事制度指导性的文件。文件要求：通过不断推进和深化干部人事制度改革，到 2010 年要建立起一套与建设有中国特色社会主义经济、政治、文化相适应的干部人事制度。在这个文件的指导下，中共中央办公厅在总结自 1995 年以来贯彻执行《党政领导干部选拔任用工作暂行条例》经验的基础上，于 2002 年 7 月又印发了《党政领导干部选拔任用工作条例》。

上述两个文件的贯彻落实，进一步加快了领导干部选拔任用制度改革的步伐。

据浙江省委组织部调研室统计，从 2001 年 1 月至 2003 年 10 月，浙江省的 11 个市进行公开选拔领导干部 61 次，选拔任用人数 345 人；公开选拔后备干部 9 次，选拔任用人数 2121 人。全省在县（市、区）公开选拔领导干部 161 次，选拔任用人数 1332 人；公开选拔后备干部 81 次，选拔任用人数 10390 人。"公选制"的方式得到了中共中央和中央组织部充分肯定，并且积极加以引导、推广。目前，全国县级以上党政领导机关大多数都曾经试行过"公选制"。"公选制"大大扩大了选择领导人才的范围，调动了更多的人积极参与，真正是"多数人在多数人中选人"，改变了以往"少数人在少数人中选人"的局面。

竞争上岗同公开选拔一样，都是在实践中创造的选拔党政领导干部的新方式，所不同的是：公开选拔是面向社会，竞争上岗是在本单位或者本系统内部进行。竞争上岗也得到了中共中央和中央组织部的充分肯定、支持，全国各地县级以上领导机关也都在普遍试行、推广。据浙江省委组织部调研室统计，从 2000 年 1 月至 2003 年 10 月，浙江省 11 个市中层领导干部竞争上岗 815 次，竞争上岗人数 7306 人；全省在县（市、区）中层领导干部竞争上岗 2096 次，竞争上岗人数 29594 人。杭州市 1999 年 1 月—11 月，在 35 个单位推出 109 个中层领导干部职位实施竞争上岗。通过竞争，109 名干部被提拔到正、副处长级岗位。其中一般干部提拔副处长 73 人，副处长提拔到正处长 36 人。2002 年乐清市（县级）拿出 272 个中层领导职务竞争上岗，最终有 55 名一般干部走上中层领导岗位，61 名中层干部副职竞为中层正职；124 名中层领导干部落选为一般干部，22 名中层干部正职降为副职；44 名中层干部轮岗交流；部门下属事业站、所有 157 名负责人通过竞岗产生。杭州、乐清大范围（包括中层正职）

进行竞争上岗，都收到了比较好的效果。

据人事部统计，1999 年全国政府机关竞争上岗人数为 15776 人，占同年晋升人数的 5.95%；2000 年，竞争上岗人数为 55283 人，占同年晋升人数的 25.33%；2001 年，竞争上岗人数为 102118 人，占同年晋升人数的 41.79%；2002 年，竞争上岗人数为 180115 人，占同年晋升人数的 59.8%。竞争上岗在全国范围内广泛开展，积极推进，取得了显著成效。

公开选拔、竞争上岗的最大优点是既坚持了党管干部的原则，又体现了公开、平等、竞争、择优的原则，扩大了群众对干部选拔工作的参与和监督，增进了群众在干部选拔工作中的民主权利。

2004 年 4 月 26 日，中共中央组织部颁布了《党政领导干部公开选拔和竞争上岗考试大纲》，使得公开选拔和竞争上岗工作更加程序化、规范化、制度化。

<h1 style="text-align:center">三</h1>

回顾自党的十一届三中全会以来领导干部选拔任用制度择优机制改革，确实取得了明显的进展和显著成果。这些成果主要有以下几个方面：

第一，在领导干部选拔择优中增加了民主推荐这一重要环节。文件中明确规定：个人向党组织推荐领导干部后备人选，"不是所在单位多数群众拥护的，不得列为考察对象""凡是多数群众不赞成的，不能提拔任用"。这些规定，进一步体现了群众公认的原则和民主参与的原则。

第二，重要领导干部选拔择优时在集体讨论决定的基础上，增加了投票表决的要求。文件要求："市（地）、县（市）党委、政府领导班子正职的拟任人员和推荐人选，由上级党委常委会提名，党的委员会全体会议审议，进行无记名投票表决；但是，党的委员会全体会议闭会期间，由党委常委会作出决定，决定前应当征求全委会成员的意见。"虽然这种投票表决的新规定还在探索、试行阶段，并没有要求各地党组织必须执行，但很显然它对于在选人用人问题杜绝"一言堂""买官卖官"等不正之风是有积极意义的。

第三，肯定了在实践中创造的公开选拔和竞争上岗是党政领导干部选拔任用的方式之一，并对公开选拔、竞争上岗的程序作出了比较明显的规定。公开选拔、竞争上岗选拔领导干部的方式，比较好地体现公开、平等、竞争、择优的原则，有利于优秀领导人才脱颖而出，有利于多数人在多数人中选拔领导人才，改变以往那种少数人在少数人中选拔领导干部的现象。

第四，规定党政领导干部任职前公示制和试用期制度。这样做一方面有利于群众行使监督权，另一方面使得领导干部的选拔任用更加慎重。

第五，进一步强调党委向人大、政府、政协推荐、提名的领导干部，要依照法律程序、民主协商渠道等，使得由人大、政府、政协选举和任命领导干部的工作更加合法化、规范化。

我们在领导干部择优机制改革中虽然取得了上述不少经验和成果，但是，还必须清醒地看到这一机制的改革和探索尚在进行的过程中，距离相对稳定成熟的领导干部选拔任用机制还有很长的一段路要走。领导干部选拔择优机制属于国家政治制度，是中国社会上层建筑的重要组成部分。目前我国社会经济体制改革的任务尚未完成，建立完善的、更具活力的社会主义市场经济机制是我们全党全国人民共同努力争取在 2020 年实现的目标，那么，适应于这种经济体制的政治制度也只能是我们全党全国人民争取 2020 年实现的目标，领导干部选拔择优机制的探索必须不停顿地继续努力前进，以跟上经济体制改革和社会发展的步伐。

以改革发展的眼光看问题分析问题，目前领导干部选拔择优机制不可避免的还存在一些缺陷、不足和问题。概括起来有以下几个方面：

第一，还不很适应社会主义市场经济深化改革的需要。例如，学校、科研院所、文艺体育团体、医疗医药卫生系统等事业单位，国有制企业和包含国有资产的股份制企业领导干部的选拔任用，还基本上仍然沿用党政领导干部选拔任用方式，而在成熟的市场经济国家，学校、科研院所、文艺体育团体、医疗医药卫生系统等，国有企业和包含国有资产的股份制企业，其领导干部的选拔使用是不应当纳入行政领导干部系统。因此，党政系统之外的领导干部如何选拔使用，在实践中尚有大量的探索、试点、总结工作需要我们去做。

第二，目前的领导干部选拔任用在实践中虽然总结出一些好的经验，如前所述：增加了民主推荐的规定，重要党政领导干部的任用增加了投票表决的要求，拿出一部分领导职务实行公开选拔和竞争上岗，以及公示制、试用期制度，等等。但尚不可能成为必须坚决执行的刚性制度，因此，仍然会有党政领导机关不执行而受不到处罚，仍然不能避免在选拔领导干部时出现个人专断、"一言堂"现象，仍然时而发生买官卖官的腐败现象。

第三，由于领导干部选拔任用制度改革是在原来委任制的基础上进行的，新的一套替代委任制的、成熟的择优机制尚没有真正建立起来，一些改革的措施、办法在执行时缺乏刚性，所以，在选拔领导干部中仍然是上级、领导的主观意图起主导性作用，上级领导"看上的人"一般都可以通过程序选拔到领导岗位上来，群众行使民主权还不够充分。要保证人民群众在选拔领导干部中更进一步行使知情权、参与权、选择权、监督权，还有待于继续深化改革，不断探索创新。

第四，虽然改革开放以来，按照邓小平提出的革命化、年轻化、知识化、专业化的标准选拔任用了一大批优秀领导人才，但也不可否认领导干部队伍中也出现了数量不少的腐败分子。据中纪委在党的十六大报告提供的统计数字，从1997年10月—2002年9月，受党纪政纪处分的领导干部中，县处级干部28996人，厅局级干部2422人，省部级干部98人。又据最高人民检察院在全国人大的工作报告提供的数字，1998—2003年全国检察机关共立案侦查贪污贿赂、渎职等职务犯罪案件207103件，其中贪污、贿赂、挪用公款百万元以上大案5541件，涉嫌犯罪的县处级以上干部12830人；1998—2002年，全国法院依法严惩贪污贿赂等职务犯罪，共判犯罪分子83308人，其中县处级以上公务人员2662人。由此可见，党内腐败现象依然十分严峻。这从一个方面反映了党的领导干部选拔任用机制存在着严重问题，尚不能够十分有效地遏制腐败分子的提拔任用。领导干部选拔任用机制存在着严重问题，还反映在比腐败分子数量更多的平庸之辈被提拔到领导岗位上来。这些人思想保守、墨守成规，不能带领人民群众开拓进取。

因此，必须继续积极、稳妥地推进领导干部选拔任用择优机制改革，为建立一支高素质的干部队伍提供制度上的保障。

原载《中共宁波市委党校学报》2005年第06期，第56—59页；复印转载期刊名称：《中国共产党》，2006年03期。

建立领导干部选拔择优机制的意见和设想

王 河

建立起一套与建设中国特色社会主义经济、政治、文化相适应的干部人事制度，是加强党的执政能力建设的基础性工作。根据 2000 年 6 月中共中央办公厅印发的《深化干部人事制度改革纲要》（以下简称《纲要》）的精神，在现行的《党政领导干部选拔任用工作条例》（2002 年 7 月中共中央办公厅印发）的基础上，笔者就建立完善的领导干部选拔择优机制，提出一些意见和设想。

一 建立党政机关、国有企业和事业单位分类管理的干部人事制度

在计划经济时期形成的干部人事制度，把国有企业、事业单位的领导干部纳入了党政机关干部人事管理，把大量的企业干部、学校、科研院所、文艺、体育、医疗卫生等方面的干部，都套上了行政干部级别，因此出现了地、县级厂长、经理，地、县级演员、运动员，甚至于地、县级和尚，等等。这种"官本位"式的干部人事制度，非常不适应社会主义市场经济的需要。虽然在 10 多年前就提出了分类管理，要把国企、事业单位领导干部从党政干部中分离出去，国企、事业单位干部人事制度改革也取得了不少成果，但是，至今国企、事业单位的主要领导职务仍是党政干部担任，仍然保留行政级别。

根据《纲要》的精神，到 2010 年要形成符合党政机关、国有企业和事业单位不同特点的、科学的分类管理体制，建立各具特色的管理制度。

因此，现在有条件的国有企业、事业单位，应当逐步取消干部的行政级别，到 2010 年，所有国有企业、绝大部分事业单位的领导干部均应取消干部的行政级别，形成具有自己特点的干部人事制度。这样才能够真正做到政企分开、政事分开，企业、事业单位才能够真正摆脱政府过多的干预、束缚，健全的社会主义市场经济体制才能够真正形成。

如果到 2010 年我们的干部人事制度改革不能达到上述目标，政企分开、政事分开的社会主义市场经济体制也就不可能建立起来。早在 1986 年邓小平就曾经担心："不改革政治体制，就不能保障经济体制改革的成果，不能使经济体制改革继续前进，就会阻碍生产力的发展，阻碍四个现代化的实现。"①

国有企业、事业单位领导干部的选拔任用完全不同于党政机关。国有企业原则上实行产权代表委任制和公司经理聘任制。公司经理可以通过人才市场招聘和组织考察相结合的方式择优录用。产权代表的委任，不能再从党政干部中择选，必须从管理企业的专业人才中选拔择优，或者通过向社会公开招聘、企业内部民主选举、竞争上岗中选拔。这样委任的产权代表，才具备监督企业经营、确保企业保值增值的能力。企业党组织的负责人和工会组织负责人，可以逐步实行民主选举产生。

事业单位的领导干部，也应当逐步在单位内部民主选举、竞争上岗、或向社会公开招聘、或从专业干部中择优选拔产生，原则上不能再实行委派制。

二　建立党政机关领导干部选拔择优机制

党政机关虽然都实行公务员制度，但相互之间差异很大，因此，党政机关领导干部选拔择优机制也应不尽相同。

1. 随着政治体制改革的深入，党政机关机构改革相对趋于稳定，党政机关应逐步分为行政公务员和专业性强的业务公务员两种系列。每种系列分若干级别，每个级别又分若干职别，作为公务员晋升的标准。行政公务员可以竞争上岗产生，行政公务员的级别、职别是其竞争上岗的资格依

①　《邓小平文选》第 3 卷，人民出版社 1993 年版，第 176 页。

据。不同级别职别的行政公务员，按规定只能竞争不同的领导职务。竞争上岗的领导职务可以是副职，也可以是正职；也可以只竞争正职，副职由竞争上岗的正职自己挑选，实行自己"组阁"。竞争上岗应同任期制结合起来，任期到了可以继续竞争，连任两届还是三届为宜，还是连选连任没有届期限制，要根据实际情况酌情规范。业务公务员不同于行政公务员，实行聘任制，但一般应同民主测评结合起来，民主测评的结果作为续聘或解聘的重要依据之一。

经过实践，行政公务员的领导职务仍必须确定一部分委任制。即使是目前西方民主制国家，也不可能所有的行政领导职务都是选举产生。但是，我们的委任制应当同民主推荐结合起来，体现群众公认的原则。一部分领导职务在公务员内部竞争上岗，委任制同民主推荐结合起来，是我们在制度设计上优于西方公务员制度的地方。行政公务员、专业公务员，都应有一部分领导职务面向社会公开选拔，体现公开、平等、竞争、择优的原则。目前，公务员队伍凡进必考的制度应进一步严格执行，杜绝一切形式"考不进就调进"的不正之风。

2. 党领导人民，但党又自觉接受人民监督。党同人民的这种既领导人民又接受人民监督的双重关系，从法理上应该落实到党委同人大的关系上，即党委一方面领导同级人民代表大会，但同时又接受同级人民代表大会的监督。因此，一部分行政领导干部须经人大选举、任命，应由党委向人大推荐，人大可以选举、任命；如有事实依据、理由充分，也可以选举不通过，或不予任命。人大监督地位在法理上得到确认，人大选举、任命领导干部"走过场"的现象就会有实质性改变，行政领导干部选拔择优机制的改变，就会在推进人民民主方面有实质性进展。人民代表大会法理上对政府、法院、检察院的领导和监督地位，在深化政治体制改革中将逐步得到确认和落实。

党委推荐人大常委会、政府、政协的领导成员人选和人民法院、人民检察院主要领导成员人选，事先向民主党派、工商联主要领导成员和无党派人士中代表人物通报有关情况，进行民主协商，也应当逐步深入、细化，避免"走过场"，使民主协商、多党合作的优势真正充分发挥。

人大、政协的政治职能随着政治体制改革逐步到位，真正达到了政治设计的预期目标，"人大举举手、政协鼓鼓掌"的形式主义将会得到克服，毛泽东所企盼的我国政治生活那种局面："又有集中又有民主，又有纪律又有自由，又有统一意志、又有个人心情舒畅、生动活泼，那样一种政治局面。"就会出现。

须经人大选举、任命的领导干部人选和政协民主协商的领导干部人选，党委在正式向人大、政协提名之前，可以先同人大、政协讨论、酝酿，征求人大、政协方面的意见和建议。一般不宜采取通过人大、政协的党组织、党员做工作，贯彻党委意图的方式强行通过。因为这样做不利于人大、政协履行职责和政治协商的义务，容易"走过场"，不利于形成生动活泼的政治局面。

3. 党的十六大报告指出："党内民主是党的生命，对人民民主具有重要的示范和带动作用。要以保障党员民主权利为基础，以完善党的代表大会制度和党的委员会制度为重点，从改革体制机制入手，建立健全充分反映党员和党组织意愿的党内民主制度。"根据党的十六大这一改革和完善党内民主制的精神，又依据《纲要》提出的到2010年建立起来的干部人事制度的要求，坚持县以上党政机关领导干部仍然实行委任制的规定，再加上村委会、党支部民主选举的多年经验和乡镇党政机关民主选举的试点经验，我们认为逐步将民主选举农村由村委会、党支部过渡到乡镇党政机关，城市由居委会、党支部过渡到街道办事处，是积极的、稳妥的。

民主选举的原则，是马克思提出的一条基本原则。1871年马克思在总结巴黎公社历史经验时指出："公社必须由各区全民投票选出的市政委员组成（因为巴黎是公社的首倡者和楷模，我们应引为范例），这些市政委员对选民负责，随时可以罢免。……法官也应该由选举产生，可以罢免，并且对选民负责。"① 马克思恩格斯参加起草的全世界第一个国际性的无产阶级政党——共产主义者同盟的《章程》也明确规定：党的各级领导人和代表，必须选举产生，"区部委员会和中央委员会的委员任期为一年，连选得连任，选举者可以随时撤换之"②。

列宁也是坚持领导干部必须由选举产生。列宁指出，无产阶级国家的干部应由选举产生："在不自由的国家里，管理人民的是未经任何人选举

---

① 《马克思恩格斯选集》第3卷，人民出版社1995年版，第121页。
② 《马克思主义党的学说著作选读》，中共中央党校出版社1990年版，第41页。

的皇帝和一小撮地主、资本家与官吏。在自由的国家里，管理人民的只能是人民自己选举出来的人。"① 但是，1917 年十月革命胜利之后，由于苏维埃政权在相当一段时间处于国内外敌对势力包围之中，在全国范围内党员人数又比较少，各级地方党的组织还不健全，因此，还不具备由群众普遍选举领导干部的社会环境和条件，所以仍然沿袭在革命时期处于地下秘密状态所采用的委任制。不可否认，领导干部的委任制在当时对于巩固苏维埃政权起到了至关重要的作用。然而，在列宁看来这绝非长久之计，从根本上说布尔什维克党只能够实行领导干部的选举制。1921 年布尔什维克党第十次代表大会通过的决议指出："工人民主制的形式排斥一切委任的制度，它的表现就是从下到上的一切机关都实行普遍选举制、报告制和监督制。"决议要求在可能的条件下尽量实行选举制，在条件不具备的地方可以以推荐制代替委任制，逐步实行选举制。令人遗憾的是，列宁逝世之后，斯大林完全放弃了列宁关于领导干部选拔任用必须由委任制向选举制过渡的重要思想，把委任制逐步确定为领导干部选拔任用的基本形式，甚至于变成了体现党的领导的基本形式。

就社会民主而言，委任制直接损害了国家权力的合法性。国家权力的来源是人民，这是无可争辩的真理，然而，用委任制代替选举制，就在实践中搞乱了领导干部和人民之间的授权、责任关系，搞乱了国家主人同人民公仆之间的关系，使领导干部的权力来源模糊不清。虽然中央一再教育广大干部树立正确的权力观，但是仍有不少领导干部只对上级领导负责、对下级和群众不负责。就党内民主而言，委任制直接损害了党员的基本权利，会使党员逐渐丧失主人翁感，不利于发挥广大党员的先锋模范作用，并且会导致广大党员对党的领导机关和领导人的认同感、支持率下降。

选举制是人类社会发展的政治文明的重要成果之一，不应当简单地看作是西方资产阶级的专利。早在 1987 年，邓小平在同一位外国客人谈话时就表示：我们"大陆在下个世纪，经过半个世纪以后可以实行普选"，现在"普遍实行直接选举的条件不成熟"②。

但是，我们在推行选举制的时候，应当依据我国社会主义初级阶段的

---

① 《列宁选集》第 3 卷，人民出版社 1972 年版，第 117 页。
② 《邓小平文选》第 3 卷，人民出版社 1993 年版，第 220 页。

基本国情，坚持循序渐进的原则，以巩固社会主义制度、发展社会主义社会的生产力、发扬社会主义民主，调动广大人民积极性为目标①，而不应当盲目追求虚幻的民主目标，急于求成，给人民和社会带来不必要的动荡、甚至灾难，干扰了经济和社会的全面发展。

4. 应当依据《法官法》和《检察官法》，深化干部人事制度改革，到 2010 年形成具有中国特色的法官人事制度、检察官人事制度。法院、检察院领导干部的选择使用，应当不同于党政机关。法院、检察院领导干部，党委应当从专业人才中择优选拔，推荐人大选举产生，原则上不得推荐不具备法官、检察官资格的人去担任法院、检察院领导工作。这样做，从组织人事制度上保证我国由"人治"走向"法治"，逐步实现党依法治国的执政方略。

5. 在条件成熟的时候，应当逐步把共青团、妇联、工会、残疾人联合会等群众社会团体的领导干部，从党政领导干部队伍中分离出来。发展非政府组织，发展公民自发组织的社团，构筑公民参与社会活动的平台，是社会进步发展的必然趋势。因此，我们在深化干部人事制度改革时应当符合人类社会前进的这一正确的方向。但是，在具体改革的步骤上，应循序渐进，避免在干部队伍中引起混乱、动荡。

非政府组织、社会团体负责人如何产生，应当在实践中探索。先试点、总结经验，再逐步加以推广，不宜操之过急，不能急于求成。这同我国非政府组织、社会团体是否发育成熟、社会现代化是否逐步成熟，密切相连。

三　建立完备的党政领导干部择优机制的监督制度

根据《党内监督条例》，在选拔领导干部的过程中，纪律检查委员会、实行常任制的党代表、广大党员、干部和各级党委，都有监督的权力。但在实践中仍有待于继续探索纪委、党代表、广大党员和干部实行监督的形式、途径和有效方式，并把探索的经验加以认真总结，上升为党规、党纪，形成制度和机制，使《党内监督条例》真正落到实处。以现

---

① 《邓小平文选》第 3 卷，人民出版社 1993 年版，第 178 页。

在《党内监督条例》所提出的 10 项监督制度，尚难以监督领导干部选拔择优中的不正之风。

人民代表大会的监督权、政治协商会议的多党合作的协商制度，要在深化政治体制改革中逐步落实。如此，党委推荐人大选举、任命的领导干部的使用，党委和政协、多党协商的领导干部的使用，人大、政协就有了监督权、政治协商义务，而且，人大、政协对党委、政府一切领导干部的选拔任用，也都在有事实依据的情况下，可以提出不同意见。党委和政府在选拔领导干部中公正、开明，听取人大、政协的意见和建议，党政领导干部的社会公认度就会有很大的提高，党的执政合法性——民众的认同和支持，将会进一步加强。

目前，人大正在起草《监督法》《新闻监督法》，把我们社会主义国家制度中人民群众监督党和政府的权力，用法律的形式确定下来。那么，人民是国家的主人、社会的主人，不仅是在理论上，而且是在具体的社会生活中、政治生活中的主人。现在，中共中央组织部已经开通了直拨电话，欢迎广大群众举报在领导干部选拔任用中的不正之风。中组部已经会同有关部门集中出台六项干部人事制度改革措施，解决干部"带病上岗""带病提拔"的问题。这些都将使领导干部选拔择优的监督工作有所推进。

"吏治腐败是最大的腐败"，吏治的昌明是社会昌明的保障。我们从党规党纪、国家政治制度和法律制度等方面建立起健全完备的监督机制和制度，形成对党政领导干部选拔择优过程中全面有效的监督，就会选拔出更多的清正廉洁、锐意改革、密切联系群众的好干部，社会主义现代化建设就有了可靠的组织保障、干部保障。

原载《哈尔滨市委党校学报》2005 年第 4 期，第 37—39，61 页；复印转载期刊名称：《中国共产党》，2005 年第 10 期。

附录：王河著作、教材和课题

1. 《毛泽东思想概论》（25.2 万字），黑龙江教育出版社 1988 年版；与南京师范大学马列教研部主任魏知信教授共同主编。

2. 《中国共产党历史（1919—1949）导读》（31 万字），江苏人民出版社 1991 年版；中央党研室副主任郑惠主编，本人副主编。获 1991 年第 4 届中国图书二等奖。

3. 主编《中华人民共和国工业史》（26.4 万字），南京大学出版社 1991 年版。

4. 主编《中国现代史》（27.8 万字），南京大学出版社 1990 年版。

5. 主编《中国共产党历史（1921—1991）简明读本》（22.4 万字），江苏人民出版社 1991 年版。

6. 主编《中国共产党七十年简明读本》（26 万字），南京大学出版社 1991 年版。

7. 《毛泽东思想发展史》（上下卷，55 万字），吉林大学出版社 1990 年 10 月、1991 年 2 月出版。全国道德模范、东北师大副校长、博导郑德荣教授主编，本人副主编。

8. 副主编《中华人民共和国经济史》（30 万字），黑龙江教育出版社 1990 年版。

9. 主编《新世纪党的建设伟大工程——中共第二代领导集体执政党建设的新思路》（31.6 万字），浙江人民出版社 2002 年 5 月版。

10. 主编《中国非公有制企业党建工作》（25.6 万字），上海人民出版社 2002 年 12 月版，被中宣部、国家新闻出版总署确定为"迎接党的十六大重点图书"。

课题

1. 独立主持课题：《浙江省非公有制企业党建工作调查与研究》，中央党校 2000 年重大调研课题。

2. 独立主持课题：《"三个代表"重要思想与浙江非公有制经济组织党建研究》，浙江省哲学社会科学重大招标课题，2000 年立项，2002 年结项。

3. 独立主持课题：《浙江非公有制企业党建工作研究》，国家哲学社会科学规划课题，2001 年立项，2003 年结项。

4. 共同主持课题：《完善选拔任用领导干部择优和退出机制研究》（另一位主持人是龚昌成校长），该课题为 2003 年度国家社科基金特别委托项目的子课题，同是为 2003 年度全国党校系统重点课题，2004 年 10 月结项。